徐旭生 年谱

徐有礼 赵海涛 谭玉先 编著

中原出版传媒集团
中原传媒股份有限公司

大象出版社
·郑州·

图书在版编目(CIP)数据

徐旭生年谱/徐有礼,赵海涛,谭玉先编著.
郑州：大象出版社,2025.6. -- ISBN 978-7-5711
-2481-6

Ⅰ.K825.81

中国国家版本馆CIP数据核字第2024HZ3292号

徐旭生年谱

XU XUSHENG NIANPU

徐有礼　赵海涛　谭玉先　编著

出 版 人　汪林中
项目策划　李光杰　孟建华
责任编辑　王大卫
责任校对　牛志远　李婧慧
装帧设计　付锬锬

出版发行	大象出版社(郑州市郑东新区祥盛街27号　邮政编码450016)
	发行科　0371-63863551　总编室　0371-65597936
网　　址	www.daxiang.cn
印　　刷	河南新华印刷集团有限公司
经　　销	各地新华书店经销
开　　本	720 mm×1020 mm　1/16
印　　张	30.5
字　　数	310千字
版　　次	2025年6月第1版　2025年6月第1次印刷
定　　价	168.00元

若发现印、装质量问题,影响阅读,请与承印厂联系调换。
印厂地址　郑州市经五路12号
邮政编码　450002　　电话　0371-65957865

徐旭生

1918年，留学法国时的徐旭生（中）

徐旭生（三排居中）与蒋梦麟、黄文弼、马衡、顾颉刚、胡适等人合影

1925年2月14日，北大研究所国学门同人为陈万里送行时合影

1926年，徐旭生（左四）与友人合影于北海公园

1929年的徐旭生

1941年，与中央研究院历史语言研究所同人合影

1963年，牛兆勋、徐旭生（前排左二）、郭宝钧、黄文弼、苏秉琦、安志敏等在考古所接待朝鲜历史代表团

徐旭生（右）与郭宝钧在河北参观

中国西北科学考察团自北大研究所国学门出发时合影

徐旭生与家人合影

1930年，徐旭生在北平西城率学生植树留影

陈寅恪送给徐旭生的在法国巴黎所拍的照片

湖上

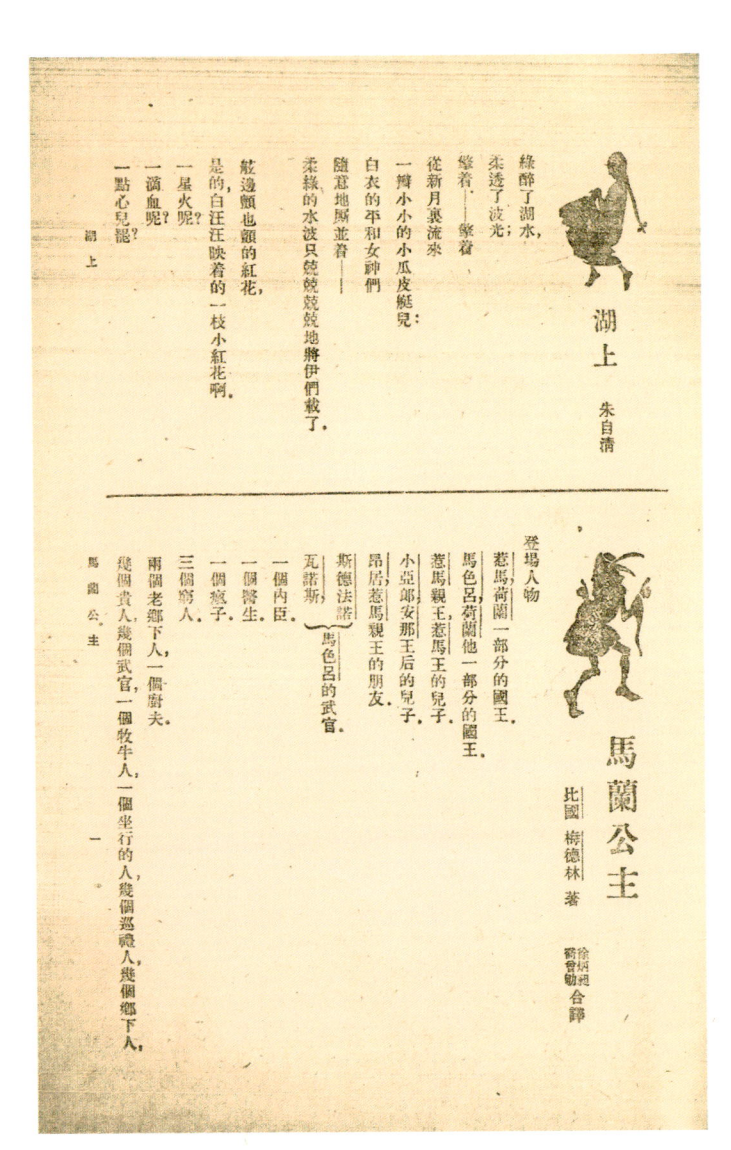

朱自清

綠醉了湖水，
殺透了波光；
一瓣小小的小瓜皮艇兒
從新月裏流出
漿着————漿着————
白衣的平和女神們
隨意地居並着————
柔絲的水波只兢兢競競地將伊們載了。

舷邊頰也額的紅花，
是的，白汪汪映着的一枝小紅花啊。
一星火呢？
一滴血呢？
一點心兒麼——

湖 上

馬蘭公主

比國 梅德林 著

徐炳昶
喬曾劭 合譯

登場人物

惹馬荷蘭一部分的國王。
馬色呂荷蘭他一部分的國王。
惹馬親王惹馬王后的兒子
小亞郎安那王后的兒子
昂居惹馬親王的朋友
斯德法諾 馬色呂的武官
瓦諾斯

一個內臣
一個醫生
一個瘋子
三個窮人
兩個老鄉下人，一個廚夫，
幾個貴人幾個武官，一個牧牛人，一個坐行的人，幾個過路人，幾個鄉下人，

馬蘭公主

1922年，徐旭生发表在《小说月报》上的译作《马兰公主》（与乔曾劭合译）

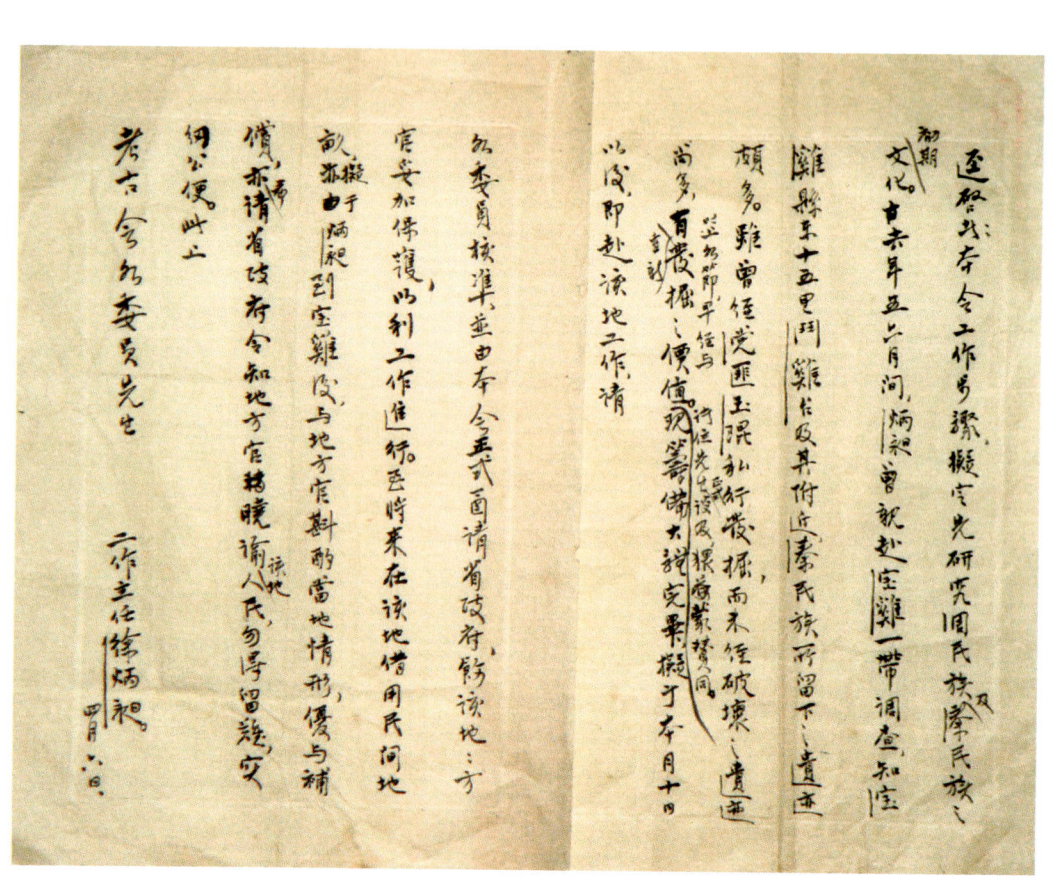

逕启者。夲会令工作员黎、搞宅光研究周氏族、羌氏族之初期文化。古去异五六月间炳琨曾就赴宝鸡一带调查知宝鸡县东十五里斗鸡台难岗及其附近（秦民族所留下之遗迹颇多。虽曾任觉匪玉琨私行发掘而未经破坏之遗迹尚多）有发掘之价值现筹备大致完竣拟于夲月十七日启程即赴该地工作请

夲委员核准并由夲会正式函请省政府饬该地之方官長加保护以利工作进行至将来在该地借用民间地故拟由炳琨到宝鸡後与地方官斟酌当地情形酌与補偿。亦请省政府令知地方官转晓谕人民勿厚習惑安何公便此上

考古会各委员先生

工作主任 徐炳琨
四月六日

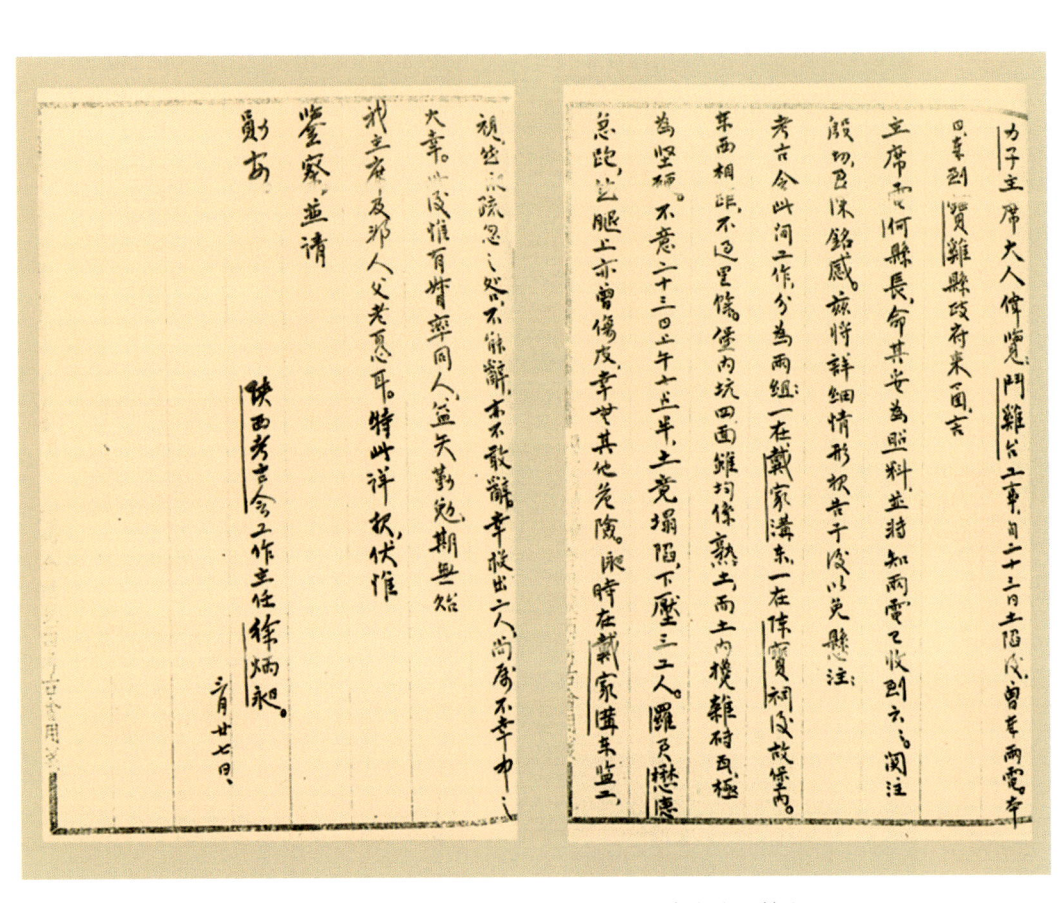

力子主席大人侍覽：門雜長工東月二十二日臨汝曾車兩電幸
日來到寶雞縣政府來一函言
立席電何縣長命其妥為照料並特知兩電已收到二日閱注
殷切足深銘感旋將詳細情形報告于後以灭懸注
考古令此間工作分為兩組一在戴家溝東一在陳寶祠後故第不
東西相距不過里餘堡內坑四面雞均係熟土兩土內摻雜碎瓦極
為堅硬。不意二十三日午十一半土壁塌隨下壓三工人。羅又戀慶
急跑並脆上亦曾傷及幸世其他危險。那時在戴家溝東監工
考古今此同人益矢勤勉期無始
大舉此度雖有情幸同人益矢勤勉期無始
視望忽忽之處不能離未不敢離幸投出人尚慶不幸中人
我立慮及邡人父考恩哥 特此詳報伏惟
鑒察並請
勛安

陕西考古會工作主任 徐炳昶
三月廿七日。

1935年3月27日，徐旭生写给邵力子先生的一封信

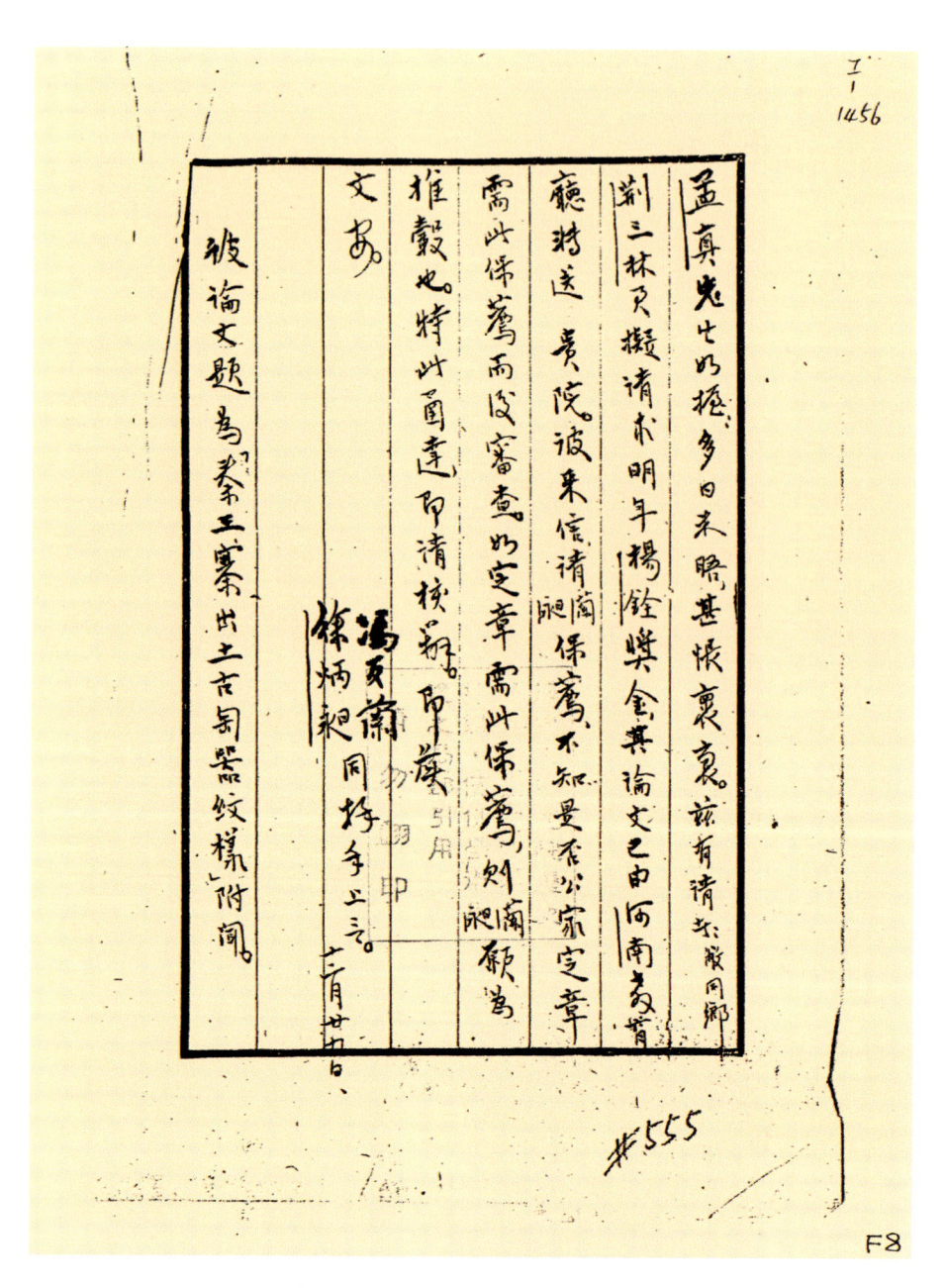

孟真先生吾兄赐鉴：多日未晤，甚怅。兹有请者：敝同仁荆三林君拟请求明年杨铨奖金，其论文已由河南教育厅转送贵院。彼来信请嘱敝院保荐，不知要否必须定章需此保荐而没审查如定章需此保荐，则敝院愿为推毂也。特此函达，即请核夺。即颂
撰祺。

弟 徐炳昶
冯友兰 同好 手上言
二月廿七日。

彼论文题为"秦王寨出土古匋器纹样"附闻。

徐旭生、冯友兰写给傅斯年的一封信

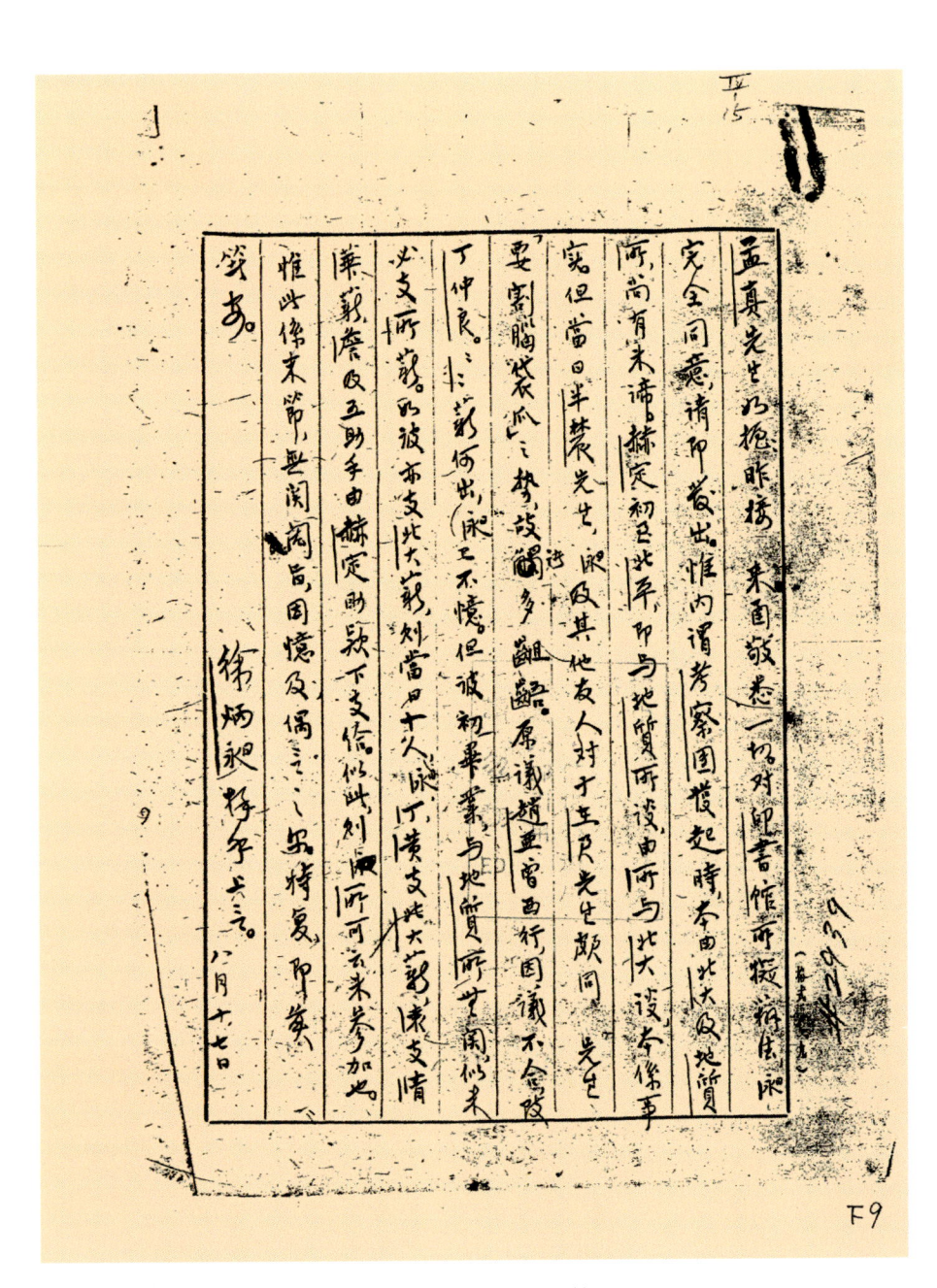

孟真先生、叩挹胀拺、来函敬悉一切对即书馆所搜揀函朩完全同意请即签出惟内谓芳案图赞起时本由北大及地质所尚有来谛赫定先生、即及其他友人对于主尺先生期同先客但当日半农兄及地质所谈由所与北大设委员会要割脑袋瓜之势改闹多翻龃龉原议遂更曾西行因议不会改丁仲良、不新何出此之不懐但彼初举业与地质所些关也未必支所龃所波而支北大叙刘当日十人脉丁黄支此大叙康支情蕙敦谠及五助手由赫定助阙下支係似此列四所可云来参加也、惟此係末节无関宏肯、因忆及偶之及安持复即篆

笺安。

徐炳昶拜手六三。八月十七日

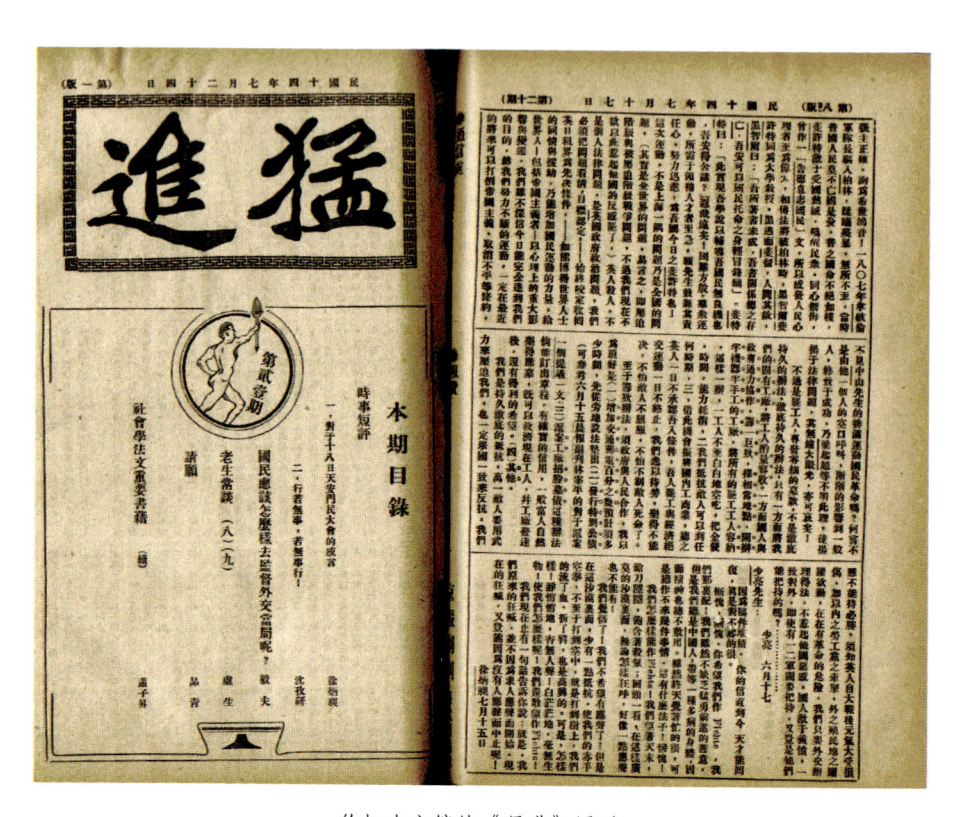

徐旭生主编的《猛进》周刊

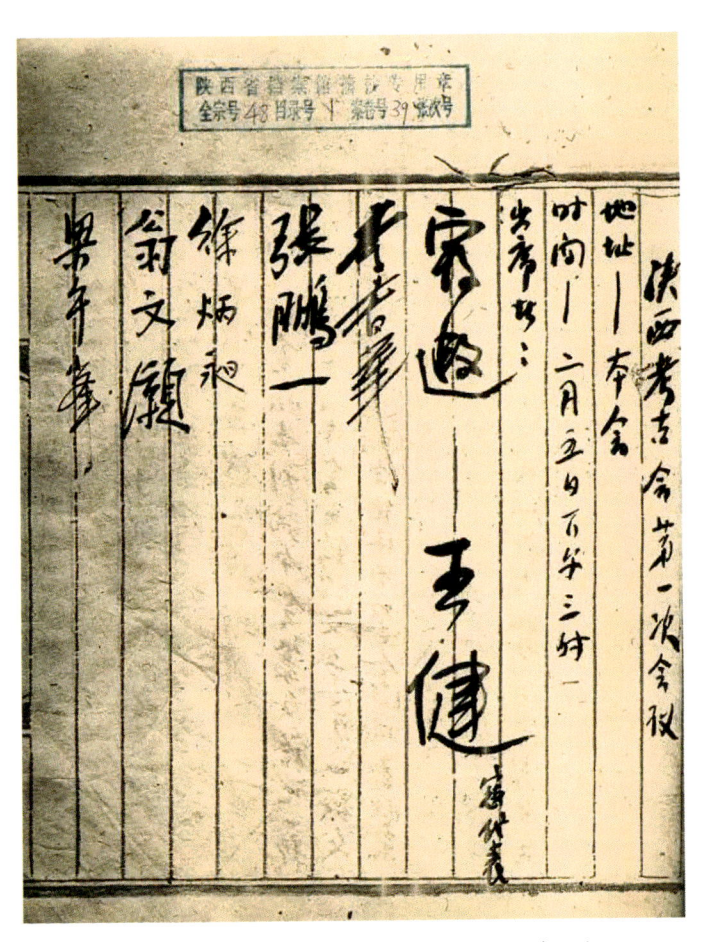

1934年2月5日，陕西考古会第一次会议签到记录

在徐旭生故乡河南省唐河县砚河村设立的旭生广场

前　言

徐旭生(1888—1976)，名炳昶，笔名虚生、遁庵、四河人等，出生于河南省唐河县桐河镇砚河村，中国著名历史学家、考古学家。在中国古史研究领域成果卓著，特别是首倡并身体力行以考古发掘探寻夏代遗存，是夏文化研究的先行者之一。

徐旭生先生早年就读于京师译学馆法文科，之后远涉重洋留学法国巴黎大学哲学专业。1919年回国后，以满腔热忱报效国家，在文化教育、社会服务等方面有令人瞩目的建树。在教育方面，曾先后任教于河南留学欧美预备学校、北京大学(先后任哲学系主任、教务长)、北平女子师范学院(任院长)、北平师范大学(任校长)、中法大学(任文学院院长)，同时兼职中山大学、西南联大、云南大学等校，受聘为教育部史地教育委员会委员。在学术研究方面，是北京大学哲学研究会、西北史地研究会及国内多个学术团体的主要发起人之一，先后出任北平研究院史学研究会考古组主任、史学研究所所长，积数年之功而成的《中国古史的传说时代》在学术界的影响经久不衰。在田野调查方面，曾出任中瑞(典)合作的中国西北科学考察团中方团长，组织领导了考察团的活动并取得令国内外学术界瞩目的成果。此后，积极促成北平研究院与陕西方面合作组织陕西考古会，主持了陕西周秦遗址——宝鸡斗鸡台考古发掘。抗日战争全面爆发前后，徐旭生先生主编《民众周报》，鼓励民众抵御外敌入侵，并转赴家乡进行民众动员工作。之后出任国民参政会参政员，多次提出有利于全面抗战的议案,并积极推动议案的通过。其间,徐旭生先生随北平研究院迁徙云南,在大后方异常艰苦环境中坚持学术探索。1949年北平解放前夕,拒绝了迫其出走台湾的要求,与北平研究院同人一道迎接人民解放军进城。

中华人民共和国成立后,徐旭生任中国科学院考古研究所研究员。1950年应邀参加河南省首届各界人民代表会议,被选举为省人民政府委员(1950—1955年)。是河南省第一、二、三届人民代表大会代表,第三届全国人民代表大会代表。1957年,加入中国共产党。在不断深化、拓宽中国上古史研究领域的同时,多次倡导以考古发掘结合文献研究开展夏文化遗址的探寻工作。1959年,徐旭生以70多岁高龄亲率助手及同事在郑州、登封、密县(今新密市)、巩县(今巩义市)、偃师等地进行实地考察,最终确认了二里头等一系列需要重点关注的文化遗址,对夏代遗址发掘和夏文化的研究起到了先行和重要的启发作用。

徐旭生先生与同时代的学界人士交往众多,如冯友兰、陈寅恪、胡适、梁漱溟、刘半农、顾颉刚、鲁迅、黎锦熙、马衡、李圣章等,与译学馆同窗乔大壮、李宗侗则为终身挚友。其为人真诚正直,胸怀坦荡,乐于助人,即便道不相同,也绝不出恶声,被时人称为"天下君子"(傅斯年语)。

徐旭生先生是一位知识丰厚、涉猎广泛的学者,其丰富的经历和众多贡献尚不为人所周知,至今尚未有系统的传记问世。本年谱以目前能够收集到的资料包括档案、日记、信札、报刊、回忆录等,试图勾勒出徐旭生先生一生求学、任教、治学及社会活动的脉络和线索,以期引起更多人对徐旭生先生的关注,同时,也为徐旭生先生的生平研究提供参考。由于史料的分散匮乏和编著者水平所限,挂一漏万和谬误之处在所难免,尚祈知者不吝赐教。

凡　例

1. 本书以公元纪年,按年、月、日顺序纪事。年、月、日暂时考订不清者,列入"是年""是月"或"季"。个别条目附清代年号及农历对照,以利史料互证。
2. 记述谱主的活动,一般省略主语。必要处,以"先生"指代。
3. 谱文按谱主活动或著述——史料来源顺序安排,注释统一采用页下注。
4. 同一史料第一次使用,作完整注释或详细注明相关信息,此后从简。
5. 所引原文中繁体字一般作简化字处理,个别难以辨认者,暂以□代替。

目 录

1888 年（光绪十四年）·出生 …………………………………… 1

1892 年（光绪十八年）·4 岁 …………………………………… 2

1894 年（光绪二十年）·6 岁 …………………………………… 3

1898 年（光绪二十四年）·10 岁 ………………………………… 4

1903 年（光绪二十九年）·15 岁 ………………………………… 5

1906 年（光绪三十二年）·18 岁 ………………………………… 6

1907 年（光绪三十三年）·19 岁 ………………………………… 8

1908 年（光绪三十四年）·20 岁 ………………………………… 9

1909 年（宣统元年）·21 岁 …………………………………… 10

1910 年（宣统二年）·22 岁 …………………………………… 11

1911 年（宣统三年）·23 岁 …………………………………… 16

1912 年·24 岁 ………………………………………………… 26

1913 年·25 岁 ………………………………………………… 28

1914 年·26 岁 ………………………………………………… 32

1915 年·27 岁 ………………………………………………… 37

1916 年·28 岁 ………………………………………………… 40

1917 年·29 岁 ………………………………………………… 42

1918 年・30 岁	46
1919 年・31 岁	48
1920 年・32 岁	53
1921 年・33 岁	55
1922 年・34 岁	58
1923 年・35 岁	61
1924 年・36 岁	65
1925 年・37 岁	70
1926 年・38 岁	85
1927 年・39 岁	93
1928 年・40 岁	104
1929 年・41 岁	110
1930 年・42 岁	116
1931 年・43 岁	121
1932 年・44 岁	132
1933 年・45 岁	137
1934 年・46 岁	147
1935 年・47 岁	154
1936 年・48 岁	159
1937 年・49 岁	167
1938 年・50 岁	178
1939 年・51 岁	196
1940 年・52 岁	205
1941 年・53 岁	214
1942 年・54 岁	228
1943 年・55 岁	237

1944 年・56 岁	247
1945 年・57 岁	253
1946 年・58 岁	264
1947 年・59 岁	274
1948 年・60 岁	282
1949 年・61 岁	292
1950 年・62 岁	297
1951 年・63 岁	301
1952 年・64 岁	304
1953 年・65 岁	307
1954 年・66 岁	309
1955 年・67 岁	321
1956 年・68 岁	328
1957 年・69 岁	340
1958 年・70 岁	349
1959 年・71 岁	358
1960 年・72 岁	370
1961 年・73 岁	378
1962 年・74 岁	388
1963 年・75 岁	397
1964 年・76 岁	403
1965 年・77 岁	410
1966 年・78 岁	420
1967 年・79 岁	427
1968 年・80 岁	429
1969 年・81 岁	430

1975年·87岁 …………………………………………………… 431
1976年·88岁 …………………………………………………… 432

人名索引目录 …………………………………………………… 433
人名索引 ………………………………………………………… 436
徐旭生著述目录补遗 …………………………………………… 465
主要参考资料 …………………………………………………… 472
后记……………………………………………………………… 477

1888年（光绪十四年）·出生

12月10日（农历十一月初八）

出生于河南省唐河县①桐河镇砚河村。砚河村，今隶属于桐河乡。桐河乡，位于县城西北，因东临桐河而得名。民国时期，曾一度改名旭生镇。［唐河县地方史志编纂委员会编：《唐河县志》第31篇，中州古籍出版社1993年版，第759页］

---

① 唐河县，位于豫西南，明清时期曾名唐县，属南阳府。1914年改名沁源县，1923年复改为唐河县。

1892年（光绪十八年）·4岁

父徐纲以贡生身份,被选任河阴①教谕②。后又以乡学教谕兼任河阴乡师范传习所监学。

随父母到河阴,从识字开始,接受启蒙教育。[高廷璋修,蒋藩纂,杨琳、刘慧霞校点:《民国河阴县志》(1917年),中州古籍出版社2006年版]

---

① 河阴县设于唐代,乾隆三十年(1765年)并入荥泽,旧县城一带改设为乡,并配备教谕、巡检各一人,保留着县级待遇。1912年9月,河阴复县,隶属于豫东道。1931年6月,与荥泽县合并成立广武县。河阴旧城今为郑州市荥阳广武镇。
② 教谕,是明清时期县级教育机关儒学之内的主要职员,统领县官办学校,负责生员的管理与课业和每年例行的文庙祭祀等事宜。

1894年（光绪二十年）·6岁

入县学读书，开始接触传统文化经典。

1898 年（光绪二十四年）·10 岁

6—7 月

光绪帝颁布"明定国是"诏，百日维新开始。

京师大学堂成立。

开始读朱熹的《资治通鉴纲目》及商辂的《续资治通鉴纲目》。① 曾两次参加"童子试"，未中。

---

① 《资治通鉴纲目》，亦称《通鉴纲目》，59 卷，南宋朱熹撰。《续资治通鉴纲目》，亦称《续宋元资治通鉴纲目》，27 卷，明成化年间商辂等修，为续《资治通鉴纲目》而纂。

1903年（光绪二十九年）·15岁

读王船山《读通鉴论》及《宋论》①，"常看并加思想以后"，感觉"他的思想比我们寻常人的思想实在深远的多"，这才"开始感觉到对于古人非在读破万卷并加深思以后，实在不应该粗心浮气，乱发议论！"［徐炳昶：《中国古史的传说时代·叙言》，《民国丛书》第二编第73册，上海书店1990年版，第1页］

---

① 《读通鉴论》《宋论》，清代王夫之的史论、史评著作。

1906年（光绪三十二年）·18岁

4月

京汉铁路修成通车。

经郑州北上进京，考入河南公立旅京豫学堂①学习。

附：关于刚入豫学堂又考译学馆的原因，据张松涛《张中孚②轶事五题》（《河南文史资料》第19辑）记述："有一次炳昶先生和别人谈话，说他弱冠到北京求学，所入的学校不能求得满意的知识，决定要回家禀告父母准备求学于日本。事前特别求教中孚先生，先生竭力劝阻，谓东邻之科学来自欧美，欲求深造，应考译学馆学习西文，去欧美求知识。徐先生听了伯父的诱导，入译学馆学习西文，毕业后去法国巴黎留学。"

---

① 豫学堂是河南同乡会于1905年在北京开办的学校，位于宣武门外达智桥路北嵩云草堂内。由时任直隶总督袁世凯、法部侍郎张仁黼、翰林马吉樟及其妹刘青霞等捐资兴建，马吉樟为首任校长。学生大多为京官子弟，教员中有徐谦、金梁等先取科举功名再留学国外返回者。课程则有经学、修身、国文、历史、地理、博物、格致（物理化学）、数学、外国文、图画、体操等10余门之多。（杜慕堂：《河南公立旅京豫学堂的成立》，《河南文史资料》第19辑，1986年，第42—44页）

② 张嘉谋，字中孚，河南南阳人，时以内阁中书身份任河南省学务公所议绅。

9—10月

报考京师译学馆①,经首试、复试,被录入丁级法文科,学制5年。

《山东官报》第116号(1906年10月2日)载《译学馆添招新班生示》:八月初五~九月初十日报名;年龄16~22岁;"性行纯谨,体质坚实,文理明畅,中学具有根柢者"。首场试:国文1篇,历史2问,舆地2问,算学2问;复试:国文1篇,历史1问,舆地1问。考取入馆须邀请同乡京官1人作为保证同至本馆当面填写愿书。

《山东官报》第128号(1906年10月26日)载:译学馆考试,报考1050名。(编者注:最后录取140余人)

11月26日

译学馆开学,入馆专修法文。②[《北洋官报》1906年11月25日,第1245期]

有同学以历史人物"张伯路""法真"③提问,试其历史知识。应对如常,对方大为惊异。[《徐旭生自传》,载《河南文史资料》第14辑,1985年,第114页]

---

① 京师译学馆的前身是总理各国事务衙门开设的京师同文馆,是中国第一所官办的外语专门学校。1903年3月设立于京师大学堂北邻,以培养翻译人才为主旨。首任监督(校长)曾广铨为著名外交家曾纪泽之子,教员中有蔡元培、许寿裳、丁福保等学界名流,设英文、法文、德文、日文、俄文5个专业。1911年并入京师大学堂。
② 据陈诒先《记译学馆》载,译学馆课程有人伦道德、中国文学、历史、舆地、教育、交涉、理财、博物、物理、化学、算学、图画、体操等。[《宇宙风》(上海)第27期,1940年8月]
③ 张伯路,东汉永初年间活跃于山东半岛与辽东半岛之间的"海盗",后被镇压;法真,东汉时期以清高著称的名士和儒学家,时人称之"百世之师"。

1907 年（光绪三十三年）·19 岁

丁级学生入学之初全为走读,到校往返均由宣武门外住所步行而至。

课余常到南池子胡同、骑河楼五所胡同,与租住在此的同学吴新吾、金仲衡、李钢侯、刘春门及曹棣森、沈少芳等聚集闲谈。① "当时我还少年狂妄,好谈经世和古文词,所以往来亲密的,全是些好谈论的同学。"[徐炳昶:《我的朋友吴新吾先生》,《晨报副刊》1924 年 4 月 6 日]

---

① 吴法鼎,字新吾,河南信阳人,京师译学馆毕业后赴法留学,回国后任北京大学画法研究会导师、北京美术专门学校教授;金、李、刘等均为译学馆同学。

1908年（光绪三十四年）·20岁

11月

光绪帝、西太后先后去世，溥仪继位，改元宣统，以载沣为摄政王。

是年

父升任河南省归德府教授①。

---

① 归德，今河南省商丘市；教授，明清时期学官名。府学设教授1人，掌管训教府学生员。

1909年（宣统元年）·21岁

甲级学生毕业离校，得以入住学校宿舍。经互换，与同学吴新吾共用一自修室。[徐炳昶：《我的朋友吴新吾先生》，《晨报副刊》1924年4月6日]

1910年（宣统二年）·22岁

8月20日（农历七月十六日）

是日起，开始作日记。"苟非大故，无敢辍焉。读书观世，或有所见，亦附记之。"至1966年8月，基本一以贯之。[《日记》，《徐旭生文集》第8册，中华书局2021年版，第21页]

9月1日（农历七月二十八日）

作日记自警："汝家在缔造之中，汝国在危难之际，天下事皆汝事。"[《日记》，《徐旭生文集》第8册，第24页]

9月2日

日记中自警："一戒博弈；二戒读艳词艳诗；三戒赌酒；四戒负气；五戒游思出位。"[《日记》，《徐旭生文集》第8册，第25页]

9月3日

与何霁峰（字岫斋）、体刚、霁云出游圆明园，"断墙圮路，瓦砾满地，登高一望，低处满蒲苇，平处艺谷黍，殿阁遗址，邈无存者"，众人慨叹不已。[《日记》，《徐旭生文集》第8册，第25—26页]

9月10日

读杜甫诗《洗兵马》,觉其"雄气奔放,无半句庸腐语,读此等诗,真令人豪情顿长,少陵于诗,可谓圣手矣"。[《日记》,《徐旭生文集》第8册,第31页]

9月14日

读报获悉,洛(阳)潼(关)铁路开建后已修成六十里,股款得有收益,① "闻之不禁雀跃"。"然工程浩大,难者在后",希望"吾诸乡先生力任其难,勉成此路,亦吾乡之光也"。[《日记》,《徐旭生文集》第8册,第33页]

9月16日

读顾炎武诗集,感叹"气魄雄胜,无一点龌龊气,其抱负跃然纸上,读之自令人精神奋发"。晚,屈疆(字伯刚,丙级班英语系)约同赏月并长谈。感最近时局动荡,不容偷安,极力赞成毕业后组织一强固政党的想法,表示"必助一臂之力,置成败于度外,尽吾力之所能为者而为之"。[《日记》,《徐旭生文集》第8册,第33—34页]

9月23日

阅报得知日本图以东北辽阳作都城,"殊骇听闻"。虽然传言未必确切,但"中国大势已属岌岌不可终日,而上下方宴乐如故。国其沦丧,我为臣仆,言念及此,不觉潸然"。[《日记》,《徐旭生文集》第8册,第36页]

10月10日(农历九月八日)

阅读法文报消息,西方考古学家在中国西部获两汉时所藏策书,包括古本《易经》、卜筮、医药之书。感叹"中国古物,几尽为泰西人将去,曷胜惋惜"。[《日记》,《徐旭生文集》第8册,第41页]

---

① 1907年前后,河南士绅、学界呼应全国收回利权运动,组织铁路公所、铁路研究会等,在全省各地向民众劝募资金,集股自修洛潼铁路。1910年8月开始动工,由于资金不足,进展缓慢,1911年6月被清廷下令停办。

10月20日

深秋至,感菊花"独傲,清风高节"。忆及"家中老菊百株,有颜色深红,初开即欲槁者,俗名草上霜,殊肖其形。然酷霜之后,仍复依然。又有颜色淡朱,妩媚可人者,俗名为贵妃醉酒,形其艳也。然一经微霜,花萎叶枯,傲骨一无存者。吾人视此,立身当知所以自处矣"。[《日记》,《徐旭生文集》第8册,第47页]

10月22日

到豫学堂,与李敏修①等先生谈古论今,在明东林党诸名士的评价问题上意见分歧。[《日记》,《徐旭生文集》第8册,第48页]

10月23日

资政院议员在财政学堂召开研究会,与多位同学前往旁听。

许鼎霖、于邦华、雷奋、汪荣宝(均为立宪派议员)②等登台演说,感觉"许仪度雍容,于议论酣畅,雷气象闲雅,谈言微中,汪声浪高低,具有度法"。[《日记》,《徐旭生文集》第8册,第48页]

11月7日(农历十月六日)

是晚,全体同学着校服参加为祝贺国会召开③举行的提灯会。晚七点一

---

① 李敏修(1866—1943),名时灿,河南省汲县(今卫辉市)人,教育家。光绪十八年(1892年)进士,光绪三十一年(1905年)任河南学务公所议长、优级师范学堂监督、河南教育总会会长、河南咨议局副议长,1913年任河南教育司长,1915年为清史馆协修兼中州文献征集处总编辑,1918年当选参议院议员,1922年当选众议院议员。

② 许鼎霖,江苏赣榆(今连云港赣榆区)人,时任江苏省咨议局总会办、资政院议员;于邦华,字泽远,直隶枣强(今河北省枣强县)人,时任资政院议员,1911年2月任宪政实进会副会长;雷奋,江苏华亭(在今上海市松江区)人,时任资政院议员,宪友会常务干事;汪荣宝,字衮甫,江苏吴县(在江苏省苏州市郊)人,时任资政院议员,1911年4月任协纂宪法大臣。

③ 宣统二年九月初一(1910年10月3日),资政院举行开院典礼。至1911年1月,共举行全体会42次。

刻,东城各学堂学生集合于译学馆,排队行至大清门,高呼"大清帝国万岁""大清皇帝万岁""大清国会万岁"后返。[《日记》,《徐旭生文集》第 8 册,第 54 页]

11 月 23 日

与伯刚、术芳(余彭龄,丁级俄文班)议论时政,不赞同伯刚"欲救今日之中国,必须用猛烈之剂,始可奏功。故吾之志,止求其正鹄所在,虽用霸术,所不恤也"的看法,主张"以仁慈之心,间采申商之术,而其终必归于王道"。双方争论至夜半,"各不相下"。[《日记》,《徐旭生文集》第 8 册,第 59—60 页]

11 月 28 日

读梁启超著《意大利建国三杰传》①,"心为之惊,为之惧,为之喜……涔涔而泣下矣"。又觉"中国今日维新人士太无宗旨,四分五驰,恨无一极有力之学说以支配之"。主张"审择国势,定一主义,百变而不离其宗。且当普布此主义于国民心目中,使同赴此正鹄,万众一心,万马齐力"。[《日记》,《徐旭生文集》第 8 册,第 61 页]

12 月 15 日(农历十一月十四日)

与同学商议编印(丁级)同学录事,商定起草办法数条,写成启事三张,广为征求意见。[《日记》,《徐旭生文集》第 8 册,第 66—67 页]

12 月 25 日

因天津学界代表来京演说,译学馆严禁馆内学生外出。②[《日记》,《徐旭生文集》第 8 册,第 70 页]

---

① 梁启超《意大利建国三杰传》,光绪二十九年(1903 年)由上海广智书局印行。
② 15 日,天津学生集会,发起组织"全国学生请愿同志会"。20 日,大中学校学生罢课、游行,要求"速开国会"。23 日,遭当局封校禁徙。

12月27日

阅报,对时局深为担忧,"各方面无非可悲之事。政府逞蛮,学生浮动,议员昏愦无识,有一于此,足以亡国,矧兼之也"。[《日记》,《徐旭生文集》第8册,第71页]

1911年（宣统三年）·23岁

1月12日(农历十二月十二日)

下午,与同学到嵩阳别业,旁听立宪人士座谈会。"有数人演说,略无精彩。"[《日记》,《徐旭生文集》第8册,第75页]

1月16日

到琉璃厂丰元印书馆,联系同学录的印制事宜。[《日记》,《徐旭生文集》第8册,第75页]

1月20—21日

从北京坐火车返乡,经元氏至彰德(今河南安阳)下车,夜宿于此。21日晨,由彰德上车,经卫辉、郑州,转车至洛阳下车。归家,"父母方倚门而望"。[《日记》,《徐旭生文集》第8册,第76页]

1月23日

陪父亲闲谈。父亲介绍"北邙古墓近日因购古董者之多,几尽被发掘,官吏虽欲禁之而不可,可胜浩叹"。[《日记》,《徐旭生文集》第8册,第77页]

1月30日(农历辛亥年正月初一)

春节,与家人共聚。

2月4日(农历正月初六)

到洛阳东关存古阁(地方官办的石刻保存所,始建于道光二十年,即1840年),看阁内所存藏石,"抚读残碑断碣"。[《日记》,《徐旭生文集》第8册,第79页]

2月13日

上午,游览洛阳文峰塔(位于老城内东合巷,建于宋代,重修于清初),楼梯失修势危,攀登虽觉困难,但至顶"俯视瀍、洛诸川",身心俱佳。[《日记》,《徐旭生文集》第8册,第79页]

2月15日

译学馆同学徐德馨(字明斋,洛阳籍)与杨少山来谈返校之事。晚餐后,相伴同游文昌宫、玉虚观(均位于今洛阳老城内)等处。[《日记》,《徐旭生文集》第8册,第80页]

2月18日

在家中与父亲、二哥谈学术之源流变迁,"讨论者久之,中心畅然,忘忧怀矣"。[《日记》,《徐旭生文集》第8册,第80页]

2月19日

早8点与徐德馨相伴由洛阳坐火车启程返校,经郑州、彰德、保定,次日晚将近8点到北京。21日(农历正月二十三),入馆上课。[《日记》,《徐旭生文集》第8册,第80—81页]

3月11日（农历二月十一日）

与同学孔祥柯（字则君）到教员刘治襄处，请其为同学录撰写序。①［《日记》，《徐旭生文集》第 8 册，第 84 页］

4月3日（农历三月五日）—5日

先后在琉璃厂购《春秋大全》，廖氏《穀梁疏》，陈刻《资治通鉴》，薛文清公《读书录》《文集》《年谱》，《通鉴外纪》等书籍。［《日记》，《徐旭生文集》第 8 册，第 89 页］

4月21日

下午到教员郭立山处，为索取同学录序言事。②［《日记》，《徐旭生文集》第 8 册，第 92 页］

4月29日（农历四月一日）

接家信，获悉长兄沛泽出任陕西省佛坪厅巡检③。［《日记》，《徐旭生文集》第 8 册，第 93 页］

5月22—25日

参加考试，科目有：理财、交涉、教育、历史、国文、洋文、舆地、伦理。［《日记》，《徐旭生文集》第 8 册，第 95—96 页］

---

① 刘焜，字治襄，浙江兰溪人，时任国文伦理教员。所撰序言见陈初辑《京师译学馆校友录》序一，载沈云龙主编《近代中国史料丛刊续辑》第 493 册，台湾文海出版社出版。
② 郭立山，字复初，湖南湘阴人，时任国文教员。所撰序言见陈初辑《京师译学馆校友录》序二，载沈云龙主编《近代中国史料丛刊续辑》第 493 册，台湾文海出版社出版。
③ 陕西省佛坪厅，设立于清道光五年（1825 年）。厅同知，从六品衔，厅署下设巡检兼司狱署、训导署、经制外委署、额外外委署、常平仓、驿递等。（见《佛坪县志》，三秦出版社 1993 年版）

5月26日

与同学何霁峰等赴清华园,游览圆明园。"宫殿故址犹有存者。太湖石屹立庭前,而观阁止剩柱础,摩挲抚弄,令人低回扼腕不止。"[《日记》,《徐旭生文集》第8册,第96页]

是月

由四川开始,保路运动兴起。

6月11日(农历五月十五日)

与同学前往南苑刘佐成、李宝焌的飞行机器工场参观。① 飞机已经制成,"阔二三丈,长二丈,有二翼。升降机、转向机皆在机之后部,人坐中间,得以动之。全机重五百余斤,载一人外,可载货六百斤",叹其"制造颇极巧妙"。[《日记》,《徐旭生文集》第8册,第99页]

7月1日(农历六月六日)

学校监督在放学会上演说,"略谓国家危机达于极点,政府不得不示镇静"。"其言甚痛,与其平时语气绝不相似。"

到丰元印字馆,又到其装订处,整理同学录,以备装订。11日取回。次日,监督不大满意,嘱再联系京华印字馆。[《日记》,《徐旭生文集》第8册,第102页]

---

① 李宝焌(1886—1912),字焜甫;刘佐成(1883—1943),字质卿、鹰公,均为福建省永安人。光绪三十二年(1906年),刘、李二人一起赴日本早稻田大学留学,其间研究理化及飞行技术。1910年8月,清廷拨款在南苑建筑厂棚,从日本购来零部件,由刘佐成和李宝焌试制飞机一架。这是中国官方首次筹办航空,刘、李是中国国内建立航空工厂和制造飞机的先行者。李于1910年发表中国第一篇航空学术论文《研究飞行报告》。他重视各种问题的研究,如风气之力(空气动力)、活机(发动机)、向后焚烧而推前(喷气推进)、螺丝车拨(螺旋桨)等,特别是他对喷气机推进理论的预见很有见地,是中国航空学术的先导。(见姜长英、云铎、赵中:《中国航空事业的发端》,载黄麟雏、高之栋、姚远主编:《从古铜车马到现代科学技术——陕西省科学技术史学会论文集》,西安交通大学出版社1987年版,第165、166页)

8月22日（农历闰六月二十八日）

下午，与则君作同学录款项报告，并将同学录送至监学处。[《日记》，《徐旭生文集》第 8 册，第 107—108 页]

8月26日

与伯刚、沅芷在合兴号晚餐。"谈及世风颓蔽，吾侪孤立于此洪波中，势至岌岌，毕业后应各小心谨慎。"[《日记》，《徐旭生文集》第 8 册，第 108—109 页]

9月3日（农历七月十一日）

在福寿堂参加公宴教师，并参加毕业照相。同学"初就坐犹静肃，三巡后欢笑歌呼"。[《日记》，《徐旭生文集》第 8 册，第 110 页]

9月12日

阅报得悉，四川省当局滥捕保路会代表，激成民变。当局缉拿四川保路会在京代表递解回籍，且严禁学生开会。① 感叹"大局糜烂矣！"[《日记》，《徐旭生文集》第 8 册，第 112 页]

9月26日

往大学堂见郭立山师，求写对联一副。[《日记》，《徐旭生文集》第 8 册，第 114 页]

10月7日（农历八月十六日）

张中孚先生来京。询问毕业后愿出洋游学否，如愿意，可尽力争取官费。[《日记》，《徐旭生文集》第 8 册，第 116 页]

---

① 1911 年 7 月，四川保路同志会派刘声元等三人赴京请愿。9 月 11 日，刘被捕并被押解回籍，"交地方官严加管束"。(隗瀛涛：《四川保路运动史》，四川人民出版社 1981 年版，第 245 页)

10月8日

对出洋游学事,意颇犹豫。"思二亲白首矣,父亲尚能许儿远游,恐母亲心有不怡,非人子之心也。又游学多则十年,少则五六年,辜负韶光。"[《日记》,《徐旭生文集》第8册,第116页]

10月9日

再思出洋留学之利害,"余侪少年,正不可耽于宴安,今日时势艰难,正吾辈入地狱时,岂可知此自荼"。始决意留学。[《日记》,《徐旭生文集》第8册,第116页]

10月10日

武昌起义爆发。

10月12日

京城连日流传关于武昌起义的各种消息,较为可信者,"则汉阳失守",荫昌、萨镇冰等往镇压,京师戒严。[《日记》,《徐旭生文集》第8册,第117页]

10月14日

晚餐后,京中传有革命党人"起事之谣,六国饭店住可疑之人极多,京住颇为危险"。决定与诸同学离京到彰德小住数日以避险。[《日记》,《徐旭生文集》第8册,第118页]

10月15—17日

离京到彰德。17日接电报,要求回校参加毕业考试,遂于次日坐车返京。[《日记》,《徐旭生文集》第8册,第118—119页]

10月19—20日

参加考试,科目:理财、历史、法文、教育、国文、地理、伦理、法律。[《日

记》,《徐旭生文集》第 8 册,第 119 页]

10 月 24 日

与伯刚等同学到同生照相馆拍合影照。[《日记》,《徐旭生文集》第 8 册,第 120 页]

10 月 27 日

近日京中"谣传甚多,市面非常紧急,情形颇极危急",与同学商议后决定南返。[《日记》,《徐旭生文集》第 8 册,第 120 页]

秋

到河南省彰德中学堂①任算学兼法文教员。

是年

与译学馆丁级同学一道毕业,共 140 人。②

附:译学馆丁级法文班学生名单(1931 年登记)

姓名	别号	年龄	籍贯	职业	地址
方成邠	镐叔	45	四川秀山	外交部交际司	
方祖宝	振东	41	江苏无锡	外交部主事、科员	外交部档案保管处
毛乃应	君同	44	江苏	外交部主事	
王尚济	海帆	49	河南商丘	北京大学数学系教授;中法大学教授	北平斋内大街
王昌基	铁十	45	浙江绍兴		

---

① 彰德中学堂,位于安阳城内东南,源于北宋名相韩琦的昼锦书院。1900 年,改为昼锦学堂。1904 年改为彰德中学堂。
② 据《京师译学馆历届毕业生清册》,见陈初辑《京师译学馆校友录》,载沈云龙主编《近代中国史料丛刊续辑》第 493 册,台湾文海出版社出版。

1911年(宣统三年)·23岁

(续表)

姓名	别号	年龄	籍贯	职业	地址
王义宏	孟宽	45	广东惠阳		
王曾思	念劬	41	江苏南汇	驻意使馆秘书;东北文化委员会委员	北平史家胡同
朱学章	足三、重宾	43	安徽泾县	京汉路局课员兼股长;平汉路局车务处	北平齐内欢畅大院
余同甲	仲衡	42	河南光山	北平中国大学校长	北平西单辟才胡同
吴曾勤	潜甫	41	江苏吴县		
李景桢	子如	43	福建闽侯	交通部任用	
李煜章	宪卿	42	河北大兴	京兆荐任职任用	北平鼓楼东大街
汪世瑞	子年	46	河北宛平		
沈权善	宝衡	45	浙江归安		
沈彬	滨孙	43	浙江建德	兰溪中华书局经理	
沈觐寅	汝秩、贻玫	41	福建闽侯	平汉铁路工务总段工务员	河北长辛店同兴里
谷秉澄	练如	46	安徽太平	内务部技正	
周锡名	实夫	45	广东潮阳	湖光中学教员	上海
周霖华	卓如	47	浙江黄岩	黄泽路椒公路长途汽车公司总务科长	
宗俊心	葆初	56	河北任邱	保定警察厅	
宗俊瑄	仲玫	43	河北任邱	陆军部编辑局科员	
姜龙	益平	44	浙江瑞安		
查尔炽	卓丞		河北宛平	山东县知事	
胡公著	浚泉	46	四川开县	成都中华书局经理	
孙金镇	静山	42	江苏无锡	黄岩秤放员	
徐炳昶	旭生	43	河南唐河	北京大学教授;北平师范大学校长	北平后门外西城根
徐乃谦	季占	40	浙江绍兴	外交部典职科办事;外交部总务司典职科副科长	

(续表)

姓名	别号	年龄	籍贯	职业	地址
袁拱宸	尊三	45	湖南常德	外交部俄文学校教员	
张钟麟	趾善	42	山东福山	陆军少将；北平市首善工艺厂董事	北平东四北慧照寺胡同
张国宜	旭初	43	四川开县	开县县立中学校长	
曹钟瑶(华)	棣生	45	河南罗山		
梁仁杰	云山	42	江西临川	江西高等法院院长；江苏高等法院第三分院院长	上海
许祖俟	伟臣	47	河南商丘	北京警察厅督察长；北平市财政局税捐稽征所课长	北平西四礼路胡同
陈祖同	公望、啸虎	47	浙江吴兴	江苏县知事；内政部警政司	
陈绍珍	儒卿、道生	45	河北冀县	平汉铁路管理局会计处课员	
陈清枢	敬存	45	浙江黄岩	陕西县知事	
陈国宾	与休	45	四川资州	万县船捐局局长	
陈炳武	允中	43	河北宛平	外交部主事；总务厅庶务科科员	
乔曾劭	大壮、勤父	43	四川华阳	教育部编译员	北平西城根五道庙
乔曾佑	信孙	42	四川华阳	教育部主事	
童德颐	筠叔	52	湖北蕲春	教育部一等额外部员	
童德乾	用九	44	湖北蕲春	驻奥地利代办	
叶镜沉	崧生	44	广西岑溪		北平西单红十字会
叶心汉	友聪、则庵	40	福建南平	侨务局参事；财政部特派调查福州财政专员	
路毓祜	受之	45	河北武清	京汉铁路局总务处材料课课员股长	

(续表)

姓名	别号	年龄	籍贯	职业	地址
熊世昌	焰文	43	湖北麻城		
齐翼	勋侯	46	湖南湘潭		
刘毓珣	东有	41	河北天津	交通部主事	
薛树屏	子云	48	安徽合肥	教育部部员	
谢缉熙	泽生	49	山东福山		
钟鹤年	鸣皋、云巢	46	安徽桐城	财政部主事	
钟凤年	云甫	44	安徽桐城	交通部练习员	
戴修鹭		43	湖南常德	教育部佥事科长;东北大学教授	
戴修骏	毅夫	40	湖南常德	修订法律馆纂修;法政大学教授;立法院立法委员	
蓝嗣荣	孟华	47	江西高安	江西省立法政专门学校教员	
罗树梧	峻崖	47	四川荣昌	荣昌商会主席	
罗则琦	仪韩	45	福建闽侯		
续博泉	启东	43	河北高阳		
饶渊	惕先	45	湖北鄂城	教育部部员	
龚玮	吾讼	41	江苏无锡		

1912年·24岁

1月

中华民国南京临时政府成立,孙中山就任临时大总统。省、县地方体制逐次发生变化。

秋

参加河南省公费留学考试,获留学法国资格。①

11月15日

教育部与比利时华比银行签订四项借款合同,用以接济留英国、法国、比利时学生经费。[陈学恂主编:《中国近代教育大事记》,上海教育出版社1981年版,第232—233页]

---

① 公费生选派,先期由教育部议定应派名额、留学地、留学年限及所学科目、各省名额并举行第二次考试,合格者方可。公费资助包括治装费200圆、出国川资500圆、每月学费400法郎,回国川资1250法郎。(谢长法:《中国留学教育史》,山西教育出版社2006年版,第110—111页)刘永之、耿瑞玲《河南地方志提要》下卷(河南大学出版社1990年版)载:1912年河南选派留学欧美官费生10名。

是年

译学馆同学、挚友乔大壮①赋诗送别。

附乔大壮《送徐旭生之巴黎》：海若醉翻西海水，天阍虎豹愁不起。不从异域致金人，要学水仙登赤鲤。青天訣荡晴云开，海水汩没金银台。西去瑶京一万里，不闻黄竹歌声哀。快驾飙轮探若木，无日之国龙衔烛。胡姬碧眼为君歌，引作少年游侠曲。奉君白玉之匡床，坐君黄金之洞房。挟瑟不比邯郸倡，酒酣耳热念乡国，回头震旦知何方。少年裘马多同学，交情苦道风云薄。当时文酒占华茵，几辈羁縻缘好爵。昔予蛮语为参军，今从外史餐蠹尘。故乡词赋夐杨马，入雒兄弟余机云。失意一时各沦贱，将离共喻中苦辛。人生何处不相遇，等是破浪乘风人。（薛瑾点校：《乔大壮集》，浙江人民美术出版社2019年版，第10—11页）

---

① 乔曾劬（1892—1948），字大壮，四川华阳人，京师译学馆丁级班毕业。著名词人，曾任中央大学、台湾大学教授。

1913年·25岁

3月

与吴新吾等坐火车从北京出发,经俄罗斯、德国前往法国。

据徐炳昶《我的朋友吴新吾先生》载:"在路上的时候,看见西伯利亚大森林中的松树,株株挺直,上耸云霄,新吾先生就戏给它们起个名字,叫作'赛竹松'。及火车过德国时,梨花盛开,又值礼拜日,游人杂沓,我们初到欧洲,震于乡野的洁净,士女的闲都,艳羡无已。新吾先生又戏给它起一个名字,叫作'可恨天'。"

8月20日

教育部颁布《经理欧洲留学生事务暂行规程》,决定裁撤欧洲留学生监督,特派留学生经理员一人,经理留学各国学生学费事项,并根据教育总长饬令调查学生成绩、各处学校情形及学术等。规定"留学生于出发之前均须觅具保证,填写愿书,并由教育部给予留学证书。该生抵留学国及离留学国时,应请经理员于证书上批明入国及出国年月日,其各省各机关所派学生如须委托经理员代办者,亦须照此办理"。[陈学恂、田正平编:《中国近代教育史资料汇编·留学教育》,上海教育出版社2007年版,第318—320页]

附：留学欧洲学生往返川资治装费及每月学费

留学国别	每月学费	出国川资	回国川资	治装费
英国	英金十六镑	本国银五百圆	英金五十镑	本国银二百圆
法国	佛郎四百枚	同上	佛郎一千二百五十枚	同上
德国	马克三百二十枚	同上	马克一千枚	同上
比国	佛郎四百枚	同上	佛郎一千二百五十枚	同上

9 月

经语言学校培训后，入巴黎大学学习哲学。①

11 月 29 日

上午到校上课，课后与同学到卢佛尔（卢浮宫）博物院，购印制图片两张。后到教师杜马家中座谈。下午4点半上课，至6点结束。[《日记》,《徐旭生文集》第8册，第122页]

11 月 30 日

到哥仑浦（今作"科隆布"）看望蔡元培（字子民）先生，忧其"颜色颇憔悴"。②[《日记》,《徐旭生文集》第8册，第122页]

---

① 《教育部编纂处月刊》第1卷第4册(1913年5月)对巴黎大学的介绍："今世界最古之大学有二，一为bologna(博洛尼亚)大学，在意大利，一即巴黎大学是也。巴黎大学虽云极古，而其现时之组织，颇觉日新"，"巴黎大学最近之组织如下：（一）法科大学；（二）医科大学；（三）理科大学；（四）文科大学；（五）高等药学校；（六）高等师范学校"，"据1911年调查之实数，在巴黎大学之学生，凡学生17238人"，"试观其公开演讲之日增，及来学者之日众，即可知其成绩之优美矣"。

② 1913年10月15日，蔡元培由上海到达巴黎，住西北郊之科隆布。

12月1日

下午到法兰西学院上课,"教习甚佳,领会过半"。①[《日记》,《徐旭生文集》第8册,第123页]

12月2日

下午,课后到客栈(巴黎人家客店),看望留法俭学会新到法国多人,"谈数时"。②[《日记》,《徐旭生文集》第8册,第123页]

12月7日

下午,与吴新吾等到加尔纳瓦来(今作"卡纳瓦雷")博物院一游,该博物院多古代文物,"甚有兴味"。[《日记》,《徐旭生文集》第8册,第124页]

12月11日

下午,到校听涂尔干③课,涂"名甚著,前半点钟即有人在门外,待上堂时,坐位满后尚多立者"。[《日记》,《徐旭生文集》第8册,第125页]

12月18日

到法兰西学院上课,"教习言极清楚"。[《日记》,《徐旭生文集》第8册,第127页]

12月22日

读章太炎《致袁世凯书》④,觉"太炎书甚痛快,想袁氏一时之雄,对于章

---

① 法兰西学院成立于1795年,课程免费向所有人开放。常有一些著名学者在此讲学,向公众讲授自己的最新研究成果。
② 留法俭学会,1912年2月,吴稚晖、李石曾等人在北京发起组织,5月,开办留法预备学校,培训、介绍中国学生到法国留学。1913年12月,其介绍的第四批学生到达巴黎。
③ 涂尔干,巴黎大学教育部主席、法国著名社会学家。涂尔干主张社会独立存在于个体之外,提倡通过数据收集、统计分析与测量等社会科学方法,探讨现象之间的结构、功能和因果联系。
④ 章太炎《致袁世凯书》发表于1913年11月9日的《顺天时报》。

氏,恐亦无可奈何。因彼不畏死,且亦无可死之道,又非利禄所能縻,危言危行,章氏亦可人也"。[《日记》,《徐旭生文集》第8册,第128页]

12月27日

教育部发布《留欧官费学生规约令》,规定留学生不得与西人结婚,不得逾期滞留,不得请假回国,不得转学他校或改留他国等。[《中华民国史档案资料汇编:第3辑·教育》,江苏古籍出版社1991年版,第579—580页]

1914 年 · 26 岁

1 月 18—20 日

看朗森著《法(国)文学史》,连日作《十八世纪法之文学》一文。到教师家中听修改意见,知"错甚多",教师建议"须多习拉丁文"。[《日记》,《徐旭生文集》第 8 册,第 129—130 页]

1 月 21 日

到学校藏书楼读小茹尔维氏《法(国)文学史》。读拉丁语尾变化,作练习数则。[《日记》,《徐旭生文集》第 8 册,第 130 页]

4 月 13 日

晚餐后到剧院看戏,所演为《茶花女》,"甚惨凄"。然"于此种小事习惯不奇,故亦无甚感动"。[《日记》,《徐旭生文集》第 8 册,第 133 页]

4 月 15 日

与友人王尚济①、吴新吾等参观巴黎卢浮宫博物院,自责对于"美术史未

---

① 王尚济,字海帆,河南商丘人,京师译学馆丁级法文班毕业,巴黎大学数理学硕士。曾任河南省图书馆馆长,北京大学、北平师范大学教授。

用功,故于其正变源流不甚清楚"。[《日记》,《徐旭生文集》第 8 册,第 133 页]

4月17日

路经巴黎郊区,看"贫民所居,除室高数级,路有电车外,恶浊污秽,逼似北京"。[《日记》,《徐旭生文集》第 8 册,第 134 页]

4月21日

在城内漫游,"所行者多为法贫民地,有一室,高六级,如常度,窗极小,窗外尚有铁网罩之,内有电灯光,有工作声,不知何工场也"。

读《东方杂志》对朱舜水①事迹的介绍,"念及文文山(文天祥)、岳鹏举(岳飞)诸人,心甚悲伤,几为泣下"。[《日记》,《徐旭生文集》第 8 册,第 136 页]

4月22日

在街头见无政府党号召拒绝(议员选举)投票的宣传活动,感其"论虽偏激,然法贫富太悬殊,贫者与中国一致,至富者则挥霍无已,物质文明之极弊至于如此……政府之信用全失,宜无政府党之振振有辞也"。[《日记》,《徐旭生文集》第 8 册,第 136 页]

4月28日

与吴新吾谈话,感中国"现象真不佳,吾侪尚日止图饱食暖衣,绝无振作,诚属可耻也"。[《日记》,《徐旭生文集》第 8 册,第 138 页]

5月4日

吴新吾来谈,一俄罗斯人当面指出中国将被瓜分,"心极愤慨"。[《日记》,《徐旭生文集》第 8 册,第 140 页]

---

① 朱舜水,明朝学者、教育家,参加过抗清斗争。后流亡日本,在江户讲学,在学术界有广泛影响。

5月10日

有感于巴黎报界对日渐增多的中国侨民"肆力讥嘲",与吴新吾到中国豆腐公司,遇齐竺山①,欲为近日流离于巴黎的贫苦侨民解决工作,未能如愿。[《日记》,《徐旭生文集》第8册,第142页]

5月15日

接陈寅恪信一封,介绍在伦敦看到敦煌石窟文物多件,建议到伦敦"必往观之"。[《日记》,《徐旭生文集》第8册,第144页]

6月20日

出游,见农民于田内劳动,"思物质文明之弊,至于贫富悬绝,大起社会之争;况吾国人民生计颇低,因物质文明之流入,而一种特别社会生计骤高,至普通人群则依然故态,贫富不平,其害将甚于泰西。欲以拯之,惟有力崇节俭,使物质文明流入之速力少觉和缓,待普通人群生计程度增长,而后各种随之,其祸乃因以少轻"。[《日记》,《徐旭生文集》第8册,第148页]

6月23日

出游,见群童舞蹈及唱歌,"继思之,礼以正俗,乐以成化,礼乐因地因俗因人而设者也,本非天定,人为之耳。行之既久,耳目积惯,遂以为天经地义,不可少变"。而中国国门打开之后,"忽见异俗,则大奇之,厌而恶之,摈为异邪者有之,厌故喜新,舍己从人者有之,互相冲击,国乃大病"。正确的态度是"虽笃旧而尝目注神潜于其新,使有善者不难掊取以补吾缺也。虽喜新,而知旧制之于吾群,当有忻合不易离之故焉,而利导之,不敢轻决旧防,以资洪流之泛滥"。[《日记》,《徐旭生文集》第8册,第149—150页]

---

① 齐竺山,河北高阳人,在巴黎与李石曾共同创办中国豆腐公司。

是月

中国留美学生在美国发起组织"中国科学社",创办《科学杂志》。

7月28日

第一次世界大战爆发。

7月29日

读贡德(孔德)氏哲学,觉"贡德氏之言道德,何其似吾儒之甚也。凡正谊不谋利人道,必归于能仁,诸义皆吾儒之精华,而贡德氏能言之,可谓豪杰之士矣"。[《日记》,《徐旭生文集》第8册,第162页]

8—9月

法国开始战争总动员。法国政府由巴黎迁往波尔多。

8月11日

看《不忍》杂志①。感慨康有为"以数十年之资格,现又自负为中国之先觉,而其立论仍同日报记者之堆砌,究一事之弊,必谓万弊皆自此生,推而极之,则革此一弊,国可立兴,自欺欺人,立论如儿戏,何其不长进乃耳"。[《日记》,《徐旭生文集》第8册,第166页]

8月12—13日

教育部电,留学生费用因战争关系影响汇兑。连日到中国学会②,与众同学商议并向使馆交涉,终无结果。[《日记》,《徐旭生文集》第8册,第166页]

---

① 《不忍》杂志,创刊于1913年2月,主编康有为,专门刊登康有为的著述。
② 中国学会,始于清末驻法公使孙宝琦在巴黎组织的中华会馆,成员为留法学生,使馆公使、参赞均参加。民国成立后改为学会,1916年春解体。[见《旅欧教育运动》(1916年秋),法国都尔中华字印局刊行]

8月14日

阅报,言日本当于今日对德宣战。① "日本势咄咄逼人,然彼志不过夺胶州,受其弊者,仍我国也","此次战祸,在欧人固为大不幸事,然战事之酝酿固已有年,已成不可避之时势"。[《日记》,《徐旭生文集》第 8 册,第 167 页]

是年

游览巴黎西郊某公园,欣赏一尊背缠羽翅、作飞翔姿态的塑像,感叹其虽然飞行的试探没有成功,却是一个"失败的英雄","他这种精神实在是非常可佩服的"。[虚生:《读书漫录三则》,《读书杂志》(北京,《努力周报》增刊)第 2 期,1922 年 10 月 1 日]

---

① 1914 年 8 月 23 日,日本对德国宣战并对青岛进行轰炸。9 月,日军出兵山东半岛。

1915年·27岁

5月

袁世凯接受日本提出的丧权辱国的"二十一条"。全国教育联合会决定,各学校每年以5月9日为"国耻纪念日"。

8月26日

教育部颁布《管理留欧学生事务规程》,决定设留欧学生监督,管理留欧学生事务,规定"官费生毕业后,应将文凭送请监督验明。如果年限、成绩查核相符,方许发给证明书。官费生毕业回国来部呈验文凭、请求注册时,应将留欧监督所给之证明书一并呈验"。[《中国近代教育史资料汇编·留学教育》,第322—323页]

附:1914—1915年河南省留学欧洲各国官费学生统计表

科目	留学国	人数	全国总人数	备注
文科	英国、法国	5(英2、法3)	12	
法科	英国、法国	3(英1、法2)	40	
农科	德国	1	218	理、商、医、工、陆军、海军等均无人

根据《中国近代教育史资料汇编·留学教育》第717—719页绘制。

10月23日

到中国学会,看《时报》,读梁启超(字卓如)反对国体变更之文①,"甚沉痛"。[《日记》,《徐旭生文集》第8册,第169页]

10月24日

到中国学会,赞同关于留学生共组储金藏书社的主张,受托起草公众储金藏书社启事及简章。[《日记》,《徐旭生文集》第8册,第170页]

10月26日

为中国学会捐订《大中华杂志》②一份。[《日记》,《徐旭生文集》第8册,第170页]

11月14日

参加中国学会会议,会议决定废除学会会长一职。[《日记》,《徐旭生文集》第8册,第175页]

12月3日

到学校上课,第二节课堂讨论,一同学"谓先民爱他,今人爱己,小己思想,先民无此明确之观念,至近世乃始明晰,乃为文明之进步",观点多有不同意者,"争论颇剧"。[《日记》,《徐旭生文集》第8册,第178页]

12月4日

到学校上课,第二节课堂讨论,一同学论中国"老子之学,谓通常为道起于有,然有非道根,道根乃在有无之上",因不同意而与之"争论甚烈,卒不能屈"。[《日记》,《徐旭生文集》第8册,第178页]

---

① 梁启超所写《异哉所谓国体问题者》一文,发表于《大中华杂志》第1卷第3期,1915年8月。
② 《大中华杂志》,1915年1月创刊于上海,中华书局出版的以政论为主的综合刊物,主任撰述为梁启超。

12月8日

到法兰西学院听沙瓦先生讲《汉书》。[《日记》,《徐旭生文集》第8册,第179页]

12月25日

在街头向红十字会为伤兵募捐者捐助30生丁①。[《日记》,《徐旭生文集》第8册,第181页]

12月27日

阅报,知云南宣布独立,领导者蔡锷,广西、贵州起而响应。② [《日记》,《徐旭生文集》第8册,第181页]

是月

陆续读班加来《科学之价值》,党德《无神论》,布都《宗教与科学》《万物定律之偶生论》,佛朗斯《群仙革命记》,古都拉《来本之之名学》等著作。[《日记》,《徐旭生文集》第8册,第177—181页]

是年

接触并研究兰克史学影响下法国史学方法训练方面的著作《史业导言》(今译《史学原论》,朗格诺瓦、瑟诺博司合著)及其他史学方法论的书。"在此以前,我觉得我对于历史的事实知道的颇多;自此以后,我才感觉到毫无所知!因为这些全未经批评的史实,尚未足以言历史知识也。"[徐炳昶:《中国古史的传说时代·叙言》,《民国丛书》第二编第73册,第1—2页]

---

① 生丁,法国辅币,100生丁等于1法郎。
② 1915年12月25日,蔡锷通电各省宣布云南独立,组织护国军讨伐企图复辟帝制的袁世凯。

1916年·28岁

1月4—8日

读来本之《出形气学论》《自由论》,毕加卫《中世纪哲学神学比较之试箸》,来本之《元子论》《新人智导论》《现时之唯物论》等著作。[《日记》,《徐旭生文集》第8册,第182—184页]

2月

凡尔登战役开始,持续至12月。

6月

袁世凯病故。黎元洪继任总统。

11月19日

下午3时,旅法学界在巴黎中国学会召开黄兴①追悼会,李宗侗②撰写祭文。

在张竞生、李石曾致辞后演讲,称:黄先生于广州、汉阳、南京诸役累败,

---

① 黄兴,字克强,中国近代民主革命家,著名反清领袖,孙中山革命同伴。由于长期为革命事业奔波,积劳成疾,于1916年10月31日在上海去世,年仅42岁。

② 李宗侗,字玄伯,河北高阳人。1924年回国后出任北京大学教授。

遂致有讥词,"鄙人思何谓成?何谓败?成败标准难言。广州之役虽败,但使国人知党人是好男儿,非争权利的,故谓革命党于兹役已走到成功之线上亦可。但此线是无涯的,黄先生已继续此线而走,吾辈当继续再向前走"。以徐炳畅(昶)名义献挽联曰:"成败非所计,念先生忠义奋发艰苦弗逃,一身今亡,千秋自有公议在;生死安足论,顾我国破坏方终建设伊始,后进责重,百折毋渝共济心。"[《旅欧杂志》(巴黎)第8期,1916年12月1日;第10期,1917年1月1日]

是月

与入巴黎大学理学院的留学生李宗侗相识,常从居住地都尔恩佛街到李住处聊天交谈,"讨论世界上的事物的可知及绝对不能知的问题"等。[《李宗侗自传》,中华书局2010年版,第130页]

12月

蔡元培出任北京大学校长。

1917 年·29 岁

5月21日

张竞生①来。下午到华法教育会②,遇同学多人。[《日记》,《徐旭生文集》第8册,第185页]

6月4日

计划"尽数年之力作一小说,本诗人忠厚恻怛之旨,有讽有劝有刺,而无嬉笑无怒骂。其事其人,欹崎瑰伟,而有悠然有余、萧然自得之致,无剑拔弩张之态。读之使人穆然,兴无穷之思,然言理不晦;动人之哀感,然兴振奋之思,无萧瑟之气"。倘能兼顾以上各点,"则于人群当有裨益,但言之非艰,行之惟艰耳"。[《日记》,《徐旭生文集》第8册,第194页]

6月6—7日

请李圣章③作一文,以留法学生名义致函各报,辩明承认现时政府之不利

---

① 张竞生,广东饶平人,1912年12月至1915年就读巴黎大学。
② 华法教育会,1916年成立于巴黎,会长欧乐(法国人)、蔡元培,副会长穆岱(法国人)、李石曾,国内北京、上海等地有分会。
③ 李麟玉(1889—1975),字圣章,天津人。1910年赴法国学习,在巴黎大学获理学硕士学位。曾任华法教育会秘书。

于联军。稿成,"甚佳,修正数句,圣公作事毅而用心细,跬步不失矩度,未易才也"。[《日记》,《徐旭生文集》第8册,第195页]

6月7日

因大学门前中国国旗颜色颠倒,与两位同学到外国友谊会请其更正。[《日记》,《徐旭生文集》第8册,第195页]

6月16日

读《中国哲学史》,得二义:一、老子言无,并非绝对之词,老子之绝对无上为道,道非有非无,即有即无;二、老子非个人主义者,非为己主义。[《日记》,《徐旭生文集》第8册,第200页]

6月20日

立自修规则四条:"一、寝不得过十钟半,起不得过七钟;二、此日记必本日作,不得隔日;三、虽热,在室内不得裸裎;四、每日计善念、恶念,善以'·'记之,恶以'+'记之,载于日记后。"[《日记》,《徐旭生文集》第8册,第202页]

6月23日

夜失眠,思考将来或能在家乡豫南道开办一处藏书楼事。[《日记》,《徐旭生文集》第8册,第203页]

6月26—30日

参加期末考试,主要课程有:拉丁文;本义论说:普通哲学题为"何为明";哲学历史论说:题为"柏拉图及斯毕挪沙之错误论";30日考试题为"古尔农氏对偶遇之意见"等。[《日记》,《徐旭生文集》第8册,第205—207页]

7月2日

借来《新青年》三册,观后觉此杂志"为伦理文学之激进派,意多常,而言

激足致返动,而无益大体"。[《日记》,《徐旭生文集》第8册,第208页]

7月5日

下午在中国饭店开会,讨论张勋复辟后的国事①,议定电致冯(国璋)副总统、段(祺瑞)前总理及各省督军、省长,请其速组织政府,召集国会,讨伐叛党,并速与德宣战;另以英文电致留英美同学,请其一致进行。当即捐电费二十法郎。

到中国驻法使馆,请其代电国内。再到唐在礼②寓,请其在西方报刊上发一宣言。[《日记》,《徐旭生文集》第8册,第209—210页]

7月20—26日

前往琅巴尔爱尔矶度假,以自行车出游、海浴。[《日记》,《徐旭生文集》第8册,第217—218页]

秋

孙中山组织军政府,以维护《临时约法》名义反对北洋政府的护法战争爆发。

11月

俄国十月革命爆发。

是年

由于战争影响,巴黎大学教员及学生一度在地下室上课,但"没有一个人

---

① 1917年6月,张勋利用率部借"调停"总统府与国务院矛盾为名进北京。入京后,电召清朝遗老,并于7月1日扶持溥仪复辟,改此年为"宣统九年"。在全国人民反对下,复辟历时12天而失败。
② 唐在礼,1902年毕业于日本陆军士官学校,曾任袁世凯机要处处长,时任中国政府驻法军事委员。

想到停课的事情",对诸多坚持研究学问的热诚丝毫不减的人感受颇深。特别惊叹有人在前线战壕的间隙演作数学习题并寄往后方请老师批阅。[徐旭生:《今日知识青年应走的三条路》,《大公报》1938年4月19日、20日]

1918 年·30 岁

3 月

德军炮轰巴黎。与李宗侗、汪申伯及李宗侃①迁居都尔。其间乘火车同游卢瓦尔河边的法王查理第八世居住的安包义斯旧宫(今作安布瓦城堡),途经一个高有五层的中国式塔——鸡鸣塔,曾登上去避雨。

在都尔期间,写作《教育刍言》。一边写一边自己排版,并且用小印刷机在楼上自己印。提出对中国教育的若干意见,尤其对中国文字的改革。认为中国文字的原则在于形声,一方面用部首以代表形,另一方面用声音来代表声,这种方法若加以改良,可以变成世界上最有效的文字。

附:据《李宗侗自传》(第140页)载,"我们吃饭的时间大部分谈的是这问题。他想一方面维持着部首的形,另一方面用注音符号来代替声,但是中间遇见了一些困难,就是有同音的字,比如梅花的梅同门楣的楣皆以木字为偏旁,而声音又相同,若音符的每同眉皆用注音符号来代替有混为一字的毛病,当时我们想过许久,认为无法解决"。

---

① 汪申伯,又作汪申,字申伯,安徽婺源人,巴黎高等专门建筑学校毕业,回国后曾任中法大学法文系主任。李宗侃,字叔陶,李宗侗胞弟,曾任南京政府建设委员会专门委员。

夏

由都尔返巴黎,后到诺曼底海边避暑。其间,了解到十月革命"在人民经济方面的重大意义,也知道此次革命是遵照马克思和恩格斯的学说,也恍惚感觉到马、恩的学说在将来要成为不可抗的潮流"。[《徐旭生自传》,《河南文史资料》第 14 辑,第 115 页]

11 月

第一次世界大战结束。

1919 年·31 岁

1 月

巴黎和会在法国巴黎的凡尔赛宫召开,中国政府派陆徵祥等 5 人代表参加。

是月

由巴黎大学毕业。与吴新吾等启程从海路返国。

春

在河南商丘,与王慎徽(季芳)女士成婚。

到河南省城开封,在省立第一师范学校、河南留学欧美预备学校①任教,讲授西洋哲学史、法文等课程。

4 月 18 日

接麟白自法国来信,介绍"此间议和代表诸事颟顸,到法后两月,不见动

---

① 河南留学欧美预备学校,1912 年创办,初设英文,后增设德文、法文等科。1923 年与农业专门学校、法政专门学校合并成立中州大学。1927 年更名为省立中山大学。1930 年更名为省立河南大学。1942 年 3 月,改为国立河南大学。

作,既乏才识,又少胆量,同人惶骇"。通报组织国际和平促进会①,"明示帮忙,暗寓督促,取主持人道之精神,行抵制东邻之实策"。希望在国内能"联合同志,广为声援,以期收效万一"。[《麟白给徐旭生的信》,《心声》杂志(开封)第7期]

5月4日

因巴黎和会中国外交的失败,北京学生上街游行,要求"外争主权,内除国贼",形成了波及全国的五四爱国运动。

五四运动的消息传到开封,参加留学欧美预备学校师生集会并登台演说,痛斥北洋政府的卖国罪行,表示勇赴国难的决心。[河南大学校史编写组:《河南大学校史》,河南大学出版社2002年版,第15页]

6月28日

发表杂文《飞遁庐拉杂谈》,署名"旭生"。文章批评中国社会特别是工商业中的"官气",提出"官迷不退,工商业永无从振兴,学术也无从发达"。又主张"外国人本有长有短,以志行薄弱之我国人,遇见他们,学他们的长处很难,学他们的短处倒很容易",要学事情实在精神,不要"好撑一种虚面子"。认为"要是我们中国还不出些扎死寨打硬仗的硬汉子,那中国的前途,可以不必问了"。

同时发表《敬告中学校以上之教员及管理员》(署名"徐炳昶")、《现今大战由来序》(署名"徐炳昶")、《印度洋感怀》(署名"旭生")。[《心声》杂志第6期]

---

① 国际和平促进会,巴黎和会期间留法学生组织的团体,主要发起人为李麟玉、李宗侗、李宗侃、王世杰、徐廷瑚(字海帆)等人。1919年2月13日成立于巴黎,主张通过和会,完全取消中日条约二十一条。名誉会长李石曾、汪精卫,文书王世杰、王凤仪、周览、李麟玉。(《旅欧周刊》第22号,1920年4月15日)

冯友兰①发布启事:"友兰现拟赴美国游学,前所担任《心声》杂志总编辑之职务,自本志第五期起已完归徐旭生先生接办。嗣后社外诸君子对于《心声》杂志如有商榷指教之处,请径函达徐旭生可也。"[《心声》杂志第6期]

7月12日

发表《余个人对于筹办各种图书馆之意见》,署名"徐炳昶"。[《心声》杂志第7期]

8月

因主编冯友兰出国而接办《心声》杂志②。

附:据冯友兰《三松堂自序》载,"河南在民国元年(1912年)已经送出去过一批到欧美的留学生,我在开封的时候那批人陆续回来了,所以那一批的名额中也出了缺额。当时的教育部把各省民国元年送留学生的名额都收为教育部的名额,钱还是由各省自己出,不过原来是哪一省的名额,仍由那一省的人补缺。补缺的两次考试,第一次由那一省自己主持,第二次由教育部主持,作为复试,复试及格才算录取。1919年河南出了一个缺,并把这个缺定为哲学,我考取了初试,又到北京来复试,也通过了,于是也取得了出国留学的资格"。(邵汉明编选:《冯友兰文集》第一卷,长春出版社2008年版,第35页)

8月23日

发表《余个人对于筹办各种图书馆之意见》(续),署名"徐炳昶";同时发

---

① 冯友兰(1895—1990),字芝生,河南省南阳市唐河县祁仪镇人。1918年,毕业于北京大学哲学系。1924年,获美国哥伦比亚大学哲学博士学位。
② 《心声》杂志社是五四运动前河南学界以宣传新文化为宗旨的进步社团,1918年暑假后成立于开封,同时创办《心声》杂志。杂志主编为省立一师的教员冯友兰,初期主要成员有嵇文甫、韩席卿、魏烈臣等,后徐旭生、徐侍峰等加入。初为周刊,后改为月刊,每期发行1000份左右。

表诗歌《月》,署名"徐炳昶";发表《随感录一、二、三》,署名"旭生"。[《心声》杂志第8、9、10期合刊]

附《月》:
花影在地,星稀云销,万里皎洁,月照长空。

我情绪千叠,爱咧,悲咧,思咧,望咧,还有那些无明惆怅,若断若续,齐来胸中。

月呀我真想拿起支笔,做两句诗,描写你的倩影。

回头一想,从古来诗人千数万数,咏你的诗,又何止千首万首;所能写的,是你的形似,所不能写的,就是你的光明。

况我才浅学疏,又那敢效般持斧,学得弄弓。

但是月呀,我知道这是你,搔动幽人的清爽。

这是你,搅起愁人的离情,

无论什么时候,你总能发起人的幻想,渗入人的性灵。

嗳呀! 我怎能驾起飞艇,

乘着长风,

逃掉了地球这个牢笼,

移居住了土星。

那时节,我虽不能得东坡那老儿的奢望,说:"挟飞仙以遨游,抱明月而长终。"

我却可偷改高东嘉那两句好词唱一声:"幸而今天天此夜,人月双清。"

10月

与嵇文甫①等29人为省立第一师范十人团捐款。[《河声日报》1919年10月31日]

---

① 嵇文甫(1895—1963),原名嵇明,河南省汲县(今卫辉市)人,1915年考入北京大学。时任教于河南省立第一师范学校。

11月2日

自7月以来,河南当局拖欠教职员工资四月之久,总数达12万元。10月28日,教职员全体罢课。是日,参加在开封河南法政学校召开的教职员会议,并以留学欧美预备学校教员身份发言:"当轴对于各校,无诚意维持之表示,经一度要求,允许若干,全是敷衍,实难承认。本席主张,不惟不能上课,并须将河南财政彻底清查,究系何人糜费,规定教育基金,永远不准挪用,则此罢课方有价值。"[《河南职教员罢课纪详》,《申报》(上海)1920年11月6日]

1920年·32岁

1月

《心声》杂志社刊发启事,兼售"京沪新出各种新思想新文艺之杂志,如《新青年》《新潮》《新生活》《每周评论》《星期评论》等"。同时,"凡服制服之学生"前来购买者,实行优待。[《新中州报》(开封)1920年1月15日]

1月20日

《心声》杂志社发布《本社改组宣言》,将前双周刊改为月刊,每期内容扩充至四五万言。重新公布宗旨:1.同人深信生存竞争为生物界之一种现象,非其唯一规律;2.同人深信一社会之成立,需要一种群德,此种道德获得之第一要件为自由;3.同人深信想要世界进化,必须令人知识发达,想得真正的知识,必须依科学的规律。在内容方面,多介绍一点科学的方法论;多介绍一点欧洲文学、科学、哲学的略史。

发表《论制新名》,署名"徐炳昶"。[《心声》杂志第2卷第1期]

5月

《心声》杂志社发表《告各界书》,谓学生罢课牺牲学业,"实由于政府应付外交的失当。学生所要求的一件事情,实在是我们全国国民所痛心疾首想说还没有说出来的全国国民对于自己应负的责任"。[《新中州报》1920年5月7日]

10月

"珲春事件"①发生,开封学界成立国货维持会,号召抵制日货;示威宣传,唤醒同胞救国,要求政府强硬交涉。

12月8日

河南督军赵倜派军警包围省会开封各学校,击伤学生,通缉学生代表。甚至下令解散各校,限学生三日内一律离校。学界决定分派代表,向京沪各界揭露控诉省当局暴行。

12月17日

以留学欧美预备学校教员身份与何日章(省立第一师范学校学监)、关朝彦(省立第一师范学生)被河南学界公推为第二批赴京代表,易服搭车赴京,"叩阍请愿"。[《学潮停顿中之豫讯》,《时报》1920年12月18日]

12月23日

下午1时,河南旅京学生全体大会在北京大学第三院第一教室召开,到会者400余人。以河南教职员代表身份报告开封学界惨遭镇压状况,会议讨论援助河南教育办法数条,一一表决。当即缮写呈文,预备旗帜,全体一致排队出发,向公府请愿。大会提出撤惩赵倜(督军)、张凤台(省长)等,即刻恢复教育原状,即刻取消戒严令和逮捕令、抚恤受伤学生,保证河南教育经费永远独立等七项要求。[《民国日报》(上海)1920年12月26日;《新中州报》1920年12月27日]

---

① 1920年10月5日,日军由朝鲜侵入珲春及附近地区,疯狂地进行烧杀,消息很快传播到各地,中国民众极为愤慨,强烈要求政府对日强硬交涉,由此引发全国范围的反日浪潮,史称"珲春事件"。

1921年·33岁

2月

傅铜①在北京发起组织哲学社,出版《哲学》杂志。

5月

翻译并发表班加来②著《最后的思想》第一篇:《定律的演变》(未完),署名"徐炳昶";同时发表《哲学漫话》,署名"虚生辑"。[《哲学》第1期]

7月5日

胡适(字适之)阅读徐炳昶翻译的波兰人显克微支所著小说《你往何处去》,认为"此书写第一世纪的罗马与基督教的遭奈龙惨杀,极有历史的趣味"。[曹伯言整理:《胡适日记全集》第三册,台湾联经出版事业公司2004年版,第162页]

是月

中共"一大"在上海召开,中国共产党成立。

---

① 傅铜,字佩青,河南省兰封县(今兰考县)人,曾留学日本帝国大学、英国牛津大学、伯明翰大学,哲学博士。时为北京大学哲学教授。

② 班加来(1854—1912),又译作亨利·普恩加来、彭加勒、亨利·庞加莱,法国著名科学哲学家。

8月13日

下午,胡适读徐旭生为显克微支的小说《你往何处去》所作的序,表示"甚爱他的文章,我为作一序,未完"。[曹伯言整理:《胡适日记全集》第三册,第276页]

是月

发表译文《定律的演变》(续),署名"徐炳昶"。[《哲学》第2期]

9月26日

北京大学教务会议商定聘请教授事宜。会后,胡适通知文牍处,"请向朱经农、张竞生、徐炳昶等8人送达本年教授续聘书,日期仍填为6月15日"。

任哲学系教授。1921—1922学年承担哲学系西洋哲学史、近代哲学史(自笛卡儿起)两门课程。[王学珍、郭建荣主编:《北京大学史料》第二卷(一),北京大学出版社2000年版,第419页;《北京大学日刊》第859号,1921年10月6日]

10月22日

下午在北大哲学社(南池子缎库前巷)演讲,演讲题目为《王船山的道德进化论》。提出清初学者中,"船山最为精深博大"。从四个部分论述王船山的道德进化论:船山以前是否有进化论、船山道德进化论的本身、道德进化的原因、道德进化论与船山别种学说的关系。认为船山主张道德是进化的,"今天好于昨天,现在胜于古代。……古代的社会不惟不比现在好,并且不如现在";作为一个思想家,"不惟要用锐利的眼光来指明历史上面的事实",而且"要用绵密的思想……紬绎出真确的定律"。[《哲学》第5期(1922年4月),署名"徐炳昶"]

11月

翻译并发表《搜集证据(历史上的)的方法》(摘自朗格拉、塞尼布《史学导言》),与傅铜、杨震文合著并发表《论 Ethics 应译为道德学》,署名"徐炳昶"。[《哲学》第 4 期]

是年

经中国政府批准,中国地质调查所地质学家、考古学家袁复礼与瑞典地质学家安特生一起对河南省渑池县仰韶村远古文化遗存进行发掘。根据出土文物和考古学惯例,将此处文化类型命名为"仰韶文化"。这一考古发掘,是中国现代考古学的开端。

1922 年 · 34 岁

1月21日

在北大哲学社演讲,题目为《礼是什么?》。定义"礼","礼就是附于社会理想的行为的轨则";讲述"礼"与宗教、名教、习惯、法律等的区别;用古人思想证明"礼"的定义;论证"礼"的利弊及我们对"礼"应采取的态度。指出:"社会真正的进步不系于轨则的整齐,而系于向道德上的努力。我们应当向道德本身竭力前进以利用此工具,万不可偏重工具而忽略努力。"[《国立北京大学社会科学季刊》第1卷第1号(1922年11月15日),署名"徐炳昶"]

1—4月

与乔曾劬合译比利时戏剧大师梅德林(今译梅特林克)所著《马兰公主》(剧本),连载于《小说月报》(上海)第13卷1—5期,署名"徐炳昶、乔曾劬合译"。

5月

与乔曾劬合译波兰作家显克微支作品《你往何处去》(小说),收入商务印书馆印行的《世界丛书》。

6月20—21日

发表《我对于宗教问题的意见》,连载于《晨报副刊》(北京),主要论述四个问题:1. 不相信宗教在世界中可以消灭,美术、道德都不能用来代替它;2. 相信宗教是因时代而变迁的,某种宗教到了一定的时期必须要灭亡,再有别的宗教来代替它;3. 宗教和道德并没有什么关系,宗教昌盛,道德不一定就高尚,并且成反比例的时候,还是居多;4. 宗教和科学是冲突的,两者互为消长。[又见《哲学》第6期(1922年6月),署名"徐旭生讲,品青、甄甫合记"]

7月4日

作《诗中丑字句的讨论》,发表于7月12日《晨报副刊》上,署名"虚生"。

8月1日

北京大学季刊编辑员讨论会决定,创办季刊四种:自然科学、社会科学、国学、文艺。编辑员均由本校教授讲师中担任,与蔡子民(主任)、沈尹默、沈兼士、胡适、周豫才(鲁迅)等16人被聘为文艺组编辑员。[《北京大学日刊》第1069号,1922年8月19日]

9月6日

致信胡适,谈与商务印书馆关于《你往何处去》译作租借契约问题。请胡适在契约上签名转送商务馆,并请代为询问赠送样本事宜。[耿云志主编:《胡适遗稿及秘藏书信》第32册,黄山书社1994年版,第211页]

10月1日

作《读书漫录三则》:1. 中国两千九百年前之动物搜集者——徐偃王;2. 中国一千九百年前的解剖家——王莽;3. 中国一千九百年前的飞行家——王莽时人。[《读书杂志》第2期,署名"虚生"]

11月15日

作《天问释疑》,认为胡适指《天问》为后人杂凑、"文理不通,见解卑陋,全无文学价值"的说法,"实在不容易成立"。《天问》中"绝无间断地发了一百八十几个疑问,它的价值就在这绵亘不绝的疑问上"。这是"思想进步的先河。没有这些,今日一定没有科学,没有知识"。《天问》"在我国哲学史一方面也应该占相当的一席"。[《读书杂志》第 4 期,1922 年 12 月 3 日,署名"徐旭生"]

是年

通信地址:北京亮果厂 9 号。

1923 年·35 岁

1月15日

与王海震等为王培筠①各捐助大洋二元。[《北京大学日刊》第1155号，1923年1月15日]

4月

丁文江②针对张君劢关于人生观的演讲，在《努力周报》发表《玄学与科学》一文，揭开科学与人生观的论战。

与蒋梦麟(总务长)、皮宗石(图书部主任)、单不庵(图书部中文图书主任)、马衡(图书部古物美术品主任)、周树人(鲁迅，中文系兼职讲师)、张黄被聘为北京大学研究所国学门委员会委员。[《国立北京大学研究所国学门重要纪事》，《国学季刊》(北京大学)1923年第一卷第二号]

---

① 王培筠，河南息县人，北大学生，因家遭匪劫掠，生活无着，北大河南同乡会为其募捐，校长、教务长以下多有响应者。
② 丁文江(1887—1936)，字在君，江苏泰兴人，留学英国，曾参与创办农商部地质研究所并任所长。1922年1月，创办中国地质学会，后任会长。

5月22日

应哲学社邀请,与陈大齐、屠孝实、张君劢、张竞生、瞿世英、林宰平、傅铜等参加讨论会,讨论人生观与科学及玄学之关系。

5月28日

对国会将用故宫三大殿作为会场的传闻表示反对,指出三殿"为中国式建筑最宏伟工程之一""是中华民国最大宝藏中的一件……是人类全体的宝藏",我们应该百倍地爱护它,保全它。[徐炳昶:《对于国会议场用三殿的抗议》,《晨报副刊》1923年5月28日]

6月14日

哲学系同学谈话会派代表与系主任陈大齐接洽,要求西洋哲学史外,增设 Descantcs、Leibrity 两家哲学课程,并由徐炳昶先生担任,陈表示赞同并予以安排。[《北京大学日刊》第1267号,1923年6月16日]

7月

翻译并发表珂罗倔伦①著《对于"死""时""主""书"诸字内韵母之研究》,署名"徐炳昶"。[《国学季刊》(北京大学)第一卷第三号]

同月

应陕西督军兼省长刘镇华(字雪亚)邀请,与陈大齐、朱希祖、王星拱②、吴新吾等人赴西安讲学。讲学题目为《科学与道德之关系》。

白启明编成《豫宛民众艺术丛录》,与陈大齐、张竞生、钱玄同、周作人、沈尹默、沈兼士被推为编审,审阅完毕后即付印。[《国立北京大学研究所国学门

---

① 珂罗倔伦,即高本汉,瑞典著名汉学家,哥德堡大学教授、远东文物博物馆馆长。
② 陈大齐,字百年,浙江海盐人,时为北京大学哲学系教授;朱希祖,字遏先,又作迪先、逖先,浙江海盐人,时为北京大学史学系教授;王星拱,字抚五,安徽怀宁人,时为北京大学化学系教授。

重要纪事》,《国学季刊》(北京大学)第一卷第三号]

11月12日

作《给电车公司一封公开的信》刊于《晨报副刊》,署名"徐旭生、严季冲①、李玄伯"。反对电车公司(法资)拆除有"几乎五百年的历史,比王宫还古些"的东单、西单牌楼,建议用"地下线、单轨"等办法扩路。牌楼"尤有古代建筑研究的供给",很宝贵,建议用拆下的木料在公园内,或在历史博物馆外边重建,"以使后人得以仰瞻古代的遗踪"。

12月9日

哲学系学生组织的行知社召开成立大会,注重生活组织及"个人的品德行谊",并"就其所知所信而勉行之"。主张身体力行,"干一事,是一事;干一件,是一件","每月第一周日报告个人生活情况,提出困难点,讨论以期得一适当解决"。发起人杨世清在征求意见时,与梁漱溟均表"极为赞成"。与梁漱溟、屠孝实、卫礼贤(德籍教师)等应邀参加活动并作演讲。[杨世清:《行知社的缘起》,载《北京大学日刊》第1703号,1925年5月26日;又见《梁漱溟自述:我是怎样一个人》,当代中国出版社2012年版,第50页]

是月

参与吴新吾、陈师曾②为"反抗无识者(对)古物的摧残,奸商的诱买"而约考古家、美术家组织成会的活动,与李宗侗、严季冲、沈兼士、马衡、张凤举③等发起美术保存研究会。[李玄伯:《吴新吾与保存古迹》,载《晨报副刊》1924年4月6日]

---

① 严智开,字季冲(聪),天津人,时为北京美术专门学校教授。
② 陈衡恪,字师曾,北京美术专门学校教授。
③ 沈兼士,时任北京大学国学门研究所主任;马衡,字叔平,时任北京大学研究所国学门考古研究室主任;张定璜,别名凤举,时任北京大学教授。

是年

得识由张嘉谋(时任众议院议员)邀入京的董作宾①,并引荐董考入北京大学研究所国学门研究生。

据阎东超《忆董作宾二三事》载:"北京大学的徐旭生教授常到张老(中孚)家谈学问,发现董天分高、勤恳、会办事。徐教授那时办《猛进》杂志,就把跑印刷厂、校对、发行等事交给他办。他边做边学,到北大听课,到图书馆看书,又有徐、张两老的及时指教,知识面日益广阔。"(载《河南文史资料》第11辑,1984年,第115页)

---

① 董作宾,字彦堂,河南南阳人,后为中央研究院历史语言研究所研究员。

1924年·36岁

1月14、15日

《北京大学日刊》转载《哲学》杂志(1923年第8期)所刊《科学与道德之关系》一文,署名"徐炳昶"。主要内容有:科学与道德的根源、科学与道德冲突的起因、科学与道德的实在关系。[《北京大学日刊》第1385号,1924年1月14日;第1386号,1924年1月15日]

是月

父病重去世,返乡。

3月15日

与李大钊、胡适等60名教授联名致函校长,认为教育部制定的《国立大学条例》,"既悖乎理,复昧于事","要求根本取消"。[《北京大学日刊》第1421号,1924年3月17日]

4月6日

发表《我的朋友吴新吾先生》,刊于《晨报副刊》,署名"徐炳昶"。

与王尚济、李煜瀛(字石曾)、刘海粟、蔡元培、蒋梦麟、沈兼士、马衡等51

人发起组织吴新吾先生(国立北京大学导师、上海美术专门学校教务长、前国立北京美术专门学校教务长)追悼会,是日在北京大学第三院礼堂举行。同时展出吴新吾生平作品。[《北京大学日刊》第1436号,1924年4月3日]

4月17日

向国学门赠文物三件。① [《北京大学日刊》第1448号,1924年4月18日]

5月19日

北京大学古迹古物调查会改为考古学会②,由叶瀚、李宗侗、陈万里、沈兼士、韦奋鹰、容庚、马衡、徐旭生、董作宾、李石曾、铎尔孟、陈垣(字援庵)等12人组成,会长马衡。

附:北京大学研究所国学门考古学会简章

1. 本会之名称　定名为考古学会。

2. 本会之宗旨　用科学的方法调查、保存、研究中国过去人类之物质遗迹及遗物——一切人类之意识的制作物,与无意识的遗迹、遗物,以及人类间接所遗留之家畜或食用之动物之骸骨、排泄物等均在调查、保存、研究范围之内。

3. 会员之组织　除考古学家外,应网罗地质学、人类学、金石学、文字学、美术史、宗教史、文明史、土俗学、动物学、化学等各项专门学者,与热心赞助本会会务者,协力合作。

4. 实行之方法　本会会员可本各有之特长,设为分组,以利分务之进行。一探险,二发掘,三鉴定,四修理,五保护,六纪录,七出版。

5. 对于特别捐款之承受,另由详则规定之。

6. 与国内外各同志团体之互相联络,另由详则规定之。

---

① 研究所国学门通告(一):本学门承徐旭生先生惠赠瓦□一件、□□一件、瓦舌一件。
② 1921年年底,北京大学研究所归并为自然科学、社会科学、国学、外国文学四门。国学门下设文字学、文学、哲学、史学、考古学研究室。1923年5月24日,考古学研究室成立古迹古物调查会。

7. 本会章程有未尽事宜,得于开会时提出修改之。
(《北京大学日刊》第 1492 号,1924 年 6 月 12 日)

是月

发表《保存例案议》,署名"徐炳昶"。主要内容包括:例案与文字史、器物史、风俗史、经济史的关系。[《国立北京大学社会科学季刊》第 2 卷第 3 号]

6 月 8 日

在北京龙树寺参加北京大学研究所国学门委员会会议。到会者还有蒋梦麟、沈兼士、马幼渔、周作人、胡适、张凤举、朱遏先、单不庵、马衡、顾颉刚等。[《顾颉刚日记》第一卷,台湾联经出版公司 2007 年版,第 495 页]

6 月 24 日

与顾颉刚等人在中央公园出席现代评论社①宴席,参加者 40 余人,多来自北京大学。[《顾颉刚日记》第一卷,第 500 页]

6 月 26 日

致信胡适,介绍译学馆同学吴某"近来在北京没有事,想翻译一点文学书(英文),不晓得世界丛书社急着要译那几本书","希望你把急需翻译的书告诉他三两种",并"把购买的地方告诉他,那就感谢不尽了"。[耿云志主编:《胡适遗稿及秘藏书信》第 32 册,第 212 页]

---

① 《现代评论》杂志,1924 年 12 月创刊,由留学欧美归国的北京大学教授和文化人创办。以学术文化为主的综合性刊物,发表政论文章,也发表文艺创作及自然科学类的文章。初期主编为王世杰,1928 年 12 月终刊。

7月14—26日

与李宗侗奉考古学会指派调查北京郊区大宫山古迹①。14日,会见宛平县代理县长欧阳,商定采访、调查及发掘建议等问题。21日前往大宫实地考察,26日撰写调查报告,提出分三步进行的发掘计划:第一步,清理塔前残碑;第二步,"测量洞长短,由上掘之";第三步,待有所获后,再作长远计划。[徐炳昶、李宗侗:《调查大宫报告》,载《北京大学日刊》第1513号,1924年8月2日]

8月9日

北京大学研究所国学门考古学会发表《保存大宫山古迹宣言》。宣言指出:"苟国人不急起阻止,则今日失一古迹,异日即缺一史料。其事似微,而所关甚大,长此以往,西山古建筑,将积渐受其摧残,史料缺遗,后来学子,考索无从,我国文化,将有沦亡之惧。"[《北京大学日刊》第1514号,1924年8月9日]

10月23日

直军将领冯玉祥联合胡景翼、孙岳等在第二次直奉战争中发动北京政变。囚禁贿选总统曹锟,邀请孙中山北上共商国是,11月5日驱逐溥仪出宫。但不久,张作霖与段祺瑞相勾结,控制了新成立的中华民国临时执政府,段出任执政,冯被排斥出京。

是月

发表《解释对于科学的误会》,署名"徐炳昶"。认为"用科学的名义,几乎成了不可抗的权威"。对科学有两种误会:一是认为科学是万能的,二是认为科学已经破产。前者"实在是一种迷梦",打破它,"并不因此就动摇我们对于科学的确信"。指明"在人生里面",科学"实为一盏行路的明灯,并且止有这一盏","废弃科学,就是废弃知识的全体"。[《国立北京大学社会科学季刊》第

---

① 大宫遗址,位于今北京海淀区苏家坨镇大工村一带。考古学会曾派会员顾颉刚、容庚、李宗侗、徐炳昶进行多次考察。在此前后,还与马衡、李宗侗、陈万里等到新郑、孟津、洛阳北邙山等地进行过考察。

3 卷第 1 号,1924 年 10 月 12 日]

11 月 14 日

与顾颉刚、李宗侗、胡文玉①等到内阁大库皇史宬检封。[《顾颉刚日记》第一卷,第 552 页]

12 月 8 日

在《语丝》②发表杂文《胡语乱道》(一)(二)(三)(四)(五),署名"徐旭生"。[《语丝》第 4 期]

是月

在中国大学哲学系读书会演讲,演讲题目为《科学与玄学》。指出"现代思想界,对于科学颇有极端相反的两倾向:一方面迷信科学的万能,其他一方面则欲宣布科学的破产。实在科学既不是万能的,亦并无破产的朕兆","实在科学在今日不但无破产的朕兆,而且前程远大,有一日千里的趋势,更进一步说,科学实为指导人类的明灯。别的如玄学,如宗教,虽亦对于人类间有相当的辅助,而指导人类向无限广远前途进行的责任,除去科学实无他物可以担负"。[《哲学》第 9 期(1926 年 5 月),署名"徐旭生先生讲,丁长松记"]

---

① 胡文玉,1918 年毕业于北京大学,时受聘于研究所国学门,主管整理明清档案。
② 《语丝》创刊于 1924 年 11 月,是以散文为主的文学刊物。主要创办人有梁遇春、周作人、周树人、钱玄同、刘半农、孙伏园等。

1925 年·37 岁

1月19日

发表杂文《进化呢？退化呢？》，署名"虚生"。[《语丝》第10期]

是月

发表《〈西游记〉作者的思想》，署名"徐旭生"。与"从历史的角度，研究作者的时代、史实依据，如胡适；从艺术的角度，研究描写、结构等，如蔡元培等人不同"，本文侧重"从思想角度，客观的、不是主观的方法，考察作者的思想、与现代的关系有无冲突等"，认为吴承恩的思想"受释道两家的影响"，"却全未达深远"，"对于人情细隐，很有研究，并且很有独见的地方"，"很有玩世的精神"，是"滑稽的天才"，"所以能成中国的一个绝大的小说家"。[《太平洋杂志》(上海)第4卷第9号]

据戴季陶《评太平洋杂志第4卷第9号》载："徐旭生君的《〈西游记〉作者的思想》这一篇文字，我也觉得颇有趣味……他描写人类的心理，很有一种特色……对于徐君这一篇分析作者思想的文章，竟不能下一字的批评。"(《湖州月刊》第1卷第6期，1925年3月1日)

2月2日

与马衡、马裕藻、钱玄同、沈尹默、沈兼士、李宗侗、陈大齐、杨树达、邓以蛰等,于森隆饭庄宴请陶孟和、郁达夫、林语堂①、马其昶、江绍原、周作人、胡适、王星拱、皮宗石、杨振声等人。[方遥选编:《马衡文存》,江苏人民出版社2020年版,第474页]

2月9日

发表杂文《胡说(语)乱道》(六)(七)(八),署名"虚生"。[《语丝》第13期]

是月

与陈大齐、胡适、屠孝实、钱玄同、梁漱溟等28人发起成立(北京大学哲学系)哲学研究会,以研究哲学为宗旨,决定每月举办讨论会一次,每年公开演讲8次,出版不定期刊物,翻译西洋哲学名著、出版中国哲学名著等。"凡对于哲学及其相关学问有研究之兴趣者,经本会会员介绍,皆得入会。"[《北京大学日刊》第1618号,1925年2月9日]

哲学系(学生)读书会发起"求知运动",成立4个小组,各组每月聚会一次。其中康德哲学组,导师张颐②;论(伦)理学组,导师陈大齐;论(伦)理学组,导师傅铜;中国哲学组,导师徐旭生。[《北京大学哲学系之过去与将来》,载国立北京大学卅一周年纪念会宣传股编印《北京大学卅一周年纪念刊》,1929年12月17日]

3月3日

应约向《京报副刊》"青年必读书"栏目,推荐几何学、论(伦)理学等10种读物。强调所介绍书目是"非学校中必要之科目","青年课外所要读的书",

---

① 林语堂,原名和乐,后改名玉堂,又改名语堂。
② 张颐,字真如、唯识,四川人,黑格尔哲学研究专家,时为北京大学哲学教授。

"为练习精神最好的书"。附有说明：

（一）中国人的思想最苦混乱，不能寻因果的线索，几何学、论（伦）理学为医治思想混乱最好的书。

（二）中国人颇艰于抽象思想，几何学、论（伦）理学最能练习他的抽象能力。

（三）中国人的学术苦于无系统，如多研究几何学、论（伦）理学，思想自易于成系统。

（四）鲁迅先生的话说的很对，不读中国书，不过文章做得不好；林玉堂先生的话也很对，读那些中国书才可以说话。我觉得做文章、说话，全是次要的事情，所以不举另外的中国书。[《青年必读书》（四三），《京报副刊》第77号，1925年3月3日]

3月6日

与李宗侗等人合办的《猛进》周刊创刊。①

发表时评《难道说这样就是革命的平民政府么?》，署名"徐炳昶"。抨击标榜"革命的平民政府"的段祺瑞政府争夺地盘、分配地盘、鸦片公卖、维护清遗老利益、拆除古建筑毁坏文化遗产等举动，难道是"革命的平民政府"所应为吗?

同期发表杂文《这可有什么办法呢》《Enthousiasme（法语：热情）应该译成什么字呢》，署名"虚生"。[《猛进》第1期]

鲁迅先后在《猛进》周刊发表《并非闲话（二）》（第30期）、《十四年的"读经"》（第39期）、《碎话》（第44期）等文章。

---

① 据《李宗侗自传》载，"我们一共约集了十个人，每人每个月出十块钱，共一百块钱作为印刷费。封面'猛进'这两个大字，尚是请一位甘肃朋友写的"，"这时北京大学的同事们共办了三种杂志，一种是《现代评论》，是王雪艇、周鲠生等人所办；一种是《语丝》，为周作人、鲁迅弟兄所办；另一种就是《猛进》了。这里边以《猛进》出的时间最晚，徐旭生所写的文章最多，我写的次之，林语堂亦偶然在其中写过文章，共出了一年多"。（《李宗侗自传》，第223—224页）

3月12日

孙中山在北京去世,终年59岁。孙中山于上年11月10日发表《北上宣言》,离开广州,经香港、上海,绕道日本,12月4日到天津,12月31日到北京。

3月13日

《猛进》卷首发表时评《哭孙中山先生》,文章指出,"孙先生的功业,概括的说起来,就是:在前清时代,对满政府为汉族力争人格及自由。在民国时代对恶政府为国民力争人格为自由。他一直到死,每天所抱定的,全是奋斗的主义同牺牲的精神,所以我们四万万人对于他的死应该同声一哭!"提出本社同人的三个重要主张:国葬;由国民集资在天安门前造一伟大的铜像;择地建设专墓。

同期发表时评《我国谈政治者必须认清的几件事》,署名均为"徐炳昶"。同时发表杂文《老生常谈》,署名"虚生"。[《猛进》第2期]

3月16日

与胡适议论《现代评论》杂志事宜。胡表示,办月刊很难,大约每月出八万字,还属可能,如想出十一二万字,就几乎不可能。回复:何必拘定十一二万字才出,有七八万就出七八万,即使再少一点,也未尝不可,要之有它总比没有它好的多。[《与鲁迅通信》,《猛进》第3期]

3月20日

发表时评《自卫团与新国民军的组织》,署名"徐炳昶";杂文《我们应该怎样对付王九龄①呢?》,署名"虚生"。

---

① 王九龄,云南人,1925年3月被执政府任命为教育总长。

与鲁迅通信讨论关于"思想革命"等问题。①［《猛进》第 3 期］

3 月 27 日

发表时评《我意中的孙中山先生》,署名"徐炳昶"。认为孙中山先生"有极强毅的意志,鼓勇前进,至死不渝";孙中山的精神,是"现代的精神,是将来的精神","在中国四千年的历史里面,并没有找出第二个人来"。［《猛进》第 4 期］

3 月 31 日

马衡与沈兼士、单不庵、朱希祖于东华饭庄宴请周子扬等人,与胡适、钱玄同、李宗侗、陈垣等作陪。［方遥选编:《马衡文存》,第 474 页］

4 月 3 日

发表时评《你们着急解决金佛郎案是为什么的?》,杂文《真快图穷匕首见么?》《老生常谈(五)》,署名"虚生";发表与鲁迅、P. H. 先生的通信②。［《猛

---

① 鲁迅 3 月 12 日来信:"看看报章上的论坛,'反改革'的空气浓厚透顶了,满车的'祖传','老例','国粹'等等,都想来堆在道路上,将所有的人家完全活埋下去","现在的办法,首先还得用那几年以前《新青年》上已经说过的'思想革命'","除此没有别的法。而且还是准备'思想革命'的战士,和目下的社会无关。待到战士养成了,于是再决胜负"。
　　回复:"人类思想里面,本来有一种惰性的东西,我们中国人的惰性更深。惰性表现的形式不一,而最普通的,第一就是听天任命,第二就是中庸。听天任命和中庸的空气打不破,我国人的思想,永远没有进步的希望","'思想革命',诚哉是现在最重要不过的事情","《语丝》《现代评论》和我们的《猛进》,就是合起来,还负不起这样的使命","第一希望大家集合起来,办一个专讲文学思想的月刊","第二我希望有一种通俗的小日报……为民众和小学校的学生看的。所以思想虽需要极新,话却要写得极浅显"。
② 鲁迅 3 月 29 日复信:"有一个专讲文学思想的月刊,确是极好的事。""第一为难的却是撰人","撰人一多,则因为希图保持内容的较为一致起见,即不免有互相牵就之处,很容易变为和平中正,吞吞吐吐的东西","现在的各种小周刊","在黑暗中,时见匕首的闪光"。"至少还该有一种通俗的科学杂志,要浅显而且有趣的。""先生的信上说:……第一就是听天任命,第二就是中庸。我以为这两种态度的根柢……其实乃是卑怯。遇见强者,不敢反抗,便以'中庸'这些话来粉饰,聊以自慰。所以中国人倘有权力","多是凶残横恣","做事并不中庸"。

进》第 5 期]

4 月 10 日

发表杂文《莎士比亚问题之一个解决》，署名"虚生"；发表 P. H. 先生的来信。[《猛进》第 6 期]

4 月 17 日

发表时评《办通俗小日报者所应注意的几件事情》，主张面对城市、农村中上过小学或未上过学而识字的人们，办一种"能开人民智慧的报"，并且"有销售到乡下去的野心"。但是要注意，抽象是人类智慧的能力，但抽象是一件很难的事情；终天聊着脸说正经话，总是令人讨厌的；如果想对于道德方面灌输一点东西，一是简单，二是重复地说；平民所深感兴味的东西，是他们那阶级里的情形；所用的语言，与平民自己所用的愈近愈好。

回复刘先生、晦明关于孙中山铜像设于何处、关于刊头字题等问题，署名"徐炳昶"。[《猛进》第 7 期]

4 月 24 日

发表时评《这真是中国的公园！》，署名"虚生"；发表《论命运》，署名"徐炳昶"，指出"命运是不可抵抗的""命运是不能预见的""命运为偶然的非必要的"。发表与韵石、kw 的通信，内容是关于鲁迅思想改革的讨论。[《猛进》第 8 期]

4 月 29 日

在北京森隆饭店与李宗侗、胡适、俞平伯、顾颉刚、陈西滢等特邀评书艺人刘杰表演《三侠五义》。与会者欲组织一个说书会，因此笔录其言，为评话本小说。[《顾颉刚日记》第一卷，第 612 页]

5 月 1 日

发表时评《是不是应该想另外的一个法子呢?》，署名"虚生"；发表论文

《Gentlman 和 Gentil 的分别兼致钱玄同先生》，署名"徐炳昶"。

发表与翟韶武的通信。[《猛进》第 9 期]

5月8日

发表时评《筹设中山图书室之提议》，署名"虚生"；发表与周作人、胡崇轩、翟韶武的通信①，署名"旭生"。[《猛进》第 10 期]

5月15日

《猛进》卷首发布《本社紧要启事》："本周刊宗旨纯正，言论正大，自出版以来，备受社会欢迎，不意第九期送至邮局发往京内外之报，均被京师警察厅检验扣留，殊深骇异。除向警厅严重抗争外，仍依本社同人向来主张，继续出版，并设法逐期寄送，借副爱读本刊诸君之雅望。"②

发表时评《对于今年五七学潮的感想》《对于东南大学风潮的预测》，署名"虚生"。[《猛进》第 11 期]

5月17日

与陈百年、梁漱溟、胡适、谭熙鸿③等参加 1925 哲学系师生联欢会，发言中强调："人类言论行为，要想求出一很可靠的、不变的标准，实属非易。有科学精神的人，总须奋勇的去干，干不通了，再换个方法去干，以身作则，是顶有效力的。诸君出校作事或求学，希望具此精神。"同时提出："我们对于应用和理论，须要分清。如把应用和理论混了，则流弊很大。例如胡适之先生和梁任公先生开的书目，有许多书名一样，但我却赞成胡先生的，不甚满意梁先生的。因为胡先生开出《论语》《孟子》等等，只是供给学者以各样见地，梁先生

---

① 周作人针对上期"绅士"一文发表意见："不但绅士的臭架子要不得，便是无产阶级、愤世嫉俗者、流氓、学者等者臭架子也何宜要得。"

② 据《李宗侗自传》（第 224 页）载，"在北大所办的各种杂志中，《猛进》是以批评北洋政府著名的，虽然因此引起了很多疾妒者，但是颇得当时北方主持共产主义的青年所欢迎"。

③ 谭熙鸿（1891—1956），字仲逵，江苏吴县人，时为北京大学教授，生物学系主任。

却老实教人把他们当作信仰的标准,这就犯了理论和应用混淆的弊病,这一点很关紧要,故带便言及。"[《1925哲学系师生联欢会纪事》,载《北京大学日刊》第1700号,1925年5月22日]

5月22日

发表时评《学潮后的感言》,署名"虚生"。[《猛进》第12期]

5月29日

发表时评《这真是中国人的政府!》《对于女师大风潮的感想》,杂文《老生常谈》,署名"虚生"。撰写张奚若《"五七"学潮的我见》编后语,署名"徐炳昶"。[《猛进》第13期]

5月30日

上海学生、工人宣传队在租界内抗议帝国主义的暴行,英国捕头爱伏生下令向聚集在南京路巡捕房门前的群众开枪,打死13人,伤10人,捕50多人,是为"五卅惨案"。旋即,引发了全国范围的五卅反帝爱国运动。

6月3日

与各大学教职员李书华(字润章)、胡适、李石曾、谭熙鸿、蒋梦麟、李宗侗、顾孟余、萧子升、王星拱、陶孟和、周鲠生等,分头在北京大学、北京法政大学等处开会,"决定联合京内外各学校教职员,为一有力之表示。已决定发出宣言两种:一为抗告英日,用西文,其内容注重此次事变,推及不平等条约之亟宜废除;一为警告国内强暴,用中文,其内容谓此次事变,虽起于帝国主义之为祟,然军阀之专横,内政之腐败,实为引人轻视之由,将唤起全国人士为此两重之注意"。[《全国知识界反对英日之继长增高》,载《京报》1925年6月4日]

6月5日

发表时评《国人对于此次上海工学界大风潮所应取底态度》,署名"虚生"。指出鸦片战争以来,"政治势力与经济势力互相胶结,以压迫我国,而我国乃陷于永劫不复的地位","一国人的经济自有自由处理的全权,万不能任他国人的无理干涉。这一种权利我国人得之则生,不得则死","我们如果不能使外国在我国的经济势力和政治分离开,则我国经济无自由发展的余地,即永不能有复振的机会"。[《猛进》第 14 期]

6月8日

下午 3 时,北大教员学生千余人,前往执政府请愿。与蒋梦麟、周鲠生、王世杰、李石曾、胡庶华等人进府,当面向段祺瑞提出保护中国商民,撤退英日公使等要求。[《京各界雪耻运动坚持猛进》,《晨报》1925 年 6 月 9 日]

6月12日

发表时评《国人对于英日惨杀同胞案所急应该知道底两件事》,署名"徐炳昶"。杂志社同期发表《猛进社同人对于英日惨杀同胞案特别宣言》《救急办法》,《求急办法》印制一万份,向各处分发。救急办法主要包括:外交部立时直接向英日两国驻华公使提出严重抗议;对英日两国立即经济绝交;通电国内军界及各界,以及华侨、各政府、舆论界、国际联盟;要求政府急电上海商团,趋赴英日租界,保护人民生命财产及地方之安全。[《猛进》第 15 期]

6月15日

发表《猛进社同人对于英日惨杀同胞第二次宣言》、时评《告日本人》,署名"徐炳昶"。[《猛进》沪案特刊第 1 号]

6月16日

与沈兼士、李四光等 36 名国立各校教职员联名致函各校校长,要求从教育部拖欠的 150 万元工资中,抽出 10 万元援助上海方面,并且要求政府立即拨发。[《北京大学日刊》第 1721 号,1925 年 6 月 16 日]

6月17日

北大教职员沪案后援会召开文书股会议,与李宗侗、沈士远等人被推为公开演讲筹备员。会后启事称,有欲演讲者事先联系,以便先期公开并准备演讲场地。[《北京大学日刊》第1722号,1925年6月17日]

6月20日

北大教职员沪案后援会总务文书两股召开联席会议,与朱希祖、沈士远、王世杰、李宗侗等5人被推为中文主稿(撰稿人)。[《北京大学日刊》第1726号,1925年6月26日]

7月1日

参加北京大学教职员沪案后援会会议,与马寅初、王星拱、朱希祖等16人被推为经济抵抗委员会委员。[《北京大学日刊》第1734号,1925年7月2日]

7月14日

上午,北京各团体代表齐集北大第三院,包括雪耻会、全国妇女联合会、平民救国同志会、湖北旅京学会、中国经济问题讨论会代表等。与朱家骅(字骝先)作为北大教职员沪案后援会代表与会。会议公推朱家骅为临时主席,并报告向政府请愿的目的是敦促政府,根据上海提出的十三条交涉条件,从速交涉。11时,众人到执政府递交公函,提出要求,后段祺瑞派秘书张青子代见。[《申报》1925年7月17日]

7月22日

发表时事短评《我们应该有正眼看各方面的勇气》,署名"虚生"。鲁迅看后作《论睁了眼看》(发表于次月的《语丝》第38期,后收入杂文集《坟》),称:"诚然,必须敢于正视,这才可望敢想、敢说、敢作、敢当","然而,不幸这一种勇气,是我们中国人最所缺乏的",指出"中国人的不敢正视各方面,用瞒和骗,造出奇妙的逃路来,而自以为正路",并"由此也生出瞒和骗的文艺来",疾呼"我们作家取下假面,真诚地、深入地、大胆地看取人生并且写出他自己的血和肉来的时候早到了,早就应该有一片崭新的文场,早就应该有个凶猛的闯将","没有冲破一切传统思想和手法的闯将,中国是不会有真的新文艺的"。[《猛进》第 19 期]

是月

接鲁迅应李霁野、台静农之托来信,请帮助介绍韦素园①去《民报》工作。[鲁迅手稿全集编辑委员会编:《鲁迅手稿全集·日记》第五册,文物出版社 1980 年版,第 44 页]

8 月 7 日

发表时评《歹!政客式的教育家!》、杂文《老生常谈(十)》,署名"虚生"。[《猛进》第 23 期]

8 月 22 日

与周作人、李宗侗、李麟玉、李书华、张凤举、江绍原、王尚济联名发表致校长书,表示"极端赞成校评议会 18 日决定,不承认章士钊为教育总长,拒绝接受章签署之教育部文件",要求速为执行。[《北京大学日刊》第 1748 号,1925 年 8 月 28 日]

8 月 26 日

与王尚济、李书华、周树人、周作人等 41 名北京大学教员联名发表《北京大学教员反对章士钊的宣言》,指责章士钊"借整顿学风的名目,行摧残教育的计划,对于女师大的风潮,不用公允的办法解决,竟用武装警察强迫解散该校,又用巡警老妈强迫拉出女生;直接压迫女师大,间接示威于教育界,并且可借此压倒种种的爱国运动"。所以"我们要出来抵抗他,反对他为教育长

---

① 韦素园,安徽人,文学翻译家,时在北京俄文专修学校。后担任《民报》副刊编辑。

官"。[薛绥之主编:《鲁迅生平史料汇编》第三辑,天津人民出版社1983年版,第315—316页]

与王尚济、朱希祖、李石曾、李书华、李麟玉、李宗侗、沈士远、沈兼士、沈尹默、周作人、马衡、马裕藻、杨震文、谭熙鸿、顾孟余等发表为反对章士钊事致本校同事的公函。[《北京大学日刊》第1749号,1925年8月29日]

就反对章士钊事回复钱玄同24日来信,对钱关于女师大风潮的意见,"完全表示同意"。[《钱玄同文集》(第二卷),中国人民大学出版社1999年版,第203页]

8月28日
发表《再论礼教问题》,署名"徐炳昶",连载5期。[《猛进》第26期]

9月21日
北京女子师范大学校务维持委员会反对北洋政府教育部的解散命令,租赁阜成门内南小街宗帽胡同14号作校舍,当日开学,与鲁迅、许寿裳等专职、兼职教师按时前往义务上课。

10月5日
在北京大学日刊发布"关于上学年补考即免试成绩的说明"的启事。[《北京大学日刊》第1774号,1925年10月5日]

10月10日
故宫博物院在北京紫禁城成立,并向社会开放。

10月16日
在适存中学讲演,讲演题目为《学术应有的对象》(文伟记)。指出"学术应有的对象,是自然"。主张"自然是我们的父母,我们必不能离开它,要研究学术,必须问它,要身体好,也必要找它"。编辑评论称:徐先生"观察中国思想不发达的原因,从历史上证明是只讲人生不研究自然的结果,实在是发前人所未发"。[《京报副刊》第 299 号,1925 年 10 月 16 日]

10 月 22 日

参加北京大学教职员沪案后援会全体大会,与王世杰、周鲠生、马寅初、顾孟余、陈启修、皮宗石等被推为"对于无条件关税自主主张"起草人。[《北京大学日刊》第 1793 号,1925 年 10 月 29 日]

10 月 26 日

参加北京大学、中法大学等北京各学校团体要求关税自主游行。① 遭警察镇压,被打掉两颗牙齿。次日,报界误传鲁迅参加游行并被"打脱门牙"。② [张润三:《从中法大学到焦作中学》,载《河南文史资料》第 37 辑,1991 年,第 97 页]

10 月 27 日

北京大学评议员换届选举,与胡适等 17 人当选。[《校长布告》,《北京大学日刊》第 1793 号,1925 年 10 月 29 日]

---

① 关税自主运动　1925 年 10 月 26 日,北京政府与英、美、日、德等 13 国在北京召开关税特别会议,主要议题是讨论增加附加税和修改中国关税税则等问题。10 月下旬至 11 月下旬,中共北方区委领导北京社会各界连续举行集会和示威游行,要求废除不平等条约,实现关税自主。北京政府军警对民众活动进行了镇压,制造了多起流血事件。

② 据鲁迅《从胡须说到牙齿》载,"国民因为主张关税自主,游行示威了。但巡警却断绝交通,至于发生冲突,据说两面'互有死伤'。次日,几种报章的新闻中就有这样的话:'学生被打伤者,有吴兴身(第一英文学校),头部刀伤甚重……周树人(北大教员)齿受伤,脱门牙二'","但可惜那一天我竟不在场","为什么呢? 曰:生些小病,非有他也"。(《语丝》第 52 期,1925 年 11 月 9 日。又见《北京学生的关税自主运动》,《醒狮》58 号,1925 年 11 月 14 日;《北京学生关税自主运动之流血惨剧》,《教育杂志》第 17 卷第 12 号,1925 年 12 月 20 日)

10月29日

北京大学教职员发表对于10月26日新华门外惨剧之宣言,强烈要求"纠问政府当局的责任","对于当日被警察击伤的教员学生应当给予一切的援助,使他们能充分诉诸法律","对于摧残爱国运动的政府当局,应当给以严重的警告,防止同样事变之发生,在必要之时且应当取相当制裁手段"。[《北京大学日刊》第1797号,1925年11月3日]

11月5日

作《十一月五日的感想》,署名"徐旭生"。认为11月5日①是"民国成立以来一件极大的事情。这个日子,实在有可纪念的价值",援引钱玄同所说:"这个日子,虽然不敢说比双十节更重要,然至少也与双十节有同样的重要。"这一说法,"我们表示十二万分的同情"。[《京报副刊》纪念驱逐溥仪出宫周年专号,1925年11月5日]

11月10日

北大教职员沪案后援会发文称:"当武装警察横加刺击之时,万人皆退,唯两先生(指徐旭生及北大救国团宣传股长傅□□)……毫无惧色。因爱国而受逮捕戕伤,何荣如之?""如此铁血救国,不胜钦佩。"故于是日午后三时,在北大第二院宴会厅开会慰劳并摄影纪念。[《北京大学日刊》第1803号,1925年11月10日]

12月17—18日

17日上午参加北京大学27周年庆祝大会,与范静生、陈启修等作为教师代表发言。18日上午在三院大礼堂,做题目为《理性的知识与经验的知识》的演讲。[《北京大学日刊》第1836号,1925年12月26日]

---

① 1924年11月5日,冯玉祥所部驱逐溥仪出宫。

是年

《北京大学哲学系课程指导书》(1925—1926年度)公布,担任共同必修课程中国哲学史(2个教学单位),选修课程明清思想史(3个教学单位)、法文哲学选读(2个教学单位)。

另担任德文学系二年级中国哲学史课程(2个教学单位),教育系中国哲学史课程(3个教学单位)、选修课程法文哲学选读(2个教学单位)。[王学珍、郭建荣主编:《北京大学史料》第二卷(二),第1123—1140页]

五卅惨案后,《猛进》被视为国民党左派刊物。中共北京区委李大钊(同时为国民党北京党部负责人之一)派范鸿劼商议合办日报事宜,与李宗侗参与会谈,气氛融洽。① 后疑资助款项不明因此而被牵制,最终中止合作意向。[《徐旭生自传》,《河南文史资料》第14辑,第115页]

---

① 又据《李宗侗自传》(第224页)载,"我尚记得有一次,CY派了人来作代表,叫做范鸿劼,来找我们接头。意思说我们同是反对北洋政府的人,何妨合作"。

1926年·38岁

1月2日

出席女师大校务维持会会议,到会者还有陈启修、戴夏、文元模、周树人、郑奠、马裕藻、陆肇曾、谢循邵代表孙逢桢、赵廷炳、冯祖荀、许寿裳、曾绍舆等。[《北师大周刊》第116期,1926年1月4日;薛绥之:《鲁迅生平史料汇编》第三辑,第326—327页]

1月11日

女师大学生自治会召开恳亲会,与陈启修、许寿裳、李泰棻先后发表演说。[培良:《从八月一日到二月一日》,载《北师大周刊》第120期,1926年1月30日;薛绥之:《鲁迅生平史料汇编》第三辑,第268页]

1月13日

发表《西汉经师传授系统表》,署名"徐炳昶"。在引言中道:"前些时,我因为跟着大家作要求关税自主的表示,归结伤了几个牙齿。在养伤的时候,闲居些事,因把《前汉书》的《儒林传》《艺文志》及其他经师的列传拿出来看一下子,感于传授系统的不易明晰,遂把各经各家传授的系统列成数表以醒眉目。"[《北京大学研究所国学门周刊》第2卷第14期]

1月14日

发表《三字经》一文,署名"四河人"。对张耀翔①称三字经是"六百年来最有势力的小学校教科书","从研究教育的眼光看来,中国最有价值的书,那有胜过三字经的"的说法提出异议,认为评价"一本教科书,第一要看它里面所含底思想,同现代的潮流对不对;第二要看它里面所用底材料,是否为人民所必须要的知识;第三要看它的材料同受教者的心理是否相合"。[《国民新报副刊》第37号,1926年1月14日]

2月5日

发表翻译剧本《Oedipe Roi》,署名"Sophocles 著,Louis Humbert(朗尼斯·亨贝雷)译,虚生转译",连载六期。[《猛进》第48期]

是月

女师大复校后聘定各科主任教员,被聘为哲学科主任。[《北师大周刊·寒假增刊》第120期,1926年2月24日;薛绥之:《鲁迅生平史料汇编》第三辑,第336页]

3月4日

女师大复校后举行评议会选举,与马裕藻、文元模、许寿裳、郑奠、陈启修、周树人、林玉堂、赵炳廷、戴夏等当选为评议员。[《北师大周刊》第121期,1926年3月10日;薛绥之:《鲁迅生平史料汇编》第三辑,第339页]

3月6日

女师大评议会召开第一次评议会议,向评议会提出辞去评议员要求。评议会议决发公函挽留。[《北师大周刊》第121期,1926年3月10日;薛绥之:《鲁迅生平史料汇编》第三辑,第340页]

---

① 张耀翔,心理学家,时为北京高等师范学校教授,中华心理学会首任会长。

3月18日

"三一八"惨案发生。① 获悉后立即赶赴现场,慰问学生,并向鲁迅通报情况。

3月19日

段祺瑞政府发布临时执政令,以假借共产学说,啸聚群众为名,通缉徐谦、李大钊等五人。报界又公布通缉50人(48人)的名单,与李大钊、鲁迅等人并列,排第20位。②《猛进》《语丝》周刊等被勒令停刊。

据荆有麟《鲁迅回忆断片》(上海杂志公司出版,1943年11月)载,三一八事件后,第一个通知鲁迅的是徐旭生。

附:所载通缉名单摘要:……17.林玉堂(福建)北大英文系教授,女师大教务长,《国民新报》英文部编辑,《语丝》撰稿者;18.萧子升(湖南)前《民报》编辑,教育部秘书,《猛进》撰稿者;19.李玄伯(直隶)北大法文系教授,《猛进》撰稿者;20.徐炳昶(河南)北大哲学系教授,女师大教授,《猛进》撰稿者;21.周树人(浙江)教育部佥事,女师大教授,北大国文系讲师,中国大学讲师,《国副》编辑,《莽原》编辑,《语丝》撰稿者;22.周作人(浙江)北大国文系教授,女师大教授,燕京大学副教授,《语丝》撰稿者;23.张凤举(江西)北大国文系教授,女师大讲师,《猛进》及《语丝》撰稿者;……30.谭熙鸿(江苏)北大教授,《猛进》撰稿者;……34.李书华(直隶)北大教授,《猛进》撰稿者;35.徐宝璜(江西)北大教授,《猛进》撰稿者;36.李麟玉(直隶)北大教授,《猛进》撰稿者;……41.彭齐群(吉林)中央观象台科长,《猛进》撰稿者。……

---

① 1926年3月12日,日舰掩护奉军军舰驶进天津大沽口,炮击国民军阵地。在被驱逐后,联合英美等八国向北京政府发出最后通牒,要求中国方面撤除大沽口国防设施。3月18日,北京群众5000余人在天安门广场集会抗议,要求拒绝八国通牒。北京政府下令向游行的群众开枪,当场打死47人,伤200余人,史称"三一八"惨案。

② 鲁迅《大衍发微》载,"三月十八日段祺瑞,贾德耀,章士钊们使卫兵枪杀民众,通缉五个所谓'暴徒首领'之后,报上还流传着一张他们想要第二批通缉的名单。对于这名单的编纂者,我现在并不想研究。但将这一批人的籍贯职务调查开列起来,却觉得取舍是颇为巧妙的"。

4 月

接替陈大齐任哲学系主任。[《北京大学日刊》第 1886 号,1926 年 4 月 20 日]

是月

国民军退出北京,奉军和直鲁联军进入北京,实行白色恐怖统治。12 月,在英、日等国支持下,张作霖就任安国军总司令。次年 6 月,在北京建立安国军政府,张作霖自任中华民国安国军政府陆海军大元帅,代表中华民国行使政权。

6 月 6 日

在定府大街东公教大学花园参加北京大学研究所国学门第四次恳亲大会,到会者 48 人,主席沈兼士。继胡适后,作关于整理国故的演讲:"青年人不争着研究科学,却麇聚于国故之一途,实在是一件很不幸的事情。如果以根源上说起,我国学术界最大的毛病,就在于太急着致用。因为大家太急着致用,直接的结果就是理论科学和致用科学的不分。可不晓得理论科学和致用科学,实在是分之两得合之两伤的东西。因为这两种科学闹不清楚,归结就是历史学,一方面和伦理的教科书,另外一方面和文学全分不开。不晓得历史学、伦理教科书、文学三件,也是分之三得,合之三伤的东西。这三件东西中间有很密切的关系,我们也承认。但是它们的目的完全不同,伦理教科书的目的在于善,文学的目的在于美,而历史学的目的则惟在于真。"

"近来我国青年大家麇聚于国故的缘故,第一,因为这条路比较科学容易;第二,更重要,就是因为他们迷信那里面有什么宝藏,想在那里面找出伦理教科书和文学材料的缘故。殊不晓得伦理教科书也应该去问科学,文学却应该直接去问大自然界⋯⋯"

"国故是什么?就是我们中国历史的材料;历史是什么?就是一切社会科学的基础。想研究社会科学,就不能不研究历史;想研究历史而中国的历史又为人类历史的一部分,就不能不整理国故。不过这样的整理国故,并不是要在国故里面找什么宝藏,找什么伦理教科书和什么文学的资料,不过是要知道我们这几千年里面所有底物质环境、精神努力,的的确确是什么样子。像这样的整理国故,也就是理论科学中一部分的工作,也就是一条活路,并不是死路了。复次,整理国故为研究中国历史的一部分工作;研究中国历史是研究世界历史的一部分工作;历史的全体不过是理论科学中的一部分;研究理论科学不过是人类精神努力的一部分。人类的精神努力,差不多总是要平均发展的。主要的原因就是因为各部分中间全有互为因果的关系。别部分不发达,却希望一部分特别的发达,是万万不可能的。所以无论国学如何重要,而青年麇聚于一途,总是一件不好的现象。所以我希望:第一,治国学的人总要认清国学在知识里面所真正应有的地位;第二,希望青年对于精神应该努力底各部分去平均努力,不要贪图便宜,全跑到一条路上面。如此做去,那研究国学自然不至于出毛病了。"〔《北京大学研究所国学门月刊》1926 年第 1 卷第 1 号,1926 年 10 月 20 日〕

7月3日

到北京饭店赴东亚考古学会①之宴,同席者有顾颉刚、沈兼士、沈尹默、张凤举、陈垣、陈万里、罗庸、裘子元、翁文灏(字咏霓)、李四光、马幼渔、朱希祖、黄文弼及日本小林、滨田、岛村孝三郎等。〔《顾颉刚日记》第一卷,第 763 页〕

7月10日

致信胡适,还上所借《逊志斋集》《月川遗书》。再商借阅《费氏遗书》,并请将《禅宗史》的著作人及出版的书局、价目告诉,"又我从前看见过的你所作底关于禅宗的一篇大文,不晓得你已经发表过没有,如果已经在那里发表,也请你告诉我。麻烦你了,预先谢谢你"。〔耿云志主编:《胡适遗稿及秘藏书信》第 32 册,第 213 页〕

---

① 东亚考古学会,筹备于 1925 年,由日本帝国大学考古机构教授组成。1926 年 6 月 30 日,与北京大学考古会共组东方考古学协会。以"交换知识,谋求东方考古学的发达"为目的,研究结果以日、中、欧三种文字发表,并隔年由两国轮流召开研究总会。

8月13日

与鲁迅、朱希祖、沈士远、沈尹默、许寿裳等共进午餐。[鲁迅手稿全集编辑委员会编:《鲁迅手稿全集·日记》第五册,第141页]

是月

任北京大学教务长。[《北京大学日刊》第1960号,1926年8月28日]

10月8日

中法大学成立七周年庆祝典礼于是日上午举行,校董事部部长孙宝琦、副部长熊希龄,教育部次长胡汝麟,北京各大学校长、教授、报馆主笔,法国相关人士及师生近千人参加。以中法大学教职员代表身份发表演说,谈中法间教育事业与世界及中国文化前途的关系。下午,作学术讲演,题目为《再论学术之对象》。[《中法教育界》(北平)第2期,1926年11月]

10月19日

参加中法大学丛书委员会会议,同会者李书华、沈尹默、王尚济、刘复、李宗侗、萧子升等。会议讨论决定出版《欧洲哲学史》(徐旭生译)、《法兰西短篇小说集》(刘复译)、《分析数学原理》(王尚济著)、《达尔文后生物学上诸大问题》(周太立译)。与刘复共同负责接洽印刷局。[《中法教育界》第2期,1926年11月]

10月27日

接学生致教务长转教务会议诸先生信,要求召开教务会议,讨论复课问题。与学生代表座谈因政府拖欠教育经费导致无法正常上课的问题,表示自己主张开学不上课,开学是对外的,借此可保全校舍和教具,因为上课是要有钱的,开学是无须多花钱的。校长正竭力奔走设法,一有结果,即可布告上课。11月初,学生再次致信提出同样要求。[王学珍、郭建荣主编:《北京大学史料》第二卷(三),第2969、2972页]

10月29日

因经费无着,北京大学新学期于10月12日开学,但没有上课。29日,以教务长身份接待学生代表张乃藩、王宗旦、刘衍淮,听取召开教务会议、讨论上课等问题的意见。[《北大生上课运动无效果》,《晨报》1926年10月30日]

10月31日

致信晨报,对该报上日与学生会谈的部分内容失实部分进行纠正。申明自己主张开学,一是防兵大爷占据的危险。二是给留京的学生求知识的机会;使图书馆和实验室照常进行;另外组织一些讲演。自己与校长的意见并无区别。[《北大代理校长仍进行上课》,《晨报》1926年10月31日]

是月

清华国学研究院人类学讲师李济(字济之)在山西夏县西阴村主持古文化遗址发掘,次年发表《西阴村史前的遗存》。

11月19日

北京大学评议会换届选举,与陈大齐、李书华等12人当选。[《校长布告》,载《北京大学日刊》第1985号,1926年11月20日]

12月2日

在《北京大学日刊》发布启事,"除了星期日和星期一外,每日下午三点至四点,在第二院教务长室。诸同学如有事相商者,请按上列时间来教务长室接洽。至于家中,则概不延见,以节时间"。启事连续数日登载。[《北京大学日刊》第1995号,1926年12月2日]

12月7日

经北京大学校评议会讨论通过,出任财政委员会委员、聘任委员会委员长。[《校长布告》,载《北京大学日刊》第1999号,1926年12月8日]

12月18日

下午,在北大第二院大礼堂为北京学术演讲会(第14次)作演讲,题目为《怎么样才能整理国故》。[《北京大学日刊》第2007号,1926年12月16日]

12月19日

北京大学河南同乡会召开成立大会,通过章程、选举执行委员,主席徐宪邦,共设文书、会计、庶务、出版、交际、调查、游艺七股,被推为出版股候补委员。[《北京大学日刊》第2011号,1926年12月23日]

12月25日

哲学系同学会召开常年会,通报与徐旭生先生接洽有关课程问题,主要有:请函促傅斯年(字孟真)来校授课、与图书馆协商解决教员借新书过多且时间太长问题,安排梁漱溟先生系统讲演等。[《北京大学日刊》第2016号,1926年12月30日]

1927年·39岁

1月7日

发表《怎样才能整理国故》,署名"徐炳昶"。认为"国故"是近来才有的名词,是西洋学问输入中国以后才发现的名词,是对"欧化"二字而言的,"国故的范围极广,过去的历史固然是国故,就是现代社会一切风俗习惯尚未受欧化影响的一部分,也属于国故的范围","国故就是中国历史的放大,整理国故的方法就是中国历史研究法的放大。放大的历史研究法有二部分:一部分是关于技术的,其他一部分是关于精神的,技术是选定史料鉴别真伪与夫校勘考证一类的事。精神是研究时应抱甚么一种精神,持甚么一种态度"。主张"国故既是科学,当然与文学要分开。……整理国故的时候,则应竭力消除主观的意见,找出来客观的实在,万不可与文艺牵混,减少它真实的价值";"整理国故既是科学的事业,则亦不当有国界的区分。……当入研究室的时候,就应该小心谨慎的把爱国心放在门外。研究的结果,如我国人的事业有过人的地方,自然也不妨非常高兴。但是仍要守定限度,不要作过分夸耀,如果所得结果同我们的预期相反,那也只好忠实承认";"整理国故为理论科学里面的工作,我们就万不可想从它直接达到实用的目的。……历史也有一种直接的用途……它是训练精神的一种很好工具。人类一切事业,全是古代演变出来的,并不是一成不变的。把这些变化的陈迹和定律诏示大众,使大家将来遇见社会的演变,不至于惊骇失措,那就是历史直接的用途";"必须要大

家感觉到整理国故的困难,然后整理国故的工作,才能有成功的希望"。[《新生》周刊(北京)第 1 卷第 4 期]

1 月 14 日

发表《论致用》,署名"徐炳昶"。指出求学问的人,总要"为知识而求知识",不要太拘泥于致用,致使知识的自身不得自由发展,归结致用的目的也没有法子达到。"兴趣浓厚的人,不拘拘于致用,自然达到致用的目的;兴趣浅薄的人,日以致用为揭橥,而致用的目的反愈趋而愈远。"[《新生》周刊第 1 卷第 5 期]

2 月 6 日

与余文灿、周作人、刘复(字半农)、钱玄同、高一涵、周鲠生等应邀参加学生会主办的新年同乐会。[《北京大学日刊》第 2041 号,1927 年 2 月 7 日]

2 月 20 日

收到陈寅恪就《考古专号》关于兴化寺壁画时代考证一文意见的信。[《北京大学研究所国学门月刊》1927 年第 1 卷第 5 号]

3 月 5 日

参加由北京大学研究所国学门主持的北京重要学术团体代表会议,讨论筹划发掘采集国内各种学术材料,反对外人私入中国采集诸事宜。会议决定成立北京学术团体联席会(后定名为中国学术团体协会),其宗旨为"严重监视外人,不准随意购买或假名窃取及发掘我国古物及学术上稀少之物品","互相补助,采集保存学术上之材料,更自动联合开始举办科学的采检、发掘等事"。对境内科学材料的采集、保存等做出六条原则规定。[王忱:《高尚者的墓志铭》,中国文联出版社 2005 年版,第 668 页]

附六条原则主要内容摘录:1. 凡在中国境内所有之学术材料,由国内各学术团体组成特别团体,共同调查采集之。对外人采集活动,各团体陈请政府绝对禁止之。2. 采集所得之材料,应在中国境内妥为保存,非经审查及允许,绝对不得运出国外。3. 采集所得材料,尽量予世界学者以研究上之便利。4. 与外国专门人士或学术团体合作,应有相当契约,以不侵犯主权,不损失国体为原则。5. 上述契约如有侵犯主权及损失国体者,应即废止或变更。6. 禁止私人或非社会公认之学术团体采集材料。以不科学方法致材料损坏者,得公议处以相当之惩罚,如不认为之学术团体,或请官所惩办其主事人等。

3月10日

中国学术团体协会发表《反对外人采取古物之宣言》,号召"对于侵犯国权损害学术之一切不良行为,自当本此宣言之精神,联合全国学术团体,妥筹办法,督促政府严加禁止,深望邦人君子,急起直追,庶几中国文化之前途,有所保障"。

与沈兼士、马衡等接待斯文·赫定①,并以六项原则告之。[王忱:《高尚者的墓志铭》,第521—522页]

3月12日

北大学生会举行孙中山逝世二周年纪念会,与陈大齐、高仁山、王星拱、钱玄同、周作人、刘复、谭熙鸿等应邀参加并演讲。[《北京大学日刊》第2058号,1927年3月11日]

3月24日

参加中国学术团体协会理事会第四次会议,与周肇祥、徐协贞②、李宗侗等7人作为代表与斯文·赫定协商西北考察事。[王忱:《高尚者的墓志铭》,第521页]

---

① 斯文·赫定,瑞典地理学家和探险家。1927春,德国汉莎航空公司计划开辟柏林—北平—上海之间的航线,委托斯文·赫定率德瑞联合探险队考察中国西北地区。
② 周肇祥,字嵩灵,浙江绍兴人,时任古物陈列所所长;徐协贞,时任历史博物馆主任。

4月1日

参加中国学术团体协会理事会第五次会议,转述斯文·赫定四条意见:主张派学者4人、学生4人,月薪分别为150元、40元;团长只需一人;须将古物送与瑞典一些;考察报告各自完成。[王忱:《高尚者的墓志铭》,第522页]

4月17日

参加中国学术团体协会理事会第八次会议,与马衡、刘复等负责起草与斯文·赫定合作考察协议,李四光、袁复礼、李济等译为英文。[王忱:《高尚者的墓志铭》,第522页]

4月19日

中国学术团体协会西北科学考察团发布招考学生广告。数额:3—4人。文化程度:(一)外国语:英、法、德、俄之一,以说话流畅为主;(二)物理、数学大学预科程度。报名地址:北京大学研究所国学门考古学会。报名时间:4月18日—21日下午。考试日期:4月22日。录取后10日随考察团赴新疆一带,测量气象,每月薪金50元,治装费在外,食宿运输等费由团担任。时间一年半至二年。[《北京大学日刊》第2088号,1927年4月19日]

4月26日

中国学术团体协会为组织西北科学考察团事与瑞典国斯文·赫定博士订定合作办法,双方在北京大学研究所国学门签订协议。中瑞双方合组西北科学考察团,与赫定分任中、瑞方团长,团员中方10人,欧洲18人。

西北科学考察团理事会组成,推举理事9名,常务理事长刘复。斯文·赫定为名誉理事。[罗桂环:《中国西北科学考查团综论》,中国科学技术出版社2009年版,第110页]

附理事名单:高鲁、袁同礼(字守和)、周肇祥、徐森玉(字鸿宝)、徐协贞(教育部)、俞同奎(字星枢,工业专科学校校长)、梅贻琦(字月涵,清华教务长)、刘复、李四光(字仲揆);1932年聘翁文灏、傅斯年、任鸿隽(中华文化基金会总干事)为理事;1935年增胡适、陈受颐(1931年起任北大史学系主任、教授)理事。

春

中国地质调查所(所长翁文灏)与北京协和医学院签订协议,合作研究华北第三纪及第四纪堆积物。地质学家丁文江主持周口店发掘工作开始,中国地质学家李捷、瑞典古生物学家步林等人参加。

5月9日

上午9时,西北科学考察团成员①齐集北京大学三院研究所。11时,由三院乘汽车往西直门京绥车站,送行者沈兼士、刘半农、庄尚严(字慕陵)、李振郑、冯沅君等。

周肇祥作《新出塞曲》,印制散发以为纪念。

附周肇祥《新出塞曲》:
西北科学考查团出发有日,歌以送也。
天山北兮大漠南,草青青兮柳毵毵。乐莫乐兮新出塞。跨橐驼兮短后衫,逐黄羊兮射黑鹯,食粱肉兮饮酪甘。地可测兮天可量,凿浑沌兮开洪荒。启古钥兮发秘藏,虚往实归兮多宝装。为国人兮贡献,播简册兮遐方,日月忽兮易迈,任系重兮途长,合吾群兮奋吾谋,同心同力兮何亚与欧,□轸去兮情悠悠,歌以送兮乐无忧。(《本学门欢送西北考查团纪事》,《北京大学研究所国学门月刊》第1卷第6号,1927年9月20日)

---

① 西北考察团中方成员:徐旭生(团长)、袁复礼(字希渊,地质、考古及画图)、黄文弼(字仲良,考古)、丁道衡(字仲良,地质及古生物)、詹蕃勋(字省耕,地图学)、崔鹤峰(字皋九,气象学生)、马叶谦(字益占,气象学生)、李宪之(字达三,气象学生)、刘衍淮(字春舫,气象学生)、龚元忠(字狮醒,照相员);欧洲团员18人(名单略)。

5月10日

在《北京大学日刊》发表公告，表示"昶此次赴新疆，匆迫未能走辞，非常歉仄"。此日后又连载数日。[《北京大学日刊》第2105号，1927年5月10日]

5月12日

与李四光、黄文弼、丁道衡、詹蕃勋等人一起至包头附近探寻古迹，得石斧一件。提议对考察人员进行分工，黄文弼负责文牍、詹蕃勋负责庶务、丁道衡负责巡夜、袁复礼为工作主任。[《出发后之西北科学考察团》，载《教育杂志》第19卷第8号，1927年8月20日]

5月20日

由包头向北出发，在阿木赛尔、百灵庙一带考察，准备西行。

5月30日

因请假赴西北考察，无法兼顾教务长及哲学系主任一职，校长主持进行补选，陈大齐当选教务长，樊际昌当选哲学系主任。[《校长布告》，载《北京大学日刊》第2125号，1927年5月30日]

6月5日

写信与沈兼士、马衡，谈考察事，"我们此次出来后悔没有求得蒙藏院的公事，在蒙古行走，颇感不便，百灵庙之不能全看，即其一端。我想请二位给理事会说一说，请他们设法求得蒙藏院一公事寄到甘肃毛目县邮局代收"，"前给适之函一封，请他在英款中设一点法子，不晓得他接到没有，请向他一问。款项困难，到处荆棘，将来外国人所发表底非常成功，而我们所发表的太不像样，每次念及，异常踌躇。如果适之能在英款中想出法子，有米才能炊饭也"。[《西北科学考查团消息》，载《北京大学研究所国学门月刊》第7、8号合刊，1927年11月20日]

6月17日

南京政府任命蔡元培为大学院院长。国民政府仿照法国教育行政制度，实行大学区制，以大学院主管全国学术和教育行政事宜。地方按教育、经济、交通等状况划分为若干个大学区，每区设大学1所，大学设校长1人，负责大学区内一切学术和教育行政事务。试行大学区，取代民国以来中央政府设教育部、各省设教育厅的教育行政制度。由于反对者众多，1928年11月，取消大学院，恢复教育部。1929年6月，停止大学区制。

6月23日

写信与沈兼士、马衡、刘半农，请其设法派人到劳伦苏木作发掘；如不能，即派人来将找出来的汉蒙文残碑运回北京保存。[《西游日记》，《徐旭生文集》第8册，第249页]

6月25日

《北京大学日刊》刊登西北科学考察团理事会报告，主要内容为考察团成员来信，包括物资准备情况（购骆驼）、考察石器遗址及分工情况。报告中提到，考察团一路"穿过无数河沙，越过很多山岭，二百多骆驼排成一字长蛇浩浩荡荡的往前进，每日行不过三五十里，找有水草地方住下"。[《北京大学日刊》第2134号，1927年6月25日]

6月30日

接理事会信，内容包括与财政部交涉关于税务问题的往来信件、北京学校状况、王国维去世的消息等。[黄烈整理：《黄文弼蒙新考察日记（1927—1930）》，文物出版社1990年版，第25页]

是月

张作霖任命刘哲为"安国军政府"教育总长；8月6日，下令北京国立九校联合组成国立京师大学堂，刘哲兼任校长。

7月5日

接丁道衡信,报告发现白云鄂博有巨大铁矿①,据说"矿质虽未分析,就其外形而论,成分必高。且矿量甚大,全山皆为铁矿所成。……全量皆现露于外,开采极易"。[《西游日记》,《徐旭生文集》第8册,第253—254页]

7月16日

即将西行,将信件整理好,将第一本日记挂号寄与夫人王季芳。[《西游日记》,《徐旭生文集》第8册,第256页]

7月24日

请德国团员米伦威教授德语,中方团员多人参加。[黄烈整理:《黄文弼蒙新考察日记(1927—1930)》,第35页]

7月26日

接袁复礼信,说他们已经找到石器六七千件:"新火山石类极夥。石器时代之人即在此制造石器。故昨日一日即得二千余件,今日仍源源而来,或可得万余件。"[《西游日记》,《徐旭生文集》第8册,第263页]

8月21日

托黄文弼起草《中国西北科学考查团为发给执照事》,与斯文·赫定联署,用以证明身份及活动。[黄烈整理:《黄文弼蒙新考察日记(1927—1930)》,第51页]

附:《中国西北科学考查团为发给执照事》

此次本团受中国学术团体协会之委托,赴内蒙西部及甘、新一带调查科

---

① 此铁矿即为日后的白云鄂博铁矿,这一发现对于新中国成立后的包头钢铁基地的建设和大西北的开发贡献巨大。

学材料,并在索果诺尔、哈密、迪化等处设立气象台。因此先派中国团员黄文弼等三人,外国团员米纶威等六人,沿途考查。并在索果诺尔等设气象台事宜。所带箱笼,俱属食料书籍仪器等件,并无货物及违禁品,应请沿途官厅局卡查阅护照及此执照后,准予放行。并请特别保护,实深感荷。须至护照者,右给黄文弼、米纶威。

中国西北科学考查团团长斯文·赫定、徐炳昶 8 月 22 日给。

9 月 26—27 日

至黑城,进行科考活动。团员庄永成、王殿臣等在黑城及附近捡到十余枚古钱,大多数为宋钱。斯坦因等人曾在此地盗掘文物。[《西游日记》,《徐旭生文集》第 8 册,第 312—313 页]

9 月 28 日

自 7 月 22 日从哈纳河出发,到达额济纳河,前后共 69 日,行程 864 公里,中间缺水者三日。[《西游日记》,《徐旭生文集》第 8 册,第 315 页]

10 月 5 日

读《希腊之迹象》一书,书中载德国人四次到吐鲁番,共运去古物 433 箱。"披读之下,中心邑邑"。遂书"我固一非国家主义者,且素主张科学—知识,为人类的公产,然吾家旧物,不能自家保存整理,竟让外人随便地攫取,譬如一树,树叶剥尽,老干虽未死,亦凄郁而无色;对此惨象,亦安能不令人愤悒耶!"[《西游日记》,《徐旭生文集》第 8 册,第 320 页]

10 月 10 日

在考察团国庆联欢会上演讲,"解释大家对于民国的误会;举当日鲁国的例子,指明中国的国性,就是发展自有的文化,并且对于攻击我们的人拼命地反抗"。以自己物品为游艺活动中获胜者颁奖。[《西游日记》,《徐旭生文集》第 8 册,第 323—324 页]

10 月 16 日

读孙中山实业计划。认为"此种计画虽极伟大而实确实可行"。[《西游日记》,《徐旭生文集》第 8 册,第 328 页]

10 月 18 日

与斯文·赫定分别乘独木舟、陆路绕湖考察额济纳河,测绘额济纳河详图。[《西游日记》,《徐旭生文集》第 8 册,第 330—331 页]

11 月 3 日

收到蒙藏院护照,蒙回文各一张,理事会信一封,庄尚严、李书华、海帆、何士骥(字乐夫)信各一封,家信一封。袁复礼收到报数张。拆开看,政治方面宁汉联合;北京学校九校合并,改组一京师大学。私人经济方面则大糟特糟:自端午节后,家中一文未见;值改组,欠薪又全付秋风!不胜焦急。[《西游日记》,《徐旭生文集》第 8 册,第 346 页]

11 月 6 日

与黄文弼等商议,对团员有所发现者加以奖赏,以资鼓励。其标准为:发现一遗址者奖洋 2 元,拾瓦片 100 片者奖 5 毛,铜铁诸件等均有奖。[黄烈整理:《黄文弼蒙新考察日记(1927—1930)》,第 112 页]

12 月 15 日

赫定先生因病与赫默尔、那林、贝格满暂留住地。遂带队继续前行。[《西游日记》,《徐旭生文集》第 8 册,第 374—375 页]

12 月 21 日

连日遭遇大风雪,"作日记,每次呵冻,仅可写四五字,困难可知"。断粮、骆驼疲惫甚至倒毙。[《西游日记》,《徐旭生文集》第 8 册,第 381 页]

12月23日

粮食将尽,拟杀因疲惫不能行走的骆驼充饥。"在此绝漠中粮食已尽,除了吃骆驼肉,又有什么其它的法子呢!晚忽念及今日冬节,故园有母,北京有妻有子,一定在家吃饺子,念远人,然家乡乱离,北京薪水无着,恐怕皆在愁城中!我又困处于此绝漠中!积思往复,不能自振。"[《西游日记》,《徐旭生文集》第8册,第382页]

12月24日

下午将1点半到一干河沟内,捡柴燃火,枯守取温,作一诗以纪实:"天山冬夜西风紧,重衾难暖毡无温。晨起雾浓霜疑雪,草为玉琢山铺银。……时景虽严吾当行,猛进不须愁途穷。资粮将匮难栖止,涸辙能待枯肆中!收书束床手如铁,绳成矢直未易结。……苦乐由来任心造,宴安鸩毒岂是宝。男儿生当东西南北游,安能株守田园老!"[《西游日记》,《徐旭生文集》第8册,第383—384页]

12月28日

丁道衡"买到五只羊,七八十斤面,并有盐若干,大家皆大欢喜!……如果今日不能买到羊面等物,他们明天是否能走得动,已成问题……到今日走了四十八天,才算第一次见到居民!"[《西游日记》,《徐旭生文集》第8册,第386—387页]

1928 年·40 岁

1月8日

自11月8日由额济纳河出发,是日到达哈密。前后共62天,中间48天不见人烟,减食及杀毙命骆驼充食。[《西游日记》,《徐旭生文集》第8册,第396—397页]

1月23日

农历戊辰年新年,"此地因缠民居大部分,故不大觉热闹。……下午听说后队已进城,到东院少候,赫定先生亦到,他的病已痊愈,契阔月余,得一快聚,大家全很高兴"。[《西游日记》,《徐旭生文集》第8册,第407页]

是月

与袁复礼、黄文弼了解德国人克林克勃在新疆采掘一批文物,被地方政府扣留。转告古物保管委员会北平分会,致函省政府要求不要让古物出口。[史全生:《中华民国文化史》中册,吉林文史出版社1990年版,第724页]

2月4日

"早将起时,拉尔生送来半农电一封,大意谓由二月起,另筹款项交给季芳,请勿归;气象测候所事正设法……沙亲王、朱县长、李营长等皆亲来送

行。"与斯文·赫定、丁道衡等改乘马车前往乌鲁木齐。[《西游日记》,《徐旭生文集》第 8 册,第 410 页]

2 月 19 日

考察位于鄯善县和吐鲁番之间的佛洞,很多壁画和佛像被阿尔伯特·冯·勒柯克盗走运往柏林。[《西游日记》,《徐旭生文集》第 8 册,第 421 页]

2 月 27 日

在乌鲁木齐南关原道胜银行旧址设大本营。新疆政府派鲍尔汉、吴兆熊负责接待。接益占信一封,家信一封。"益占经济困难……家信言京寓平安;接母亲信,言精神甚好,看毕甚喜。晚餐后赫定先生因听说德人 Trinkler 及 Fickeler 及他团员二人现在库车,并拟往罗布淖尔,谈次,非常愤慨。我国政令不一,外人可任便混入国境,至于正当地调查学术材料,反有许多困难,也很难怪他的愤慨。"[《西游日记》,《徐旭生文集》第 8 册,第 427—428 页]

3 月 8 日

考察团大队全部到达乌鲁木齐。[《西游日记》,《徐旭生文集》第 8 册,第 431 页]

是月

被聘为中央(大学院)古物保管委员会委员。同时被聘者还有:张继(主任)、傅斯年、蔡元培(常委)、张静江(常委)、易培基(常委)、胡适(常委)、李四光(常委)、李宗侗(常委)、李石曾、高鲁、沈兼士、陈寅恪、李济、朱家骅、顾颉刚、马衡、刘复、袁复礼、翁文灏。会址设在上海,在北平、江苏、浙江设分会。1929 年 3 月,大学院结束,隶属于教育部。1929 年,会址迁至北平团城。[《大学院古物保管委员会委员名录》,载《大学院公报》第 1 年第 4 期,1928 年 4 月,第 99—100 页]

4月29日

考察团在迪化(乌鲁木齐)城外同乐公园宴请新疆政界要人,杨增新、樊耀南、金树仁①等出席。[《西游日记》,《徐旭生文集》第8册,第443页]

是月

中华民国大学院中央研究院改为国立研究院,直属国民政府,特任蔡元培为院长,院长以下设总办事处、若干研究所及院评议会。到抗战前,共设有化学、工程、气象、天文、地质、社会科学、历史语言、动植物研究所、心理研究所等。

5月6日

赫定回国筹款,为其饯行。[《西游日记》,《徐旭生文集》第8册,第444页]

5月7日

撰写《中国西北科学团的缘起、经过及其已得成绩》。[《西游日记》,《徐旭生文集》第8册,第445页]

5月12日

再给刘半农信一封,将团中经济状况详细告诉他,并且请他募款。写给袁复礼信一封。又给樊耀南厅长信一封,请他给新找到的仆役出一护照。[《西游日记》,《徐旭生文集》第8册,第446页]

6月8日

国民革命军北伐军进入北京,北洋军阀统治结束。6月20日,南京政府决定改直隶为河北省,改北京为北平。

---

① 杨增新,字鼎臣,时任新疆省政府主席;樊耀南,字早襄,时任新疆省军务厅长兼外交署长;金树仁,字德庵,时任新疆省政务厅长。

6月20日

与学生翟绍武等赴博格达山考察直至7月4日。[《西游日记》,《徐旭生文集》第8册,第455页]

7月7日

新疆省政府主席杨增新遇刺身亡。

7月19日

南京政府决定北京国立各高校合组中华大学,校长李石曾。之后,通过并颁布《北平大学区施行办法》《北平大学区组织大纲》等。9月21日,南京政府决定改中华大学为北平大学。

7月29日

写给金树仁(新疆省政府主席)公函一封,请他发款。下午,写给海帆信一封。团中要雇骆驼到额济纳河取回去年遗留行李,同骆驼主人讲价,以三千两票银定规,约立秋后起身,负责办理护照。觉家信稀少,历时四五个月,一封信未收到,心中甚为抑郁。[《西游日记》,《徐旭生文集》第8册,第476页]

8月16日

因德国团员误寄子弹给新疆方面写信解释,并请特派员陈继善向省主席金树仁转达:"一、此箱子弹确系柏林寄来,此层昶可完全负责;二、此项子弹是否系猎枪用,请派人严查;三、此项子弹运入时未预先声明,实系昶太不小心。疏忽之咎,尚乞原谅。"[新疆文献辑要丛书编委会:《中瑞西北科学考察档案史料》,新疆美术摄影出版社2014年版,第18页]

是月

中央研究院历史语言研究所派董作宾前往殷墟考察,并于10月13日率队首次试掘。次年,李济任历史语言研究所考古组主任,3月、12月,先后主持殷墟第二、三次发掘。到1937年6月,共进行了15次发掘。

9月21日

下午,接到袁复礼信一封,言其11日得到了两件重要的发现:一得到一个石器的地址,可以证明所研究的地方,四五千年内地层上无大变动;二得到三叠纪(后始知为下侏罗纪)爬虫化石,此种化石,亚洲尚未发现过,在科学上有重要的意义。[《西游日记》,《徐旭生文集》第8册,第491页]

10月4日

赫定先生返回。[《西游日记》,《徐旭生文集》第8册,第494页]

10月10日

国庆日请客,演说。[《西游日记》,《徐旭生文集》第8册,第495页]

10月13日

同赫定进城见金树仁,其对于今冬考察沙漠的计划,颇未谅解。[《西游日记》,《徐旭生文集》第8册,第497页]

11月

国立北平大学正式成立,校长李石曾,副校长李书华。下设11个学院:北京大学改为北大学院,北京女子师范大学改为第二师范学院,北京法政大学改为法学院,北京工业大学改为第一工学院,天津北洋大学改为第二工学院,北京农业大学改为农学院,北京医科大学改为医学院,北京女子大学改为女子学院,北京美术专门学校改为艺术学院,北京俄文法政专门学校改为俄文法政学院。

被任命为第二师范学院院长,在由西北返回前,由李书华代理。[《李书华自述》,湖南教育出版社2009年版,第86页]

12月16日

致函黄文弼,告知将与赫定回北平及南京办理延长考察期限的交涉。其间,考察团中国方面由袁复礼负责,外国方面由安博尔负责;经费方面,中国担负3000两,赫定担负2000两,算至明年5月底为止;明年二三月间延长与否当可决定。又特别说明,新疆省政府对于科学前途亦颇注意,如得政府允许延长,此间亦不致坚执已定期限。[黄烈整理:《黄文弼蒙新考察日记(1927—1930)》,第374页]

12月17日

与斯文·赫定等取道西伯利亚回北平,欲寻求中央政府支持,办理延长考察工作期限手续。[《西游日记》,《徐旭生文集》第8册,第507页]

是月

针对新疆方面要求考察团必须于1929年5月离开的要求,起草致新疆省政府函,指出"本团系在中国学术团体联合会和中央政府教育部领导下,来新疆执行纯科学任务。目前,全体团员正在紧张工作之中,尚未接到中央政府东归之命令",批评"禁止一名学者在自己的国家进行科学考察,此事大概亘古未有",表示"不论结果如何,本团将毫不犹豫地执行"。[袁疆等编著:《西北科学考察的先行者:地学家袁复礼的足迹》,新华出版社2007年版,第86页]

1929 年·41 岁

1 月 10 日

返归北平。[《世界日报·教育界》1929 年 1 月 22 日]

1 月 16 日

参加中国西北科学考察团理事会会议,汇报考察经过、取得的重大成果和今后计划。理事长刘复建议延期两年,并增加中、外科学家。[袁疆等编著:《西北科学考察的先行者:地学家袁复礼的足迹》,第 86 页]

1 月 21 日

晚,西北科学考察团在北大法学院举行公开讲演会,做《本团二年中分途工作之大略及考古学之成绩》的报告,刘半农做《西北科学考察团之性质及其成立之经过》的报告,斯文·赫定做《我们的西北科学考察团及其在各科科学上所得结果与将来进行的计划》的报告,听讲演者约三千人。[《世界日报》1929 年 1 月 22 日]

1 月 22 日

下午,应邀到清华大学作关于西北科学考察的演讲。[《国立清华大学校刊》第 35 期,1929 年 1 月 18 日]

2月4日

邀请胡适到家吃便饭,并邀李润章、李圣章二人作陪。动员胡适及在南方的北京大学教师返回北平任教。[曹伯言整理:《胡适日记全集》第五册,第531页]

2月15日

在北平中法大学演讲,题目为《新疆之博克达山》。认为"我们中国地方辽阔,内地还闹不清楚,遑论边境……所以直至今日,那样奇丽伟大的风景,还不大有人知道"。[《中法教育界》第25期,1929年4月1日,署名"徐旭生讲演,裴鸿光笔记"]

是月

在燕京大学演讲,题目为《西北调查遇险记》,李雪松记录。[《燕京大学校刊》第22期,1929年3月1日]

3月5日

与斯文·赫定、亨姆参加中国科学社在南京安乐酒店为西北科学考察团举行的宴会。中国科学社方面参加者有蒋梦麟、杨杏佛等20余人,社长竺藕舫(可桢)主持宴会。在赫定发言后演讲,谈新疆煤、油、硫矿等情况及"人种言语风俗之复杂",指出新疆是各类科学家最相宜的研究之地。[《中国科学社欢宴西北科学调查团》,《申报》1929年3月8日;又见瑞典斯文·赫定著,许建英译:《戈壁沙漠之谜》,喀什维吾尔文出版社2004年版,第61页]

3月8日

与斯文·赫定在南京与国民政府主席蒋介石会见,回答西北考察的工作地区、新的计划和愿望,希望国民政府向新疆当局下达命令以使其全力配合。中央研究院院长蔡元培和教育部长蒋梦麟关心、支持考察团工作,答应尽一切努力予以协助。[袁疆等编著:《西北科学考察的先行者:地学家袁复礼的足

3月15日

为西北文化促进会①出版委员会印行的《西北》杂志题写刊名。本期杂志发表由王聪之整理编辑的《徐炳昶教授口中所述之新疆》一文。[《西北》(北平)1929年第1期]

3月21日

在上海交通大学文治堂演讲,题目为《西北考察记》,刘时叙记录。[《交通大学日刊》第27—28号,1929年3月27—28日]

3月22日

在上海国立劳动大学演讲,题目为《这一次科学的探险》,王华国、刘培坤记录。介绍中国学术团体协会的成立,以及与斯文·赫定的交涉和协议、考察经过等,强调"我们治学问,不必专在书本中去找,我们应该到大自然界去找,自然界的材料,是无限的"。[《国立劳动大学周刊》第2卷第6期,1929年4月6日]

3月30日—4月3日

由南京到苏州,与斯文·赫定在顾颉刚陪同下游览沧浪亭、可园、甪直保圣寺等。[顾潮:《顾颉刚年谱》(增订本),中华书局2011年版,第194页]

春

在北平农学院演讲,题目为《蒙古新疆之农林状况》。建议大家"勿把旅行看作困苦艰难的事,并望国内学校,多多提倡旅行。我想求学问,须到天地万物的本身去找。要从旅行方能得到。只要意志坚强……并非难事。甚望

---

① 促进会"以研究西北社会问题,发展西北实业,促进西北文化为宗旨"。(见《西北》第1期,社址:北平西河沿147号)

学校的教职员积极提倡旅行","诚能如此,新疆便成了很近的地方。国家的兴盛与学术的发展,便有很大的希望"。[《河北建设公报》第 5 期,1929 年 5 月]

5月6日

赴魏建功①夫妇邀宴,同席者钱玄同、周作人、刘半农、顾颉刚等。[马嘶:《一代宗师魏建功》,文化艺术出版社 2007 年版,第 82 页]

5月17—19日

与顾颉刚、朱自清(字佩弦)、周振鹤、魏建功、葛毅卿、朱保雄、王义铨、白涤洲、容媛等同游北京西门头沟境内的妙峰山。[容媛:《游妙峰日记》,《民俗》第 69、70 期合刊,1929 年 7 月 24 日]

5月20日

由上海返北平的鲁迅前来,未见。[鲁迅手稿全集编辑委员会编:《鲁迅手稿全集·日记》第六册,第 134 页]

5月27日

与张凤举同邀鲁迅于长美轩晚宴,同席者有沈尹默、马廉(字隅卿)等 10 人。②[鲁迅手稿全集编辑委员会编:《鲁迅手稿全集·日记》第六册,第 136 页]

6月1日

收到鲁迅先生来信一封。[鲁迅手稿全集编辑委员会编:《鲁迅手稿全集·

---

① 魏建功,江苏人,语言文字学家,时为北京大学中文系教授。
② 据鲁迅先生纪念委员会编、鲁迅全集出版社印行的《两地书》(1941 年 10 月版)第 339 页载,"晚间是徐旭生、张凤举等在中央公园邀我吃饭,也算饯行。……同席约 10 人","旭生说,今天女师大因两派对于一教员之排斥和扣留,发生冲突。有甲者,以钱袋击乙之头,致乙昏厥过去,抬入医院"。

日记》第六册,第 138 页]

6月6日

与李书华、茅以升等 14 人参加北京大学预算委员会第一次会议,讨论下年度各学院预算标准等。[《京报》1929 年 6 月 7 日]

6月14日

因女师大史地系主任王谟辞职,欲聘顾颉刚继任。顾请田培林(字伯苍)转告婉拒,并推荐苏演存担任。[《顾颉刚日记》第二卷,第 292 页]

7月3日

北大学生会召集各系代表联席会,向校方提出下学期应添聘教授及讲师人选。与胡适、梁漱溟、张颐、王星拱、傅斯年等列入哲学系增聘名单。[《北京大学日刊》第 2208 号,1929 年 7 月 5 日]

8月

北京大学哲学系(主任陈大齐教授)聘定教授并决定各项课程,与张颐、傅铜、梁漱溟、熊十力、冯友兰、陈寅恪、陶孟和等应聘。[《京报》1929 年 8 月 9 日]

8月19日

哲学系同学会读书会发布通告,中国哲学组因导师徐旭生先生未回北平而暂未聚,其他各组照常。康德哲学组导师张颐先生,伦理学组导师傅铜先生。[《北京大学日刊》第 2310 号,1929 年 8 月 19 日]

9月9日

国立北平研究院成立,院长李石曾。分理化、生物、人地三部,设物理、化学、生理、动物、植物、地质研究所,后增设镭学(后改称原子学)、药物研究所。

11月成立史学研究会,下设调查编纂组、考古组,从事历史与考古研究工作。吴敬恒(字稚晖)为常务会员,李宗侗兼干事,与陈垣、沈兼士、马衡等被聘为会员,并与鲍汭为专任编辑,后任考古组组长。1935年7月起,调查编纂组改为历史组,主任顾颉刚。[《本院组织变更概略》,载《国立北平研究院院务汇报》第6卷第5期,1935年]

夏

中央研究院历史语言研究所在北平整理殷墟发掘文物,与在平河南籍人士刘镇华、李敏修、冯友兰等应邀前往参观,以了解历史语言研究所文物发掘工作程序。[傅斯年:《本所发掘安阳殷墟之经过》(1930年1月),《傅斯年全集》第三卷,湖南教育出版社2003年版,第99页]

10月19日

东方考古学协会讲演会在北京大学第二院大讲堂举办,应邀发表题目为《中国西北科学考查团考古工作之概略》的演讲。[《公告:东方考古学协会讲演会》,《北京大学日刊》第2259号,1929年10月19日]

12月2日

裴文中主持周口店发掘,发现第一个北京人头盖骨。
任国立北平大学第二师范学院(北平女子师范学院)院长。

是年

与张中孚信,请其转告陈子怡①赴北平,出任女子师范学院图书馆主任。[陈万卿:《陈子怡与徐旭生》,《古都郑州》2021年第1期]

---

① 陈子怡,河阴(今属荥阳)人,曾任河南通志馆采访主任,古史研究专家。

1930年·42岁

1月7日

出席北平研究院史学研究会第一次全体会议,同会者有马廉、李书华、白眉初、陈鼎恒、汪申、刘慎谔(字士林)、萧瑜、吴敬恒、李宗侗、张继(字溥泉)、李石曾、马衡、沈兼士等。即席发言,希望政府下令保存各小衙门的各种档案,以利于将来的历史研究。[《国立北平研究院院务汇报》第1卷第1期,1930年5月]

1月19日

晚,刘半农在外交大楼为瑞典学者斯文·赫定65岁诞辰举行祝寿会,与张继、罗家伦、李书华、陈大齐等参加。[徐瑞岳:《刘半农年谱》,中国矿业大学出版社1989年版,第150页]

3月26日

主持国立北平女子师范学院院务会议,议决设立研究所,"为提高本院毕业生之程度,及增进对于学术界教育界之贡献起见",每月经费1500—2000元。[黎锦熙:《研究所略史》,载《师大月刊》1932年第1期]

是月

为《女师大学术季刊》撰写卷头语,指出"大学为教职员率领学生研究高深学术的地方","在大学里面,授课是要达到目的(训练研究的助手及将来的继续人)的一种方法,绝不是最后的目的";表示在学术研究问题上,"就我们能力之所及,坚决地、不顾险阻地向前进行"。

同期发表《阻卜非鞑靼辨》,署名"徐炳昶"。[《女师大学术季刊》1930年第1卷第1期]

4月17日

北大学生月刊委员会第六次常务会议,决定函聘教员40人担任顾问,与周作人、张颐、刘半农、李麟玉、钱玄同等受聘。[《北京大学日刊》第2388号,1930年4月19日;王学珍、郭建荣主编:《北京大学史料》第二卷(二),第2723页]

5月8日

女师大院务会议通过研究所章程。20日,以校长兼研究所所长,聘请国文系主任黎锦熙(字劭西)教授为副所长,国文系高步瀛教授、史地系主任王桐龄教授、外国文系主任王文培教授、教育系主任杨荫庆教授为研究所委员会委员。研究所以石驸马大街乙90号为所址。[黎锦熙:《研究所略史》,载《师大月刊》1932年第1期]

5月25日

北大校务会议决定,刘半农继任第五届校务会议主席,以女子师范学院院长身份继任校务会议常务委员。[徐瑞岳:《刘半农年谱》,第153页]

6月4日

女师大研究所正式成立。18日召开第一次会议,决定成立工具之学、语言文字学、史学、地学、哲学、教育学、文学、民俗学等小组,开展分组研究,研究所以"考证务求真相,观察务重自然"为精神。[黎锦熙:《研究所略史》,载《师大月刊》1932年第1期]

6月21日

和刘半农在北平大学办公处与索取欠薪的女子师范附中教职员会谈,被女附中一教职代表殴打。① [刘半农:《北平大学校长办公处不幸事件目证录》,载《老实说了吧》,陕西人民出版社2013年版,第125—132页]

是月

发表《阻卜年表》,署名"徐炳昶"。[《女师大学术季刊》第1卷第2期]

7月12日

因女师大与附中纠纷事,向南京政府提出辞去女师大校长职务。同日,刘半农主持北大校务会议,讨论该事宜。[《申报》1930年7月12日;徐瑞岳:《刘半农年谱》,第154页]

8月12日

为西北科学考察团募款困难而感叹:"我们从西方回来后,想募集三五万块钱,以求继续派人工作,亦绝不可得!" [罗桂环:《中国西北科学考查团综论》,第27页]

9月

《徐旭生西游日记》出版,中国西北科学考察团理事会印行。作叙言,称由于考察团"东归以后,《东方杂志》的编辑曾由我的朋友鲁迅先生转请我将本团二十个月的经过及工作大略写出来,我当时答应了,可是迁延复迁延,直延到一年多,这篇东西还没有写出来……现在因我印行日记的方便,把这些东西补写出来,权当作日记的叙言,并且向鲁迅先生同《东方杂志》的编辑表示歉衷"。[《徐旭生西游日记》,宁夏人民出版社,2000年版,第1页]

---

① 因对改隶女师大不满,女附中教职员及部分学生与家长示威请愿,引起较大风波。

10月4日

与陈大齐(北京大学代校长)、李燕、段憩棠、刘半农等大学校长、院长联名致电蒋梦麟(时任国民政府教育部长),说明欠费将及半年,催索毫无结果,请准辞职。[《大学院长联合辞职》,《申报》1930年10月5日]

10月9日

被北京大学聘为教授。[王学珍、郭建荣主编:《北京大学史料》第二卷(一),第150页]

10月13日

北京大学评议会改选,与周作人、杨震文等6人当选为候补委员。[王学珍、郭建荣主编:《北京大学史料》第二卷(一),第150—151页]

10月25—28日

与顾颉刚、徐森玉、李书华、马廉、魏建功、常惠(字维钧)、庄严等同游房山。[《顾颉刚日记》第二卷,第452—454页]

11月22日

北平研究院史学研究会组织北平志编定委员会,"专司决定体例及审查稿件之责"。与陈垣、马衡、朱希祖、顾颉刚、李宗侗、翁文灏等委员开会。主席李书华,记录常惠,讨论并通过北平志编纂通例等。在发言中提出增加人物志及志书下限问题的建议等。[《国立北平研究院院务汇报》第1卷第4期,1930年11月]

12月16日

西北科学考察团拟制纪念邮票,分为一分、四分、五分、一角四种,每组共合二角。共印二万五千组,价值五千元。由中央研究院函托交通部,饬邮政总局代制发行。[《南京专电》,《申报》1930年12月17日]

12月17日

胡适40岁生日,与魏建功、白涤洲、马隅卿、程金源、黎锦熙、丁道衡、黄文弼、钱玄同、周作人、庄慕陵、刘子书等,在北平东兴楼聚会为其祝寿。魏为诗文《胡适之寿酒米粮库》,钱玄同作书赠与胡,并摄影送每人一份。[《国语周刊》第67期,1932年12月31日]

1931 年·43 岁

1月1日

为《女师大旬刊》创刊撰写《本刊的缘起》,介绍办刊宗旨:记叙本院以往的治学经过,留作将来的教育史料;为求同学间的联络起见;在校学生生活、毕业学生服务状况等。[《女师大旬刊》第1期,1931年1月1日]

1月14日

主持女师大研究所委员会会议,通过与美国福利尔艺术博物馆、山西省立图书馆合作发掘山西万泉县石器时代遗址案,旅费、发掘费、研究费、报告书印刷费均由美方博物馆承担;古物完全归中国;完整古物保存于山西省立图书馆,破碎古物存女师大研究所。会后,呈报教育部批准。[黎锦熙:《研究所略史》,载《师大月刊》1932年第1期]

主持女师大图书出版委员会会议,参加人:黎锦熙、李建勋、白眉初、钱玄同、田培林等,讨论事项:追认学术季刊第一卷第四期稿件、通过图书馆购书方案等。[《女师大旬刊》第3期,1931年1月20日]

1月20日

以北平女子师范大学校长名义向北平大学呈文三件:呈送党义教师调查表、呈送聘用洋员调查表、呈报新钤记日期等。[《女师大旬刊》第3期,1931年

1月20日]

1月26日

应教育部电召,由北平赴南京,汇报山西石器时代遗址发掘事,获批准备案。[黎锦熙:《研究所略史》,载《师大月刊》1932年第1期]

1月31日

以国立北平大学女子师范学院院长名义呈文北平大学,详列设立研究所之必要与可能:"现时经费,撙节开支,规模粗具,绘图扩张,伸缩较为自如,回旋乃有余地","避免延期降格之困难,而获进修深造之实益,为教学上之效率计,计无便于此者","奖励学生读书,则研究所有'索引工作酬金'之设;奖励学生多方参考,研讨问题,则研究所有'图书出版委员会'之组织;而学术季刊、教育文艺等丛刊及旬刊等,均俾高材者有发表分机;指导高年级生准备论文……必以研究所为之枢机"。[《女师大旬刊》第4期,1931年1月31日;黎锦熙:《研究所略史》,载《师大月刊》1932年第1期]

是月

自1月起,以北平大学校务会议常务委员身份与刘复代行校长发文。

2月4日

以新任北平师范大学校长身份与新任北京大学校长沈尹默出席国民政府主席、教育部部长宴请,教育部政务次长李书华、陈布雷等人作陪,谈及整饬学风及改进教务等问题。[《申报》1931年2月5日]

2月7日

西北科学考察团在女师大研究所举办古物展览会。展览共分三个部分,考古室:包括简牍、壁画、墓砖等;风俗室:包括新疆本地人衣物、饰品、乐器、经典等;地质室:包括各种化石、矿质及地质图、恐龙化石等。[《女师大旬刊》

第5、6合期,1931年2月20日;《燕京学报》1931年第9期;又见《北京大学日刊》第2550号,1931年2月5日]

2月7日

国民政府令:……(十八)任命徐炳昶为国立北平师范大学校长。[《申报》1931年2月8日]

2月18日

国民政府训令第762号:任命徐炳昶为国立北平师范大学校长。28日,就职。

决定合组国立北平师范大学,分第一部、第二部。逐渐废止两部之分立。"俾造成为国内一完善之养成中等学校师资及教育行政人员与研究教育学术之机关。"[《行政院公报》第230号,1931年2月25日;教育部训令第249号;《女师大旬刊》第8、9合期,1931年3月20日]

3月4日

寄与鲁迅《西游日记》一部三本。[鲁迅手稿全集编辑委员会编:《鲁迅手稿全集·日记》第7册,第14页]

3月16日

收到私立岭南大学校长钟荣光祝贺就任北师大校长的电报。[《私立岭南大学校报周刊》第3卷第5期,1931年3月21日]

3月24日

主持女师大院务会议,参加者有宗真甫、杨荫庆、黎锦熙等9人,决定改院务会议为部务会议。[《女师大旬刊》第10期,1931年3月30日]

3月30日

北平市政府致女师大公函(第280号),经市教育局、河北省教育厅调解,女师大与附中纠纷问题得以解决。女附中房产等交付女师大,女师大将原欠款2.4万元转北平大学补发至女附中教职员。[《女师大旬刊》第10期,1931年3月30日]

是月

女师大研究所与美国福利尔艺术博物馆、山西省立图书馆合作,发掘山西万泉县新石器时代遗址,发现带釉陶器等文物多件。[《女师大旬刊》第12期,1931年4月20日]

教育部转呈刘复关于西北科学考察团延期两年的报告,行政院"准予展期二年,俾竟全功"。[《教育部二十年三月工作报告》第9页;《行政院公报》第241号,《指令》第1020号,1931年3月28日]

4月15日

北平女师大改称国立北平师范大学第二部;附属中学,改称国立北平师范大学附属女子中学;附属小学,改称国立北平师范大学附属第二小学;附属蒙养园,改称国立北平师范大学附属幼稚园。

兼国立北平师范大学附属女子中学主任。

4月18日

主持北平师范大学第二部研究所全体会议,参加者有黎锦熙、钱玄同、田培林、冯沅君(中国戏剧史研究报告)、刘盼遂、韩儒林(字鸿庵)等14人。讨论研究所名称、招考索引工作人员等问题。[《女师大旬刊》第13期,1931年4月30日]

4月23日

主持召开学校审计委员筹备会议,决定会计课每日须作结余,报校长室;大宗用款,须得审计委员会许可;审计委员会定期、不定期查账点库。[《女师大旬刊》第14期,1931年5月10日]

4月27日

在纪念周讲话,介绍近日召开部务会议,讨论一切重要问题;因物价太贵,本届毕业生赴日参观之事,一二部均行取消,建议改为参观国内大连;由英语 MISS 一词说到,主张在演说和谈话时,绝对不说外国话,是"崇尚本国尊严的精神"。[《女师大旬刊》第14期,1931年5月10日]

5月11日

主持学校纪念周仪式。介绍讲演者女师大前任校长易培基(字寅村),称易先生对于本校,"也是最有功于本校的一人","一直到现在,还是因时因地的照旧帮忙本校"。易在讲演中,介绍"女师大的革命历史和北方与中国革命",希望学生抓紧在校时间,深入研究学问,将来"为国家效用"。指出"女界在历史上的地位,是愈来愈下,女界必须有一次的大竞争,始能达到平等"。[《女师大旬刊》第15期,1931年5月20日]

5月13日

主持召开第一次第一、二部教务联席会议,参加者有钱玄同、黎锦熙等18人。讨论下学年各系课程标准,其中公共必修课:党义6课时,英文16课时,国文6—10课时,教育16课时,体育另定。[《女师大旬刊》第15期,1931年5月20日]

5月15日

主持召开第二次第一、二部教务联席会议,讨论招生办法,决定男女生兼收;地点北平、上海两地,各120人,7月27日起举行考试。由校长、院长、各

系主任秘书、教务长、总务长、注册课长等组织招生委员会。[《女师大旬刊》第15期，1931年5月20日]

5月16日

致信卫聚贤（研究所派出与美国福利尔艺术博物馆、山西省立图书馆合作发掘山西万泉县石器时代遗址之研究员）函一件，内言"今阅报载：'山西天龙山石刻，有被盗凿出售说'①，贵重造像，凿去许多，已装箱运出晋境，王善亭其人仍寓正太饭店等情。现在古物保管委员会已函晋当局相禁。兹抄原报，送请先生查照，迅即函请该管当局查办"。[《女师大旬刊》第15期，1931年5月20日]

6月4日

北平师范大学学生自治会在风雨操场召开全体同学大会，通过方案九项及临时动议三项，包括要求学校明令取消讲义、体育、图书、宿舍各费，请校长速筹资金，建设大礼堂及体育馆等。代表携议案面谒校长并要求三日内答复，否则即请离校。[《北平师范大学之暗潮》，《教育杂志》（上海商务印书馆）第23卷第7号，1931年7月20日]

6月29日

因合校，女师大研究所改为国立北平师范大学研究院，内分若干门，每门若干组。决定先设历史科学门、教育科学门，院址设于广安门内。[黎锦熙：《研究所略史》，载《师大月刊》1932年第1期]

7月1日

北平师范大学第一、第二两部合并，定校名国立北平师范大学，分设教育、文学、理学三院，第一、第二两部名义，同时取消。

---

① 据《大公报》5月13日报道。天龙山，位于山西太原市境，山麓有天龙寺，东西两峰，分布有东魏到隋、唐、五代时期的大小石窟，反映了不同时期的石窟艺术成就。

7月20日

主持召开北师大第一次校务会议，决议通过北师大研究院章程、教育科学门章程、历史科学门章程等，规定校长兼任研究院院长，副院长、委员均由院长聘任。[黎锦熙：《研究所略史》，载《师大月刊》1932年第1期]

7月30日

北京大学校长蒋梦麟分别聘请接洽新学期教授，与胡适等被聘为哲学系名誉教授。[《京报》1931年7月31日]

8月22日

主持召开北师大第二次校务会议，确定研究院预算月经费5000元。是月，聘任教务长兼生物系主任李顺卿教授，教育学院院长兼系主任李建勋教授，理学院院长兼化学系主任刘拓教授，文学院院长黎锦熙教授，国文系主任钱玄同教授、高步瀛教授，历史系主任陆懋德教授、朱希祖教授，教育系邱椿教授、傅铜教授为北师大研究院委员会委员，田培林为秘书；并聘任黎锦熙教授为副院长，李建勋教授为教育科学门主任，钱玄同教授为历史科学门主任。[黎锦熙：《研究所略史》，载《师大月刊》1932年第1期]

是月

斯文·赫定在瑞典多地发表演讲，谈中瑞西北科学考察团取得的成绩，赞许中国考察团团员工作努力，成果丰富。团长徐炳昶教授"学问渊博，接物谦和，殊觉钦佩"。[《申报》1931年8月12日]

9月4日

在北大哲学会演讲，题目为《现时中国教育制度问题》，署名"徐炳昶"，焦步青、苏叔升笔记。认为现行教育制度不适合中国经济情形，"现在中国要与他国竞争，非把中国工业化不可"。主张另设一种教育机关，"合旧日的书院、科举，新近的图书馆、实验室、研究院等等教育机关而成……暂称它叫'新书院'。这新学院一大县里可有一个，小县则合数县设立一个"，设助教，内分文理两科，以大学成绩好者充老师。师生共同研究，不必上课，每星期轮流上一二次课，上课时并非灌输知识，仅示以研究的方法，每天定立两个钟头为学生问答的时间，容学生问学；"在今日不论如何，欲求学非懂外国文不可"；新书院可代替高中、大学，小学绝对不可；新书院不能代替农、工、医专门一类的学校。[《新社会》(上海)第1卷第8期，1931年10月16日]

9月18日

九一八事变发生，日本占领东北三省，进逼华北。当日，与北大校长蒋梦麟等召集各大学校长紧急会议；召集本校院长、教务长紧急开会，强烈谴责日本侵略。

9月21日

参加平津学术团体对日联合会第一次常务委员会会议，同会者北京大学蒋梦麟、北平大学沈尹默、北平图书馆袁同礼、北平研究院李麟玉、清华大学叶企孙、燕京大学吴雷川、中国学院余同甲等，主席蒋梦麟。与胡适、白经天、李麟玉、傅斯年、丁在均、周炳琳(字枚荪)、袁同礼等被推定为宣言起草人员。决定：宣言寄往各国大学、学会、学院及国际万国知识阶级协会；讲演用无线电广播器传布或由负责当局指定演讲处所；组织不用日货同志会等。决定各校原团体名称宜一致称为平津学术团体对日联合会×校×学院、××学院分会。[刘大成：《"七·七"事变前后北京地区抗日活动》，燕山出版社1987年版，第6—9页]

与蒋梦麟、吴雷川等，参加北平市政府召集的北平市军警宪机关及各大学校当局联席谈话会。会上提议请市府召集新闻界说明当局对学生爱国运动的态度，并由报纸切实宣传。[《北京大学日刊》第2690号，1931年9月23日]

9月25日

以北平师范大学全校教职员和学生名义致电国民政府,指责有人"一遇外敌,辄取不抵抗主义,洵属奇耻"。[徐桂伦:《徐旭生传略》,《徐旭生文集》第12册,第2246页]

10月24日

参加平津学术团体对日联合会第三次常务委员会会议,同会者北京大学蒋梦麟、燕京大学吴雷川、清华大学叶企孙(冯友兰代)、北平研究院李麟玉(陈咨禹代)、北平大学沈尹默、北平图书馆袁同礼,主席蒋梦麟。议决:与商会接洽设法调处商人所存日货问题;呈政府请密令全国所属机关勿买日货;将日本某教授批评日本此次暴行的文章译成各国文字对外宣传;创办国货陈列馆及日货陈列馆;在发言中提议应将日货调查列表分送各校,决定由师大担任调查,并将列表送各团体予以禁购。[刘大成:《"七·七"事变前后北京地区抗日活动》,第9—10页]

10月28日

北师大研究院院务会议决定录取教育科学门研究生20人。11月9日,决定录取历史科学门研究生47人。[黎锦熙:《研究所略史》,载《师大月刊》1932年第1期]

11月1日

与北京大学校长蒋梦麟代表北京大学、北平师范大学、北平大学赴南京交涉教育经费事。① 行前三校发电致南京政府教育部、财政部,予以告知。电文:"南京教育部财政部钧鉴:感电奉悉,半个月经费,实无济于事,务恳即将8

---

① 又见《蒋梦麟启事》,"梦麟偕师大徐校长代表国立北平各大学赴京接洽要公,离平期间,所有校长职权请由行政会议代行,其日常行政请王秘书长负责办理,教务行政请各学院院长负责办理,教务处事务请注册组樊主任负责办理,文学院院长职务请国文学系主任马幼渔先生暂代。此启 20年(1931年)10月31日"。

月份经费余数,迅予赐拨。除公推蒋校长、徐校长赴京面陈困难情形外,谨此电闻。"[《北平晨报》1931年11月1日;《北京大学日刊》第2723号,1931年11月2日]

是月

赴南京请示增加经费事宜,财政部长宋子文拒绝接见,愤而辞去北平师范大学校长职务①,校务委托教务长及各院院长负责维持。[黎锦熙:《研究所略史》,《师大月刊》1932年第1期;又见《校史概略》,载《国立北平师范大学卅五周年纪念专刊》(陕西)1937年12月17日]

12月2日

为斯文·赫定所写关于西北科学考察著作《长征记》撰写叙言,指出这是斯文·赫定"到我国西北考察所出底第一本游记","使人读之,如入宝山,有应接不暇之感"。他的治学精神,更值得肯定和学习,"实在是人类的鸿宝,永久无从磨灭的东西"。同时,"希望世界的学者均读此书,因为他们可以明白在中国工作而与中国学者诚意合作,能有什么样的取获;同时希望中国学者多读此书,因为他们从此书可以感觉到治学问的真正精神并对于大漠旷野的浓厚的兴趣"。[斯文·赫定:《长征记》(李述礼译),西北科学考查团印行,1931年12月(即徐十周、王安洪、王安江译:《亚洲腹地探险八年》,新疆人民出版社1992年版)]

是月

北京大学校长蒋梦麟致电教育部,提出辞呈,"校长职权交由校务会议执行"。[《北京大学日刊》第2763号,1931年12月21日]

---

① 晚年曾向子女谈起过厌倦担任学校行政职务的原因。当时学潮频发,作为国民政府教育部任命的国立大学校长,他不能支持学生运动,但也决不愿意去镇压学生运动。而且在当时的形势下,他对于改进教育的种种设想都不可能得到贯彻,于是他选择了退出,专心从事自己的学术研究。(见徐桂伦:《徐旭生传略》,《徐旭生文集》第12册,第2249页)

是年

国民政府拟成立"西陲学术考察团",由国家下拨经费,各学术团体派员参加,下设地理、地质、生物、人类、考古五个组,计划分三期实施考察:第一期由张家口经阿拉善、迪化到阿勒泰;第二期由迪化经塔城、伊犁到喀什;第三期由喀什经且末到西宁。预定四年完成。设理事会,理事:蔡元培、李石曾、吴稚晖、傅斯年、李四光、徐炳昶等14人,理事长蔡元培。[《二十年(1—6月)国内学术消息》,《燕京学报》1931年第9期]

又据《时事月报》1931年9月号载:"教育部近以政府组织西陲学术考查团,今后已无允许外人再往之必要,请外部通令驻外使领馆查照,遇有请求考察我国西北者,一概谢绝。"

是年冬

在胡适家中,谈论应对日本侵华问题。双方观点相同者:中国"战必败;战败的牺牲必异常的巨大,并且比任何一次的牺牲全要巨大"。观点稍异者:胡认为欧美各国不能参加(对日)是绝对的,徐认为最近不能参加。对如何抗战,双方观点不同:徐主张抵抗,"步步为营,步步坚守。能守则守,不能守则退。守第一道战线时,第二三四五六道的战线完全预备妥帖",在东北要发动民间武装;胡认为,徐说有相当理由,但不主张战。[旭生:《和与战》(西安通信之一),《独立评论》(北平)第52、53号合册,1933年6月4日]

1932年·44岁

1月28日

日军向上海中国驻军发动进攻,挑起"一·二八"事变。中国军队奋起抵抗,淞沪抗战揭幕。

1月30日

国民政府宣布迁都洛阳。同年12月1日,由洛阳迁回南京。

3月3日

领衔与钱玄同、童德禧、吴文潞、王尚济、何士骥、魏建功等致电国民政府呼吁南北反攻,电文:"浏河失防,敌焰凶张,十九路军血战经月,何以任其孤拒,竟尔后援不继,沪渎骸骨遍野,洛阳冠盖缤纷,瞻瞩两地,骇愤交并,今日之事,不容观望,南北应立即反攻,各方仍图保个人实力,即为祖宗社稷国民万世仇敌,政府诸公,其明宣意旨,以示国人。"[《世界日报》1932年3月4日]

4月12日

与黄文弼、童德禧、马衡、王尚济、魏建功等11人联名致电国民政府,指出:"沪上中日和议,业经两旬,日兵之撤与不撤,两言可决,来时不过旬日,撤退何以须数月?"呼吁政府"立刻撤回代表,一方将和议经过,报告国联,一方通告全国积极抵抗。若徒掩耳盗铃,欺骗国人……则国人将有不能为诸公谅者"。[《北平晨报》1932年4月13日]

5月26日

领衔与李宗侗等以国防研究会名义致电山海关守军何柱国部,电文:"倭虏入寇,国军退避,时未浃旬,东北尽失,不抵抗之效,显著如是,彼既得志于东北,复肆扰于东南。幸十九路军,义愤填胸,不顾撤退命令,决死抵抗,血战经月,中外震动。后虽失援退守,而倭虏已知顾忌,签约撤兵,抵抗之效,又显著如是。今彼复倾全力于东北,榆关顿受迫胁,榆关失,则华北不守,华北不守,则中国亡,将军两粤英豪,有勇知方,当能守土尽职,与彼虏决死生,不使十九路军专美于前也。卢龙塞暖,战机日迫,瞻望旌旗伫候捷音,本会亦当竭尽绵力,随邦人君子之后,以为将军后盾。"[《世界日报》1932年5月27日]

是月

行政院会议议决国立北平师范大学校长徐炳昶辞职照准。

7月2日

欧美同学会举办欢迎蔡元培宴席,与顾颉刚、李四光、冯友兰、沈兼士、翁文灏等出席。[《顾颉刚日记》第二卷,第657页]

7月12日

顾颉刚来访,双方长谈。顾返家日记:"旭生先生今年四十五,而甚有少年精神,家住温泉,工作则在二里外小山上土屋中做。今日谈教育之弊,几使我泪下。"[《顾颉刚日记》第二卷,第661页]

8月8日

致信胡适,介绍缪金源①对中国思想史素有研究,"对于功课毫不敷衍迁就,对于治学亦多心得",希望能在北大安排课程,特别"在哲学系一展其长"。又谈及"《独立评论》急欲一读,能寄来山中一份否?"[耿云志主编:《胡适遗稿及秘藏书信》第32册,第214—215页]

9月21日

与刘半农等北平文教界30余人集会商议,向南京政府上呈意见书,建议定北平为不设防的"文化城",以避战火。会后由江瀚领衔,刘半农拟稿送交南京政府。[徐瑞岳:《刘半农年谱》,第170页]

10月25日

为徐幼峰(字金源,河南南阳人)所著《川边游记》作序,署名"徐炳昶"。指出"我国数千年来的圣哲,目光仅局于人生一隅,对于自然界全体,几于毫无研究,驯至利用厚生毫无工具。……对于征服自然界各种事宜,毫无计画",强调"国境内汉族以外之各种民族,均为中国一部分",希望读这本书的人,能"引起他们自己边疆的兴趣,以后能不避艰险,多次地各方面地到边疆上作切实的、详细的调查,慎重研究,精密设计,真正负起来指导这些地方旧居民和新居民的责任,那中华民族的前途大约就可以有转机了"。[《鞭策周刊》(北平)第2卷第18期,1933年2月]

11月6日—1933年2月

发表连载文章《教育罪言》,近3万言,署名"旭生"。文章以平津高等教育为例,从教师、学生、学校管理等层面揭露存在的种种弊端,其原因在于"士大夫在我国成一种特别安富尊荣的阶级"与"书本教育的留毒",其责任应归罪于家庭、社会、政府、教职员及学生自身。教育改革的原则须合乎中国的社

---

① 缪金源,1922年毕业于北京大学哲学系。

会及经济情形,人民应该有平等受教育之机会,教育与生产须有联络,训练人材须顾及社会之需要等。教育制度的设计:2—6岁幼稚教育;6—15岁国民教育;15岁以上高等教育,分专门与大学两种,前者注重应用科学,后者注重理论科学等。[《独立评论》第25、27、30、33、34、37、38号]

是月

发表《关于"探险生涯"》,署名"徐炳昶"。文章指出"中学时期是人生第一个顶重要的时期。此时期中儿童对于课外读物的兴趣特别发达,或者可以说在一生中为顶发达的时期。并且这个时期读物的良否关系于他们的一生异常重大:偶然遇见的一种读物影响到他们全生的命运,并不是一件不常见的事情"。

介绍瑞典探险家斯文·赫定,他不仅富有冒险精神,而且具有文学天赋,他的游记被翻译为十多国文字出版。他还将他一生中顶有趣的事情,特意为中等学校的学生写出来,叫作《探险生涯》。此书"有法显、玄奘、邱处机诸人的翔实而不像他们的枯淡,有《鲁滨孙漂流记》的情趣而不像其书的架空,真全世界青年学生的良好读物"。经李述礼翻译为汉语且"达到明白如话的程度",由开明书店出版。希望这个译本成为全国青年学生最爱好的读物,有助于国民精神的振发。[《中学生》(上海)第29号]

12月11日

与马衡、陈垣、李宗侗、顾颉刚、常维钧等参加北平研究院北平志编纂委员会会议。[《顾颉刚日记》第二卷,第718—719页]

是月

北平研究院刊物《北平》发表《北平史表长编卷一》,署名"瞿宣颖原稿,徐旭生校补"。[《北平》第1期,1932年12月1日]

是年

著者书店在北平成立(店址:宣武门外后河沿西头路南20号),经理孙蕴璞(北平师范大学秘书)。与杨廉(北京大学教授)、徐侍峰(前北平师范大学总务长)、冯友兰(清华大学文学院院长)、黎锦熙(北平师范大学文学院院长)、嵇明(北京大学讲师)、韩道之(北平大学法学院讲师)等应邀为常务委员会委员。[国立北平图书馆:《读书月刊》第1卷第11号,1932年9月10日]

1933年·45岁

1月3日
日军占领山海关,威逼热河。

1月19日
为日军进攻山海关、热河危急而忧虑,作《宁失平津不失热河——并为张学良将军进一言》,署名"徐炳昶"。强调热河"为华北的藩屏,中国本部通东三省的门户,此著一失,全盘尽输"。呼吁张学良将军到热河亲自督战,希望全国人士"愿作义勇军者到热河去,愿救护伤兵者到热河去,愿接济饷械者送到热河去"。[《国难专报》第8期,1933年2月1日]

1月30日
中国民权保障同盟北平分会成立,与胡适、成舍我、陈博生、许德珩、任鸿隽、蒋梦麟、李济、马幼渔(裕藻)等9人当选为执行委员,主席胡适。[吕明灼:《宋庆龄传》,上海人民出版社1988年版,第185页]

2月11—12日
乘火车离开北平赴陕西,同行者有中央研究院修补古董工人李□□。12日到郑州,住火车站附近大金台旅社。

以北平研究院史学研究会编辑名义与助理员常惠奉派到陕西西安,筹设研究会分会。在长安、兴中、凤翔、宝鸡一带调查丰镐、犬邱、雍、阿房宫等史前和周秦时代遗址。[《日记》,《徐旭生文集》第9册,第537页]

2月13日

到开封,访郭宝钧①、关伯益、王可亭等故交多人。与夫人同游河南省博物馆,参观新郑出土古物。感叹"件数大而且多,花纹精巧,实为从前之所未见","器属于周之一王子,似无疑义"。[《日记》,《徐旭生文集》第9册,第539页]

2月22日

在开封,到河南省立一中演讲,讲"都市教育利弊"。下午,到北仓女中参观并与学生座谈,"一为初中学生不宜全希望升学,二为求学到处均有机会,不必一定在学校"。[《日记》,《徐旭生文集》第9册,第539页]

2月24日

到西安,住西京筹备委员会。见秘书陈启明、庶务会计连震东(字定一)。次月30日,移住陕西方面拨付的民政厅后院房屋。[《日记》,《徐旭生文集》第9册,第540—541页]

2月26日

与常惠同游杜公祠,西京筹备委员会庶务会计连定一陪同。先后游览小雁塔、兴善寺、大雁塔等处,在杜公祠堂偶遇陕西省政府主席杨虎城。晚观看易俗社秦腔剧《大婚姻谈》。[《日记》,《徐旭生文集》第9册,第541—543页]

---

① 郭宝钧,字子衡,祖籍山西汾阳,生于河南南阳,多次参加殷墟发掘,并主持第八及第十三次发掘。新中国成立后为中国科学院考古研究所研究员、北京大学历史系教授。

是月

在西安期间,连定一将其父连横①所著《台湾通史》相赠,阅后有高度评价。连横获悉后,致函表示感谢。

附:连横《与徐旭生书》载,"伏居海隅,久闻高义,云山千里,未克趋承。昨得儿子书,曾以拙著《台湾通史》呈政,猥蒙嘉纳,荣幸何如!此书刊行之时,日本朝野购读颇多,而中国人士则视之漠然。唯章太炎、张溥泉两先生以为民族精神之所附,谓为必传之作,横亦颇以此自负。更欲撰就续编,记载乙未以来三十余年之事,昭示国人,藉资殷鉴。而索居台湾,文网周密,不无投鼠忌器之感。归国以后,倘得一安砚之地,从事修纂,必有可观。而身世飘零,年华渐老,此愿未偿,徒呼咄咄!固知弃地遗民,别有难言之隐痛也!拙著十数种,《通史》之外,尚有《台湾诗乘》《台湾语典》,尤为十年间苦心惨淡之作。他日有缘,当再就教。附上《闽海纪要》一册,是拙刊台湾史料之一,并希一阅"。(《雅堂先生文集》,沈云龙主编《近代中国史料丛刊续辑》第98册,台湾文海出版社,第132页)

4月16日

从西安写给傅斯年的信,以《西安通信》之题发表,署名"徐炳昶"。指出"如果我们中国还想着生存,万不可忽视这一片极可敬、极可爱的西北!""我现在所最怕的,不是平津的失守,不是中国北部大平原的扰乱,却是中国同日本作一种上海那一类停战协定。"[《独立评论》第46号,1933年4月16日]

4月23日

在西安附近丰镐一带进行古迹调查,北平研究院植物学研究所助理员夏玮瑛协助。[徐炳昶、常惠:《陕西调查古迹报告》,载《国立北平研究院院务汇

---

① 连横,字雅堂,台湾省台南人,光绪四年(1878年)正月十六生,1918年历时十年撰成《台湾通史》,1920年11月出版上册,1921年4月出版下册。

报》1933年第4卷第6期,第3页]

5月30—31日

与常惠、白涤洲乘汽车离西安前往凤翔、宝鸡等地考察。住凤翔第二中学校长室、教务主任室。[《日记》,《徐旭生文集》第9册,第561页]

6月3—4日

与常惠等前往斗鸡台考察。[《日记》,《徐旭生文集》第9册,第567—574页]

6月4日

发表与胡适的通信,题为《和与战》(西安通信之一),署名"旭生"。信中提到,"热河陷落以后……心里难过极了","我个人对于此次国难是一个彻始彻终的主战派"。认为"中国国民现在最要的急务,就是要极坚决的表示出来,命是应该由我们自己拼,我们就一点不辞让的、不畏惧的去拼,一点不牵掣别人的去拼","牺牲愈壮烈,所得的同情愈深挚"。[《独立评论》第52、53号合册,1933年6月4日]

6月11日

发表《教育与其他》(西安通信之二),署名"旭生"。回复吴景超、陈序经等对《教育罪言》的质疑与批评。指出与吴观点上差别很大,实行上差别不大。完全抄袭西方教育制度,与中国社会、经济、文化不相适应,"无论怎么样办,也办不好"。认为"中国的文化发展的比较迟,不像古代希腊人和近代欧美人的一日千里。但是它却有绵延性。它同时的文化国家,一个一个的沦没了,绝灭了,而它却总在那里或盛或衰的绵延着","这种文化的绵延性是否与中国的农业社会有相当的关系,也是一件极有兴趣的问题"。[《独立评论》第54号,1933年6月11日]

6月13日

由兴平返西安。[《日记》,《徐旭生文集》第9册,第595页]

6月16日

到西京筹备委员会,晤张继①,并晤郑士彦、孙尚容、陈启明等人,张继并以牛肉泡馍宴请。[《日记》,《徐旭生文集》第9册,第597页]

7月16日

李书华宴请中英赔款委员会英方代表 Z. R. Hughes,其在中国已二十年,"对于中国哲学,极思用功,很能看书,其精神固极可佩服"。与欣海、陶孟和等人作陪。[《日记》,《徐旭生文集》第9册,第604页]

7月17日

请董作宾鉴定在西安所购之甲骨片,得知其中有一片系伪造。"刻字互相颠倒,并不成文理,与他片大不相同,一望可知。"[《日记》,《徐旭生文集》第9册,第605页]

7月18日

成立于九一八事变后的燕京大学中国教职员抗日会,在热河事件后拟定题目,征集、编写大鼓书词,印制成唱本发行,以激发民众抗日。当日接顾颉刚信,指出"我们现在最要紧的职务,是捉住这机会,来唤起民众……彼此邀几个肯切实做事而不好名利的同志,真正做些救国救民的事业起来"。同时,唱本"照成本,每二百册一元,大小一律。所以不加价者,因为民众的购买力太差,批发的人又不能不赚钱,价一高则将销不出去"。建议联系陕西、河南两省的教育厅长,由厅长下发一令与各县教育局,以各乡村小学及各县民众教育馆为代销机关。[《顾颉刚全集·顾颉刚书信集》卷二,中华书局2010年版,

---

① 张继,时任西京筹备委员会专员。

第 570—572 页]

7月24日

董作宾来谈,安阳近来乡民大批的发掘,已近殷墟,地方官不过问,希望古物保管委员会出面设法帮忙。请其出一正式公函,并依据来函拟一电稿向古物保管委员会主任委员张继反映并同有关方面交涉。[《日记》,《徐旭生文集》第9册,第607页]

8月8日

与常惠联名撰写《陕西调查古迹报告》,指出"陕西考查古迹,为发掘之预备,所考查的范围,预先限定为周民族与秦民族初期的文化","近三十余年,当代学者对于殷虚(墟)史料的搜集和研究,已由断片的进于有系统的。对于商代后期文化的认识,已有长足的进步,而周秦初期的文化,尚委之于乡人及古董商人偶然的发现。吾人据经验之所知,乡民及古董商人因不明古物与古迹的性质,对于史料,残毁实多。……如不急为调查、搜集、研究,则吾人本国历史,将有无从补救的巨大损失。所以对于周秦两民族初期文化的探讨,实属今日学术界中急切万不容再缓的一件工作","陕西上自石器时代,下迄明清,其古物无不有可搜集研究之价值,其材料之丰富,实可为全国之冠。……如不急为搜集、保存、研究,则吾国极珍贵之史料,且将巨量的受无从补救的损失"。[《国立北平研究院院务汇报》1933年第4卷第6期]

8月11日

前往河南辉县百泉,参观河南省立乡村师范实验小学,并发表演讲,万振宽记录。回答"为什么来上学?上学做什么",指出"在今日中国的青年,第一要认清中国社会是个甚么社会,及其趋势如何;第二要知道读书不能成为职业,现在这个士大夫阶级将来终归消灭"。师生反映"理论精辟,词旨动人"。[《徐旭生先生讲演词》,《乡村改造》旬刊(河南辉县百泉乡村师范)第2卷第17期,1933年9月11日]

是月

著者书店出版《教育罪言》,署名"徐炳昶 旭生"。编辑附言称:"旭生先生以杜牧之《罪言》例而言教育,散载《独立评论》,检读弗便。兹承其寄示原稿,辑为此册。用备同志深切研讨,实地考验,冀为根本救济国难之一助,嗣有所得。"[《教育罪言》,著者书店出版发行,1933年8月]

9月16日

赴山东邹平,参观乡村建设研究院。[《乡村建设》(山东乡村建设研究院)第3卷第7期,1933年10月1日]

9月27日

顾颉刚来谈民众读物编刊社印制唱本问题,称"旭生先生对此事甚热心,谓夙所愿为,当捐助数百元"。顾"甚喜得此同调也"。10月20日,赴编刊社捐洋300元用于印制唱本。顾表示"敬佩之甚"。[《顾颉刚日记》第三卷,第92、100页]

10月1日

九一八事变后顾颉刚在燕京大学发起建立的三户书社改名为通俗读物编刊社,社长顾颉刚,工作宗旨:唤起下层民众的民族意识,鼓励抵抗的精神,激发向上的意志,灌输现代的常识。为85名发起人之一,后出任副社长。① [顾潮:《顾颉刚年谱》(增订本),第237页;《通俗读物编刊社宣言》,《前锋》月刊,1935年第20期]

10月25日

到北京大学研究所,晤刘半农,商借白万玉②工作事,谈妥。晚与何士骥

---

① 通俗读物编刊社理事:顾颉刚、徐炳昶、容庚、朱家骅、杨振声、傅斯年、吴文藻、罗家伦;监事:袁同礼、洪业、张荫麟、钱穆、叶公超、梅贻宝、高君珊。

② 白万玉(1899—1970),考古技工,曾为西北科学考察团成员。

等坐火车离北平赴西安。[《日记》,《徐旭生文集》第 9 册,第 609 页]

11 月 1 日

在西安,上午到省政府,谒省政府主席邵力子。邵对发掘事甚赞成,要求草一文件,彼阅后,即可提交省政府政务(会议)通过。[《日记》,《徐旭生文集》第 9 册,第 611 页]

11 月 11 日

到省政府,入见邵力子。邵谓:"考古事,本省人对之尚有疑忌,故对于会事,多不愿参加。疑忌约有二端:一恐古物将来被拿去……二对发掘坟墓自身有所怀疑。"并且于右任先生也认为发掘帝王坟墓,不甚妥当。当场答复说,对于坟墓,并不拟发掘。当前计划仅限于宝鸡之斗鸡台、凤翔之南古城等秦代遗迹;岐山之岐阳,兴平之南佐村、长安鄠县之丰镐遗址等周代遗迹,陆续发掘以作比较。[《日记》,《徐旭生文集》第 9 册,第 617—618 页]

11 月 17 日

应邀到西安一高中讲演,题目为《中国史学的演变》。

关于中国史学研究,提出由汉及唐是中国史学的成立时期。其间贡献最大的是汉朝的司马迁,唐朝的刘知幾、杜佑三人。司马迁创纪传体历史,刘知幾创造中国的史学方法论,杜佑的《通典》为经制史的始祖,中国作史的各种体裁,差不多是已经完备了。宋至清是中国史学的改进时期,其间最高史学家为司马光、郑樵、章学诚等,司马光萃十七年的精力,写成一部包括 1362 年的史事、极有系统的大编年历史《资治通鉴》;郑樵实在是一位旷世无畴的史才,《通志》在辨伪方面,也有很大的成绩;章学诚思想绵密,他所著的《文史通义》《校雠通义》等,在史学方法论方面作出很显著的进步,特别是他把地方志完全包入史中,在中国历史家中,他算第一个。

关于中国的金石学,指出金石学萌芽于南朝梁时期,在宋朝完全成立,为第一个阶段,有吕大临著《考古图》等著作问世。但这一时期,"为玩古董之意味多,而研求史实之目的少"。清乾嘉时期,进入第二个阶段,知考证古器物,为探讨学术真实之源,于是由昔人珍玩古董之风,近即为研究文字之用。有阮元、吴大澂、孙诒让等,考释文字之学,可谓已集大成。从王国维先生起达到第三阶段,以金石证历史,为金石研究之最高点。

介绍考古学目的不在获得古器物,而是从中了解当日社会生活之状态,与人类文化之变迁。考古发掘在中国已经经历了三四十年,其间分为三期:第一期全为外人之发掘,如瑞典人斯文·赫定之发掘楼兰城故址(在新疆),俄人柯智禄夫(Hoslov)之发现黑城故址(在西套蒙古,并得西夏文字典掌中珠,从此数百年完全无法承认之西夏文始又能研究),英人斯坦因之发掘天山南路大沙漠中之古城等是;第二期为中外合作之发掘,如瑞典人安得生之与北平地质调查所、美人安得思之与中国学术团体协会、瑞典人斯文·赫定(为外人方面团长)与中国合组西北科学考察团(本人为中国方面团长)等是(以上各有伟大之成绩,如西北科学考察团内考古组所得之汉代简书、汉代毛笔、多数唐高昌国墓砖);第三期为中国人自己发掘,如中央研究院历史语言研究所(与河南、山东各省政府合作)之殷墟及龙山各发掘,北平研究院、北京大学、古物保管委员会合组之燕下都考古团在易县之发掘等,皆有极良好之成绩,以贡献于史学界。

把古代帝陵(秦始皇、汉武帝、唐太宗)打开,把历次被盗后凌乱无序的葬品,作科学的整理,照原旧次序的陈列,入口可造上铁门,外面可以留上陵户,上面栽起树木,墓内如果可能,还可以装设电灯,招待远近游人的瞻仰。如此一面可以使人知道当时帝王陵墓的状况,一面可以使人因瞻仰民族英雄而有所感奋,这一定比寻常仅仅看见一堆黄土的情形好的多。[《西京日报》(西安)1933年11月19—26日]

是月

北平研究院与陕西省政府协商议定考古会办法8条,决定由双方各出5人任委员。与何士骥、张嘉懿等开始工作。[《国立北平研究院院务汇报》1934年第5卷第4期]

12月1日

陕西省立图书馆主办的《图书馆》月刊发表《欢迎徐旭生先生并请注意两事》一文。文章提到,其一,请徐先生预先有所声明绝不发掘圣帝明王之墓;其二,陕省新掘之物,绝对不能运往北平或他处,如有运往外地之必要时,仍须得党政教及考古学者共同组织之古迹研究会之许可。并望徐先生就此"早作郑重之声明,以释群疑"。[《图书馆》月刊第一卷第二期,1933年12月1日;《近代著名图书馆馆刊荟萃续编》第20册,北京图书馆出版社2005年版,第35页]

12月15日

日前联系杨虎城①,"请其帮忙允许研究钟楼、鼓楼、各门楼,并驻军队之各庙。并请其保护东岳庙画壁,勿驻军队",均获杨允许。[《日记》,《徐旭生文集》第9册,第629页]

---

① 杨虎城,时任第十七路军总指挥,西安绥靖公署主任。

1934 年·46 岁

1月22日

比利时驻中国公使 Baron Guillaume 到访西安,与郑士彦等在西安的留法、留比(利时)同学以茶点欢迎。在训政楼相晤会谈,并言及陶器及考古。23日,公使夫妇到考古分会参观,对展品"颇啧啧称叹"。[《日记》,《徐旭生文集》第9册,第642—643页]

1月28日

在陕西政务研究会演讲,题目为《中国革命与欧洲革命》。[《独立评论》第87号,1934年1月28日,署名"徐旭生"]

2月1日

陕西考古会在西安陕西省政府大楼召开成立会议,与李书华、翁文灏代表北平研究院出席,推举张扶万①为委员长,徐炳昶为工作主任。之后,召开陕西考古会第一次会议,确定先在宝鸡斗鸡台开始发掘工作。[《国立北平研究院院务汇报》1934年第5卷第4期]

---

① 张扶万,字鹏一,时为陕西省吏治研究所所长、孔教会会长。

3月29日

由北平坐火车到安阳,雇车前往小屯(殷墟所在地)。见石璋如等人,其正在勘查地下版筑,探寻古建筑遗迹。后入城,到冠带巷中央研究院办事处,访董作宾,"谈甚欢。晚即宿于办事处"。[《日记》,《徐旭生文集》第9册,第644—645页]

3月30日

与董作宾同游安阳天宁寺,看其所收藏的名画。后到小屯、后岗工地参观,董建议带有经验工人(参与陕西考古),"甚以为然,托其物色"。见安阳古物保存所所长裴晋卿,裴竟提一"至为可笑"的建议:由"中央研究院、古物保存所与盗掘人等合作,所得古物,三股均分"。[《日记》,《徐旭生文集》第9册,第645页]

3月31日

上午,再独到后岗工地及洹河北一观。获悉当地不法"土人私挖古物,所留痕迹极多。河北夜间工作,甚为积极。官厅士绅均有联络,不愿过问!至可浩叹!"

董作宾推荐曾在殷墟工作过的技术工人何国祥前往陕西参加斗鸡台遗址的发掘。[《日记》,《徐旭生文集》第9册,第646页]

4月1日

由平汉铁路黄河南岸站前往广武(旧河阴县城)。会见幼时同学多人,"往前日学宫,观吾儿时游息之地。则规模大异,几不可认!"见民国初年为修县志而搜集并保存于明伦堂的古物,"或毁在台阶!或用在厕所垫脚!或碎于倒屋!横三竖四,伤心惨目!"[《日记》,《徐旭生文集》第9册,第647—648页]

4月2日

早餐后,出广武城到北山,寻敖顶遗址。"虽匆匆看一遍,然所见陶片,非

必殷时,亦有汉代者,疑汉初敖仓亦在此地。"[《日记》,《徐旭生文集》第 9 册,第 648—650 页]

4月3日

下午到汜水,次日坐火车赴西安。[《日记》,《徐旭生文集》第 9 册,第 650 页]

4月6日

致函陕西考古会各委员,准备于本月 10 日赴斗鸡台工作,"请各委员核准,并由本会正式函请省政府,饬该地地方官妥加保护,以利工作进行。至将来在该地借用民间地亩,亦拟于炳昶到宝鸡后,与地方官斟酌当地情形,优与补偿。亦希请省政府令知地方官晓谕该地人民,勿得留难,实纫公便"。①

4月16日

参加陕西考古会会议,解释误会并报告一切。同意凡看得见的古墓,完全不动的主张。用款或欠缺有挪借时,由研究院自行负责借还,不使考古会另负责任。[《日记》,《徐旭生文集》第 9 册,第 654 页]

4月19日

与宝鸡县县长全仲侣等前往斗鸡台,在村西头娘娘庙设立办公处。[《日记》,《徐旭生文集》第 9 册,第 657 页]

4月26日

斗鸡台工地正式开工。南北两处工地,工人共 30 人。

作对联于临时办公处门前:"流星闪光,兆秦族兴王之运,实即启全中国大一统之机,庙建陈仓,像设北坂,水涯于今存古祠;雏雉来格,乃宗教祀物之

---

① 信函原件存二里头夏都遗址博物馆。

胤,亦可为数千年群神祇之姊,栋宇无恙,雕绘如昨,村老岁时奉蒸尝。"[《日记》,《徐旭生文集》第9册,第665页]

是月

针对戴季陶4月11日致蔡元培、汪精卫、王世杰关于诋毁"考古发掘"的"真电"发表谈话,指出:"认所谓考古即是劫墓贼,此种见解,实在错误已极","欧美各国对于我国古代历史极为注意,凡一古代遗物,无不视为至宝;我国连年所发现之古代各贵重遗物,一半为外国金钱所收买,一半为国人所破坏,以致我国学者之欲资参考者,往往尚须借重于外国之博物院,此不特徒唤可惜,亦天下之大笑话也","发现古迹,并不以掘墓为目标",而重在明了古代生活及古代历史之真实情形,与当前倡导的复兴民族精神之意义更为切合。[《徐炳昶氏对考古意义之解释》,《燕京学报》第50期,1934年6月]

6月21日

斗鸡台第一次发掘结束。29日,由宝鸡返回西安。[《日记》,《徐旭生文集》第9册,第710、715页]

7月6日

在西安布置文物陈列,包括斗鸡台发掘之物。8日,省政府主席邵力子及夫人、省政府各厅机关负责人等前来参观。[《日记》,《徐旭生文集》第9册,第719—720页]

7月12日

中央古物保管委员会在行政院(南京)开成立大会,由行政院延聘李济、叶恭绰、黄文弼、傅斯年、朱希祖、蒋复璁、董作宾、滕固、舒楚石、傅汝霖、卢锡荣、马衡、徐炳昶等为委员,并指定傅汝霖、滕固、李济、叶恭绰、蒋复璁为常务委员,以傅汝霖为主席。依照《古物保存法》之规定,为全国保管古迹古物法定主管机关。其主要职责有:对于已设立之合法保管机关,督促其保管方法之完整与改善;对于未经政府保管之古迹古物,须协同地方政府加以保护与修整;对于学术机关之呈请采掘,分别准驳,而予以相当之援助与取缔;对于奸商地痞之私掘,予以严厉之制裁;保护私家所藏古物,就其重要者,作精密之调查与登记;各地方新发现之古物,经本会检定价值后,决定其保管之机关;凡关于地方之古迹古物,责成地方政府负保护之责;凡关学术文化之古物,由本会斟酌核拨于中央各文化学术机关,以供研讨;对于其他已发现之古物古迹,皆予以登记,并妥筹保管方法;对于未出土古物之发掘,严密监督等。12月,该委员会通告各部会、各省市政府、各军事机关、各大学校、各公私学术团体周知。[《命令·实业部训令》总字第12773号,《实业公报》第209、210期合刊,1935年1月19日]

7月27日

与顾颉刚、范文澜、容庚、李一非等20余人在中山公园水榭参加通俗读物编刊社会议,决定"分头捐款、讨论章程、选举职员,是为读物社正式成立之第一章"。[《顾颉刚日记》第三卷,第216页]

8月12日

因专心于陕西考古事业,且"对办理学校行政颇感厌倦",拒绝了出任河南大学校长的邀请。① [《徐炳昶不就河大校长,秋凉后仍返陕》,载《新秦日报》1934年8月12日]

9月1日

北平考古学社召开成立大会,主要发起人容庚、徐中舒、董作宾、商承祚等,社员分为三种,"一、对于考古有相当之成绩者;二、对于考古有相当兴趣,而致力他种学问,可为吾人之助者;三、对于考古有相当兴趣、相当研究而可

---

① 另据李经洲、许绍康主编《河南大学百年纪事》(河南大学出版社2012年版)载,是年8月,校长张仲鲁辞职,省政府主席刘峙同意教务长许蓬熙任代理校长,后改任杜俊为代理校长。次年1月,行政院文官处明令杨震文为河南大学校长。

以深造者"。为第一期会员,通信地址:北平后门白米斜街(后改为后门西皇城根12号)。[燕京大学考古学社编:《考古月刊》第1期,1934年12月]

9月9日

北平研究院成立五周年纪念会,以史学会考古主任名义作史学研究会工作报告。[《国立北平研究院院务汇报》1933年第5卷第6期]

9月12日

下午,胡适到中南海怀仁堂参观徐旭生等在陕西发掘的古物。之后,先生到胡寓所交谈。[曹伯言整理:《胡适日记全集》第七册,第143页]

10月14日

蒋梦麟主持刘半农先生追悼会在北大二院大礼堂举行,与胡适、马幼渔、杨仲子、郑天挺(字毅生)、樊际昌、李书华、周肇祥、江瀚、江庸等500余人参加。[朱洪:《刘半农传》,东方出版社2007年版,第266页]

11月19日

与苏秉琦等11人开始斗鸡台第二次发掘,设陕西考古会办公处于斗鸡台陈宝祠。

12月22日

经耿寿伯①转与滕固②覆电,因(斗鸡台发掘)工作繁忙,无法返西安讨论陕西古物保管问题,邀请滕固等人前往宝鸡视察。[滕固:《征途访古述记》,商务印书馆1936年版,第52页]

---

① 耿寿伯(1888—1958),河北人,时任陕西省政府秘书长。
② 滕固(1901—1941),字若渠,上海人,时任中央古物保管委员会委员。1934年与黄文弼被派往河南、陕西视察古迹古物保存状况,12月19日曾电同为中央古物保管委员会委员的徐旭生,会商陕西古物保管问题。

是月

致函陕西考古会,提议维护庙宇石碑,使古代文化建设借以保存。次年1月9日,陕西省政府复函考古会,批准"据委员徐旭生提议禁止毁坏古代碑碣,以重文化一案"。[罗宏才:《陕西考古会史》,陕西师范大学出版总社2017年版,第373页]

是年

协助冯友兰购置北平白米斜街张之洞故居房屋,与常惠两家先入住。1937年夏,冯友兰、张岱年两家入住。[徐恒:《日寇统治时期的白米斜街3号》,《百年潮》2004年第1期]

与秉志(字农山)、李麟玉、翁文灏、沈尹默、沈兼士、钱玄同、陈垣、马衡、陶孟和等16人被北京大学聘为名誉教授。[萧超然等:《北京大学校史(1898—1949年)》,上海教育出版社1981年版,第201页]

1935 年·47 岁

1月1日

11点，率领所有发掘工作人员合唱黄遵宪(字公度)所写的《出军歌》中"敢、战、必"三阕，以激同仇之情绪。中午吃饺子，下午共同游戏。[《日记》，《徐旭生文集》第9册，第758页]

附《出军歌》"敢、战、必"部分："怒搅海翻喜山撼，万鬼同一胆。弱肉磨牙急欲啖，四邻虎眈眈。今日死生求出险，敢敢敢！剖我心肝挖我眼，勒我供贡献。计口缗钱四万万，民实何仇怨。国势衰微人种贱，战战战！国轨海王权尽失，无地画禹迹。病夫睡汉不成国，却要供奴役。雪耻报仇在今日，必必必！"[《黄遵宪集》(上卷)，天津人民出版社2003年版，第348—349页]

2月16日

北京大学公布名誉教授(共16人)名单，被聘为哲学系名誉教授。[《北平晨报》1935年2月17日]

2月24日

在北平沙滩街21号参加西北科学考察团第四次理事大会，同会者有梅贻琦、陈受颐、袁同礼、沈兼士、马衡、袁复礼等。会议临时主席为袁复礼，记录

沈仲章。[转引自雷强:《袁同礼年谱长编》(二),中华书局 2024 年版,第 578 页]

3月23日

斗鸡台工地发生塌方事故,施工现场工人三人被压,救出二人,一人遇难。迅速处理事故,并向西安等地相关部门通报情况。①

3月27日

就工地事故致信陕西省政府主席邵力子,对邵的"关注殷切,至深铭感",通报事故大致经过及处理措施;表示自己"疏忽之咎,不能辞,亦不敢辞","此后惟有督率同人,益矢勤勉"。②

4月26日

斗鸡台开工一周年纪念,到县城会县长王静涵。在东岳庙、城隍庙、净土庵等处考察古物保护等。[《日记》,《徐旭生文集》第 9 册,第 789—790 页]

5月8日

与何士骥、苏秉琦等出外考察,目的地为大散关、和尚原、鸡峰等地。

5月18日

中国博物馆协会于北平景山公园绮望楼召开成立大会,作为发起人与马衡、袁同礼、李济、傅斯年等 15 人被选为协会执行委员。③ 28 日,第一次执行委员会议上,签订为任期二年的执行委员。[《中国博物馆协会会报》第 1 卷第 1 期,1935 年 9 月]

---

① 《徐炳昶致邵力子信》1935 年 3 月 27 日。信函原件存二里头夏都遗址博物馆。
② 信函原件存二里头夏都遗址博物馆。
③ 第一届执行委员名单:马衡、袁同礼、朱启钤、沈兼士、徐鸿宝、李济、翁文灏、李书华、钱桐、胡先骕、徐炳昶、叶恭绰、丁文江、严智开、傅斯年。

是月

被聘为故宫博物院文献馆专门委员。[徐旭生著,罗宏才注释:《徐旭生陕西考古日记(1933年2月11日—1935年6月14日)》,陕西师范大学出版总社2017年版,第3页]

6月2日

参加陕西考古会会议,报告会务,谈与作考古事业之机关联络,与外省博物馆交换古物及赠送北平研究院、中央博物馆古物等事。[《日记》,《徐旭生文集》第9册,第819页]

6月3日

晤连定一与其父雅堂(连横)先生。雅堂先生著《台湾通史》者,"近研究台湾语,觉其古音甚多。又言台湾在孙吴赤乌年,已通中国。近日人得赤乌瓦当十数,藏于台湾博物馆"。对于《通史》,希望其能增补史料,重行印刷。[《日记》,《徐旭生文集》第9册,第820页]

7月20日

参加北平研究院各所会组联席会议,讨论六周年纪念、总结一年工作等议题。[《国立北平研究院院务汇报》第6卷第4期,1935年7月]

是月

代表国立北平研究院出任中央古物保管委员会委员。[国立北平研究院:《公函内政部》,载《国立北平研究院院务汇报》1935年第6卷第4期]

9月11日

在南京国民政府内政部,出席中央古物保管委员会第三次全体委员会议,同会者有许修直(主席)、滕固、蒋复璁、朱希祖、马衡、董作宾、舒楚石、黄文弼等人。参与各议案的讨论与决定,领衔与马衡提出议案:《请参考各国保管条例从速制定国宝法以为保管古物之标准》；附议黄文弼、朱希祖等所提《与陕西省政府合组整理碑林并请中央补助经费》《请通令各省市县，凡陵墓所在地，距陵墓一百公尺以内，所有土田，概收公有，俾得种植树林》等议案。上述议案，均决议通过。[中央古物保管委员会编：《中央古物保管委员会议事录》第二册，1936年6月，第1—6页]

9月12日

派龚元忠、马丰到磁县（属河北省）、武安县（时属河南省）南北响堂寺进行文物普查及研究保护工作，历史组主任顾颉刚同行。

9月17—29日

与顾颉刚等考察南北响堂寺及周边遗址、文物；又至临漳县邺镇铜瓦台遗址、讲武城遗址、赵王城、丛台等处考察，经邯郸、顺德、定县（今河北定州市）返北平。[《顾颉刚日记》第三卷，第291页]

9月22日

发表《向计画黄河治本办法者进一言》，署名"旭生"。提出"凡关于黄河上游的一切办法，全要扩充于黄河一切的支流"。建议：1. 在支流诸河，速筹设水文站，测验水量，如能对于内中所含之泥沙量亦测验登录则更佳；2. 除沿各河岸植树造林外，顶主要的就是保护旧有的林木；3. 支流引水开渠还很有扩充的余地。"要之救治黄河，必须不急近利，不惑浮言，信用科学。"[《独立评论》第169号，1935年9月22日]

10月

国民政府内政部呈报行政院并公布中央古物保管委员会委员名单，主任委员为许修直（内政部次长，后张道藩），李济、叶恭绰、黄文弼、朱希祖、蒋复璁、董作宾、滕固、舒楚石、卢锡荣、马衡、徐炳昶、袁同礼、张锐为委员，滕固、李济、叶恭绰、蒋复璁为常务委员。① (9月5日,该委员会开始办公)[《内政公报》1935年第8卷第20期,1935年10月]

12月9日

北平大中学生数千人举行抗日救国游行示威,反对华北自治,要求停止内战,一致抗日。此举得到社会各界积极支持,形成了遍布全国的"一二·九运动"。

12月31日

与顾颉刚、何士骥在怀仁堂布置张挂碑版拓本。[《顾颉刚日记》第三卷,第424页]

---

① 是年,国民政府修正《中央古物保管委员会组织条例》,规定:中央古物保管委员会隶属于内政部(原直属行政院);以内政部常务次长为主席委员,并由内政部聘请古物专家四人至七人,教育部、内政部代表各二人,国立中央研究院、国立北平研究院代表各一人为委员组织之。就委员中指定常务委员四人,主席委员为当然常务委员。(见《立法院公报》第75期,1935年11月)

1936 年·48 岁

1月10日

出席北平研究院史学研究会《史学集刊》编辑委员会成立会。委员长顾颉刚,与李书华、孟森、陈垣、沈兼士、洪业、张星烺、常惠、吴世昌(字子臧)、何士骥等出任委员。[《国立北平研究院院务汇报》1935年第6卷第6期]

4月4日

中国哲学会第二届年会在北京大学第二院宴会厅举行,与胡适、冯友兰、汪奠基、傅铜、张东荪、彭基相、马叙伦、朱光潜、周叔迦、赵尔谦等40余名会员参加。7日下午,宣布中国哲学会正式成立。晚,召开会员大会讨论简章,选举职员并讨论会务。[《新北辰》第二卷第四期1936年4月15日]

是月

发表《校金完颜希尹神道碑书后》,署名"徐炳昶"。[《史学集刊》第1期]

5月8—18日

从北平坐火车经邯郸换车到涉县(时属河南省)唐王峧、安阳宝山考察北朝及隋唐造像。其间到访中央研究院安阳发掘团,在安阳水冶镇会晤译学馆同学李次贞。得知安阳中学校长张天骥对宝山地区矿产、文化等调查已久,并有作志之愿。答应为即将书成的《宝山志》作序，希望早日整理完竣，早日出版。[徐炳昶：《唐王岐及宝山调查报告》，《国立北平研究院院务汇报》1936年第7卷第4期；张天骥：《我在安阳中学二十余年》，《河南文史资料》第27辑，1988年]

5月24日

禹贡学会成立大会在燕京大学临湖轩召开，与顾颉刚、钱穆（字宾四）、冯家昇（字伯平）、谭其骧、唐兰（字立庵）、王庸等7人被选为理事。[《顾颉刚日记》第三卷，第477、480页]

5月28日

在西安，上午往见陕西省政府主席邵力子。[《日记》，《徐旭生文集》第9册，第827页]

5月31日

在西安与苏秉琦参观防空展览会。"空中战及化学战本属惊心动魄之事，观过后，惊心动心之程度更形增加。防毒气事学术界应竭力研究，以求效力之增加。单单空洞宣传，尚无大效力。"[《日记》，《徐旭生文集》第9册，第829页]

6月2日

应邀参加邵力子宴请，在座者有刘文典（字叔雅）夫妇、李仪祉、张扶万、龚贤明等人。席间，刘文典言日人决定拥溥仪建满洲国，实在宣统二年！散席后，同刘文典往其所住之西京招待处，谈至十点半始出。[《日记》，《徐旭生文集》第9册，第830页]

6月5日

上午，与刘文典夫妇同坐车出城，到杜公祠，遇张继。张派人为向导，到灵感寺、香积寺游览。[《日记》，《徐旭生文集》第9册，第831页]

6月6日

与刘文典到马回回家看古董,并请其介绍到回教大寺参观。再到招待处,谈至下午始归。"叔雅人极聪明;虽名士习气甚大,而尚规规矩矩作学问;人亦坦直清白。此次快谈数日,相互认识又进一层。"[《日记》,《徐旭生文集》第9册,第831页]

6月9日

与陈子怡同行,外出考察。[《日记》,《徐旭生文集》第9册,第832页]

7月

为表彰西北科学考察团的学术贡献,与袁复礼等人获瑞典政府赠予的勋章,由国民政府外交部转颁。[《科学月刊》(上海)第20卷第7期,1936年7月,第595—596页;又见《图书展望》第1卷第7期,1936年7月,第83页]

8月15日

在北平研究院参加会议,讨论七周年年会事宜。参加者有李书华、李麟玉、严济慈、杨钟健、顾颉刚等。[《顾颉刚日记》第三卷,第518页]

8月22日

参加禹贡理监事会议,会后在同和居午餐。[《顾颉刚日记》第三卷,第520—521页]

8月27日

与顾颉刚在西来顺饭店宴请为《禹贡·回教与回族专号》有所贡献者,马松亭、赵振武、薛文波、王日蔚、白寿彝、单化普、韩儒林等人参加。席间,就沟通回汉关系发表看法,主张"在回民本身应当多与外界接触,设法去了解外界的情形,研究科学以为应付的方法。外界也去和回教接触,研究回教的道理,双方调整,俾获实效"。[《顾颉刚日记》第三卷,第523页;《徐炳昶先生演讲

词》,《成师校刊》第 3 卷第 25 期,1936 年 9 月 5 日]

8 月 31 日

在北平,与顾颉刚、韩儒林参观成达师范学校①,并发表关于科学与宗教的演讲,指出"科学与宗教皆告诉我们人生的最高目的","宗教很深刻的指示我们人生的最高目的;而科学很严密的指示吾人达到目的的方法,二者关系,至为密切"。[《成师校刊》第 3 卷第 25 期,1936 年 9 月 5 日]

是月

获瑞典君主赠予三等"华沙章"一座。[徐旭生著,罗宏才注释:《徐旭生陕西考古日记(1933 年 2 月 11 日—1935 年 6 月 14 日)·徐旭生小传》,第 2 页]

9 月 9 日

出席国立北平研究院成立七周年纪念会议,作题为《陕西最近发现之新石器时代遗址》的专题演讲,并就与国立北平图书馆合组拓片展览会经过作了说明,并专门介绍了南阳汉画像:"在东汉时代,南阳的阔人很多,有在墓石上刻画像的风气,所以南阳的汉画像很多,在巷尾街头上走,常常可以看见墙里或地下埋着一块石头,上面就有汉画像。从前董彦堂(作宾)、关百益诸人曾经搜集若干,在中华书局印出,但那是极小一部分。此次是一个同乡孙文青搜集的,现在总算顶完善的一份。但是石刻那样的多,恐怕还有不少的遗漏。比方说:我在前两年前回家——南阳——去的时候,在博望驿东门外一坐(座)桥的桥洞底下及阁门墙上,就看见好几块汉画像,此次搜集中,大约就未必有。"[徐炳昶:《北平研究院与北平图书馆合组拓片展览会之经过》,《国立北平研究院院务汇报》1936 年第 7 卷第 6 期]

---

① 成达师范学校,1925 年创办于济南,1929 年迁至北平东四牌楼清真寺内,董事长马福祥,校长马松亭。

中旬

根据上年夏与国立北平图书馆谢国桢①商定,经过精心筹备,国立北平研究院与国立北平图书馆合组拓片展览会在怀仁堂、福昌殿举办。包括了陕西茂陵、昭陵、南阳宗资墓、南北响堂寺等处收集的拓片,其中不少为罕见珍品。

9月20日

晚,应唐柯三、马松亭之约,与顾颉刚在东来顺赴宴,商讨成达师范福德图书馆筹备事宜。[《顾颉刚日记》第三卷,第532—533页]

9月22日

上午,在北平研究院参加响堂石刻编辑委员会会议,参加者有顾颉刚、何乐夫、苏秉琦等。

晚,主持成达师范学校福德图书馆筹备委员会第一次会议,参加会议者有顾颉刚、李书华、陶希圣、冯友兰、张星烺、姚从吾等。会议经讨论决定聘请李书华、陈垣、徐炳昶、顾颉刚、冯友兰、张星烺、姚从吾、陶希圣、白寿彝、唐柯三、马松亭、常子萱、艾宜栽、赵振武、陈树人、赵璞华、王梦扬等17人为福德图书馆筹备委员会委员。公推顾颉刚、唐柯三、白寿彝为常务委员。[《顾颉刚日记》第三卷,第533—534页;《北平成达师范学校福德图书馆筹备委员会第一次会议记录》,《成师校刊》第3卷第25期]

9月25日

为了进一步扩大沟通与交流起见,与李书华、顾颉刚、陶希圣共同在福生食堂宴穆斯林代表唐柯三、马松亭、王梦扬、常子萱、薛文波、达理、艾宜栽、赵振武、孙幼铭、白寿彝、单化普及文化界名流张星烺、姚从吾、王日蔚等人,对福德图书馆筹备及发扬回教文化事宜交换意见。[《顾颉刚日记》第三卷,第535页;《李陶徐顾四先生宴请本校同人》,《成师校刊》第3卷第30期]

---

① 谢国桢,字刚主,河南安阳人,清华研究院毕业,时任北平图书馆金石部主任。

是月

国立北平研究院史学研究会编《南北响堂寺及其附近石刻目录》出版,主要编撰人徐炳昶、何士骥、刘厚滋。包括造像记及碑碣类、佛经类、经幢类三大类。起自东魏末年,下迄明清时期。[国立北平图书馆编印:《图书季刊》第3卷第4期,1936年12月]

10月13日

日本在华北侵略愈紧,为使政府明了真正民意,树立抗日救亡之目标,领衔与顾颉刚、钱玄同、冯友兰等104人联名发表《教授界对时局意见书》,提出反对日人干涉中国内政;反对在中国领土内以任何名义成立由外力策动之特殊行政组织;根本反对日本在华北有任何所谓特殊地位;反对以外力开发华北,侵夺国家处理资源之主权;政府应立即以武力制止走私活动;政府应立即出兵绥东,协助原驻军队,剿伐借外力以作乱之土匪等。

因日人干涉,北平各报均未刊登。14日,上海日文报纸称"殊堪骇诧"。15日,与顾致函燕大学生会要求赞助,学生会派60余人到各校进行推广签名,仅一日有万人赞助。又寄全国各地并译成英文,分发世界各地。[《学生与国家》(北平清华园)第2期,1936年10月25日;《顾颉刚日记》第三卷,第549页;顾潮:《顾颉刚年谱》(增订本),第293页]

10月25日

在北平小红罗厂参加禹贡学会第一次年会,被推为临时主席主持会议。理事长顾颉刚报告一年来之工作及今后计划。[《本会纪事》,载《禹贡》杂志第6卷第6期,1936年11月16日]

是月

发表《对于我国西北问题的我见》,署名"徐炳昶"。认为西北问题"最急切的办法,是恢复农村经济,使农民不至于饿死"。建议筹办研究院之类的机构,"纠合全中国能艰苦工作的科学家,到那边开始调查和研究",利用科学的方法,"将地方各方面的情形一切调查清楚"。提出"陕西延长、新疆天山一带的煤油,新疆的硫磺,茂明安旗巴延鄂博的铁,均在工业上有重要的价值。不畏艰苦,不惮繁重,去努力考查、计画、开发,西北成一个特殊的工业区域,绝不是不可能的事情"。文章认为,西北各民族中间相互的感情问题,"实在是一件顶重要不过的事情",现在要"消除这种误会,非由各族尽心竭力,互相认识,互相谅解,没有其他的办法"。提出必须正视西北地区的问题,"不赶紧急起直追……我们的西北或者不能永远为我们的西北!瞻念前途,实在要使人不寒而栗!"坚信"西北问题是很艰困的,但却是很有办法的","不怕艰困,努力去冲破它,美满的解决,却也并不难找到;至若惧怕艰困,各方面的躲闪,那样的民族本来是应该受天然淘汰的,还有什么话可说!"[《西北文物展览会特刊》1936年5月]

11月13日

与李书华、顾颉刚由北平乘平汉特别快车南下,经郑州、洛阳、潼关,15日晨到达西安。[《李书华自述》,第235页]

11月16日

在西安,与李书华、顾颉刚、刘士林等及陕西方面委员出席陕西考古会第三次会议(第三届年会),代表考古会做工作报告,陕西省政府主席邵力子出席并致辞。[《李书华自述》,第237页]

11月17日

上午10时,与李书华、顾颉刚、刘士林及曾向午、龚贤明等人分乘汽车两辆,由西安动身,赴南五台。晚,陕西方面宴请,张学良、杨虎城、邵力子、张扶万等出席。[《李书华自述》,第243页]

11月18日

与李书华、顾颉刚、刘士林同乘火车赴武功。下午5时,参加北平研究院

与西北农林专科学校合组之中国西北植物调查所开幕典礼。[《李书华自述》，第 247 页]

11 月 21 日

下午 5 时，与李书华、顾颉刚应约往金家巷访张学良，晤谈良久。晚，到九府街，应邀赴杨虎城宴请。[《李书华自述》，第 255 页]

11 月 22 日

与李书华、顾颉刚应约到东北大学工学院讲演，由院长金锡如接待。晚 6 时，与李书华、顾颉刚等在陕西考古会设宴，宴请西安军政各界及考古会同人。[《顾颉刚日记》第三卷，第 562—563 页]

是月

与陶希圣、冯友兰、钱穆等 66 位知名文化人士联名向政府及各媒体发表《请愿书》，要求"政部立即集中全国力量，在不丧国土不辱主权之原则下，对日交涉"，要求"中日外交绝对公开"，"反对日人干涉中国内政，及在华有非法军事行动与设置特务机关等情事"等八项主张。[《海声》（北平）第 1 卷第 1 期，1936 年 11 月 15 日]

12 月 9 日

在北平，与顾颉刚同到清华大学，参加"一二·九"纪念会。[《顾颉刚日记》第三卷，第 570 页]

12 月 12 日

西安事变发生。张学良、杨虎城发动"兵谏"，迫使蒋介石改变"攘外必先安内"的国策，要求停止内战，一致抗日。25 日，以蒋介石接受"停止内战，联共抗日"的主张而和平解决。

1937年·49岁

1月1日

出任北平《民众周报》①主编。

发表《一个作人的要而不备的条件》,署名"徐炳昶"。提出抗敌战争"是中国民族一个最艰苦的战争,这个战争中的任何一个战斗员,均须具有钢铁的身体与坚苦卓绝的德性"。在这场战争中,作人的"一切条件之中,我们认为坚苦卓绝是首先的第一个条件……没有坚苦卓绝德性的人,对伟大的事业来说,就好像病夫一样,不允持久,不能忍毅,亦不会有什么成就的"。[《民众周报》第2卷第1期]

1月7日

李宗侗致信,感谢赠书,关心西安事变后先前发掘古物是否受损,发掘计划"想必为阻"。建议"为免除考古工作停顿计,何不一试夏虚(墟)"。同时就中央研究院历史语言研究所刘燿、郭宝钧发掘报告中的两个问题予以咨询。②

---

① 《民众周报》,通俗读物出版社主办,创刊于1936年10月2日。
② 信函原件存二里头夏都遗址博物馆。

1月8日

发表《我们要求和平与统一》,署名"徐炳昶"。呼吁:"我们希望政府要与各方合作,亦希望与政府合作的方面具有真实的诚意。为国家为民族为严重的国难,我们要求和平与统一。"[《民众周报》第2卷第2期]

1月15日

发表《两种帝国主义:吸血的,吃肉的》,署名"徐炳昶"。[《民众周报》第2卷第3期,1937年1月15日]

在《申报》发表《改新的三个阶段》,署名"徐旭生"。文章认为,中国近百年来的改革经历"中学为体,西学为用""全盘西化"的阶段,证明此路不通。第三个阶段,"解放了旧有成见的桎梏,也摆脱了任何外来成见的束缚,淬厉自有的理性,使它循着它自由的规律尽量地发展",要"认清路径,坚实地、勇敢地、毫无犹疑地向前进行,那我国改革的前途也就要走到光明和坦平的路上是毫无疑义的"。[《申报·星期评论》1937年1月15日]

1月21日

发表《由论运命谈到占课》,署名"徐炳昶"。连载三期。[《民众周报》第2卷第4期、第5期、第6期,1937年1月21日、1月28日、2月6日]

1月28日

下午,与胡适交谈。胡适认为,《民众周报》刊登的《两种帝国主义》一文,"浅薄荒谬"。未予辩解,坦然承认是自己所讲,学生记录,审阅后发表。[曹伯言整理:《胡适日记全集》第七册,第378—379页]

是月

《申报》发布启事,自1月10日起发刊《星期论坛》,特请顾颉刚、徐炳昶、冯友兰等轮流担任撰述。

2月12日

发表《迷信、常识、科学》,署名"徐炳昶"。指出"我们人类在宇宙中间生活,前途茫茫,很像黑夜之中探摸未曾走过的道路一样。惟一的灯火,就是我们的知识","迷信是太粗浅的知识,常识是比较靠得住的知识,科学是精确的知识","我们想在天地中间好好的生活,是用迷信来的昏沉沉的萤火呢?是用常识只能照一点路的纸灯笼呢?还是要用科学这盏异常明亮的汽油灯呢?"[《民众周报》第2卷第7期]

2月19日

发表《再论运命答客问》(一)(三),署名"徐炳昶"。连载两期。[《民众周报》第2卷第8期、第10期,1937年2月19日、3月5日]

3月6日

应胡适与徐森玉之邀,与袁复礼、黄文弼、沈仲章、沈兼士等开会,谈西北科学考察团事务。[耿云志主编:《胡适遗稿及秘藏书信》第17册,第248页]

3月15日

在国立北平大学农学院纪念周演讲,讲"吾人今日应取之路线",陈来崇记录。指出"现吾国复兴前途虽然尚甚辽远,但一线真正曙光,现已看见","因此为兴则可兴,如不自己努力,则亡亦指日可待。故兴亡关键,完全在我"。[《徐炳昶先生在本院三月十五日纪念周讲演》,《农讯》(北平)第52期,1937年6月1日]

3月19日

发表《论准备论》,署名"徐炳昶"。文章对九一八事变以来的两种观点进行分析:一方面忍耐,一方面准备,等到准备完成后,再同敌人拼;反对准备论,主张立刻全体抗战。主张"对于察北冀东,对于走私,对于特务机关,最近不管用什么办法,总得要把它解决了,那时候,我们才能有准备的余裕,才可以一方面忍耐,一方面准备。如果不然,那除了全体起来作拼命的抗争,没有第二条的出路"。[《民众周报》第 2 卷第 12 期]

3月22日

参加福德图书馆筹备委员会会议,同会者有陈垣、李书华、李麟玉、白鹏飞、张星烺、徐炳昶、顾颉刚等。会议决定增加徐炳昶、白鹏飞、马松亭、艾宜栽为常务委员,公推徐炳昶为募集组主任委员。[《福德图书馆第二次筹备员会第二次会议记录》,《成师校刊》第 3 卷第 60、61、62 期合刊,第 254—255 页]

4月2日

发表《东北是我们的生命》,署名"徐炳昶"。文章驳斥"东北是日本的生命线"的谬论,指出"东北不是敌人的生命线,而是我们国家的命脉""敌人抢夺我们的东北四省,就是摧毁我们的生命,就是灭亡我们国家",强调"我们为争取国家生存,为争取民族生存权,只有没有条件的收复东四省"。[《民众周报》第 3 卷第 1 期]

4月9日

与顾颉刚一同宴请傅作义①,请鼓书训练班翟少屏等人演唱《百灵庙》等颂扬傅氏部队战绩之唱本。傅听后,邀训练班去绥远表演。[顾潮:《顾颉刚年谱》(增订本),第 306 页]

4月12日

在陕西,开始斗鸡台第三次发掘。6 月,因天气炎热,力主暂停,待秋后继续工作。

---

① 傅作义,时任绥远省政府主席,第七军团总指挥。

4月20日

发表《科学化与科学精神》,署名"徐旭生"。文章指出:"一个民族的文化是他们精神工作的结晶,在那上面印不上这一个民族特殊的标识,是件不可能的事情","科学中惟一不变的东西是它的精神,最可宝贵的也就是这一种精神","科学的精神一失,那其他的一切全成了呆板的、没有生气的、归结闹成了反科学的"。[《新闻杂志·星期论文选》(杭州)第1卷第24期,1937年4月;原载《申报·星期评论》1937年4月18日]

4月25日

西北移垦促进会在北平艺文中学举行成立大会,与张荫梧、顾颉刚、杨钟健等9人被选为理事。[《顾颉刚日记》第三卷,第637页]

6月22日

西北史地学会在西安召开成立大会,与张扶万、谢文青、梁午峰、党晴梵、吴敬之、张寒杉、黄文弼、王复初等9人被推为理事,理事长张扶万。决定创办《西北史地》杂志。[《西北史地·本会纪事》(西安)季刊第1卷第1期,1938年2月,第131页]

6月29日

与顾颉刚等到成达师范,参加图书馆委员会会议,同会者还有马松亭、艾宜栽(代唐柯三)、常子萱、白寿彝等。[《顾颉刚日记》第三卷,第661页]

7月7日

卢沟桥事变爆发,日军发动全面侵华战争。

7月8日

中共中央通电全国,号召实行全面抗战。

7月14日

在北平研究院召集时事商谈会,与顾颉刚、吴文藻等共同草拟致南京政府电,敦请抗日以抵御外侮。[《顾颉刚日记》第三卷,第665页]

7月17日

蒋介石发表庐山谈话,声言抗战。

7月18日

在《申报》发表《论科学的精神》,署名"徐旭生"。主张"我们一定要用自己的眼睛去看,用自己的耳朵去听,用自己的觉官去感受,用自己的理性去推理","我们所要用的全是自己的,并不是人家的;既不是古人的,也不是外国人的"。[《申报·星期评论》1937年7月18日]

8月13日

日军进攻上海,八一三事变发生。

8月14日

国民政府发表《自卫抗战声明书》。20日,下达国家动员令,划全国战场为5个战区。

8月22日

中国工农红军正式改编为国民革命军第八路军。

9月15日

在西安与张扶万、冯仲翔、黄文弼、程济波等出席茶话会,欢迎西北论衡社白子瑜、刘熹亭由平来陕,加入西北史地学会。会后,召开临时会议,决定国难期间,凡会员之籍贯为东四省者,会费暂缓交。[《西北史地·本会纪事》,1938年2月,第132页]

9月22日

南京中央通讯社全文发表《中国共产党为公布国共合作宣言》,次日,蒋介石发表认同该宣言的谈话,第二次国共合作正式实现。

9月23日

与何士骥、赵纯、傅安华等在陕西考古会与由南京而来的顾颉刚等会面。[《顾颉刚日记》第三卷,第695页]

9月26日

乘车离西安,顾颉刚、李一非等到车站送行。

与钟德昌前往汉中城固。[《顾颉刚日记》第三卷,第696页]

10月25日

发表《我们民众应该督责政府大明赏罚》,署名"徐旭生"。指出:"我们的全体抗战,现在已展开两三个月了。……我们的前方将士,激壮义烈,足以感天地而泣鬼神的事件,实在很多;可是无庸讳言的,畏懦卑劣,苟便私图足以玷污我们民族光荣历史的事件,也还不少!……所以不惟当局诸公应该毅然决然,毫无瞻徇地去处理,就是我们民众,也应该大家赶紧一齐起来,帮助政府,督责政府,使他们不得不积极去处理,使他们感觉到民众全体能为他们的后盾,敢于毫无犹疑地去处理,那抗战的前途才能有光明的希望。"提出:"无论什么国家,如果不想胜利则已,如果想得胜利,除了赏信罚必以外,绝没有第二种的办法","今日我们的国家民族处在这样生死存亡的关头,一定要赏信罚必,才可以希望渡过这个难关"。[《烽火》旬刊①(西安)第2期,1937年10月25日]

---

① 《烽火》旬刊,1937年10月15日创刊于西安,编辑委员有陶希圣、顾颉刚、徐炳昶等10人。(见《陕西省志·报刊志》,陕西人民出版社1993年版,第212页)

11月1日

西北史地学会召开例会,推举张扶万、徐炳昶、穆济渡为征文评阅委员;推举张扶万、徐炳昶负责审查季刊稿件,交编辑筹划付印。[《西北史地·本会纪事》第1卷第1期,1938年2月,第133页]

11月4日

在陕西城固,上午与许季黻①、何士骥等5人在西北临时大学办公处阅国文卷,当日阅60本。晚,在陕西省建设厅礼堂参加欧美同学会会议,到会约50人。会议决定给太平洋会议主席及中国出席代表各打一电,谴责日本对中国的侵略。[《日记》,《徐旭生文集》第9册,第838页]

11月7日

写训练民众要而不足的条件。[《日记》,《徐旭生文集》第9册,第839页]

11月10日

写《怎么样到乡下去宣传》一文。[《日记》,《徐旭生文集》第9册,第840页]

11月12日

接顾颉刚信,复之。[《日记》,《徐旭生文集》第9册,第840页]

11月13日

在西安,上午开会商议斗鸡台发掘事宜,发现此时开工,有种种困难。第一,近日战局变化颇快,而工程颇紧张,如至中途而时局紧张,将无法收拾。第二,如再出车型,而已结冰,土经融化而碎,将无法工作。乃决定暂缓工作。

---

① 季黻,又作季茀,即许寿裳,浙江绍兴人,时任国立西安临时大学史学系主任。后任台湾大学教授,1948年在台湾大学被暗杀身亡。

11月15日
在西安,为《西北论衡》杂志写《大申军纪》;下午,参加西北史地学会会议;晚,在西京招待所参加西安临时大学开学宴请。[《日记》,《徐旭生文集》第9册,第841页]

11月17日
上午,写《标准青年国难时期的最低生活条件》一文,未完。[《日记》,《徐旭生文集》第9册,第842页]

11月19日
在西安,见蒋鼎文①,被告知晋南及江浙形势,对战局转好表示乐观。[《日记》,《徐旭生文集》第9册,第843页]

11月20日
国民政府正式发表宣言,决定迁都重庆。

11月27日
为《战时民众》写《到乡村工作时候应有的几个疑问》一文。[《日记》,《徐旭生文集》第9册,第846页]

12月1日
被西北论衡社聘为战时西北问题讨论会导师。[《日记》,《徐旭生文集》第9册,第847页]

---

① 蒋鼎文,字铭三,时任军事委员会委员长西安行营主任。

12月2日

在西安,到刚迁来的通俗读物编刊社,见诸同人,谈将来计划。[《日记》,《徐旭生文集》第9册,第847页]

12月8日

坐车离陕西,下午2点余到河南南阳,暂住南阳女子中学。[《日记》,《徐旭生文集》第9册,第848页]

12月9日

参加南阳平津同学会在汉画馆举行的"一二·九"周年纪念会,发表讲话,"告以勿悲观、练习吃苦二谊"。晚,参加女中宴请,同席有别廷芳(河南第六专署十三县民团司令)、朱玖莹(河南第六区行政督察专员)、杨鹤汀(南阳女子中学校长)等。[《日记》,《徐旭生文集》第9册,第848页]

12月10日

在女中向学生讲演,"告以时局之严重,勉其自下吃苦决心,及培养组织能力;后者必须目光远大及对民众有深挚的同情,始能达到目的"。

与平津返宛同学数人谈(抗日)宣传事。[《日记》,《徐旭生文集》第9册,第849页]

12月11日

上午,看壮丁训练所拟编训壮丁办法,并提修订意见;请平津同学会二人来,帮助起草《宣传队之办法》。

与陶东秩(时任南阳县长)、赵芝庭(南阳抗敌自卫团副司令)同往见专员朱玖莹,建议致电豫皖绥靖公署,制止以抗日为名收编土匪并借机收缴民间枪支的行为。[《日记》,《徐旭生文集》第9册,第849页]

12月12日

列席专员公署召开的县政会议并应邀发言,称敌人三月后,恐即来到南阳,故三月内必须筹备完毕。所筹备者,为恢复地方秩序,加紧宣传,统制粮食,训练有枪壮丁及无枪壮丁等事。

与王友梅(泌阳士绅,后任南阳专员)谈,对取消警备队、改编义勇壮丁常备队等举措表示隐忧。[《日记》,《徐旭生文集》第9册,第850页]

12月13日

到南阳中学讲演,"谈至痛处,不觉涕泗滂沱,听众亦多泪涟"。下午,河南大学学生所组话剧团请往指导;晚,到宛中看话剧《逃往何处去》(即《放下你的鞭子》)等。[《日记》,《徐旭生文集》第9册,第850页]

是月

在南阳积极宣传抗日及批评当局的言论,引起专员朱玖莹强烈不满并欲以"同情共党"之名逮捕或驱逐。经陶东秩以避免"引起全国知识界的公愤"为由劝说而作罢。[陈浴春:《南阳文人陶东秩》,载《河南文史资料》第34辑,1990年,第92页]

1938 年·50 岁

1 月

由南阳返回唐河县,先后在县城、源谭、祁仪等处,召集民众大会,发表演说,进行抗日宣传。倡导开办抗敌游击训练班并亲任教员,培训抗日力量。[唐河县地方史志编纂委员会编:《唐河县志·大事记》,中州古籍出版社 1993 年版,第 34 页]

兼任唐河县立中学和师范校长。[唐河县地方史志编纂委员会编:《唐河县志·人物·徐旭生》,第 706 页]

1 月 17 日

国民政府公布修正军事委员会组织大纲,改组军委会。军委会政治部下设第一、二、三厅,以及设计委员会、指导委员会等。

同月

北平研究院副院长李书华由北平—天津—上海—香港转赴汉口,接洽经费及迁云南事宜后再赴香港,组织北平研究院临时办事处。[《李书华自述》,第 121—122 页]

2月15日

《西北史地》季刊出版,为其撰写的《导言》中,概括介绍了中外历史、地理学科的发展,指出"西北方面的历史地理,就又有特殊的情形",欧美学者因中西交通史的研究而注重西北的重要通路作用,对西北某些方面的了解反倒比中国学者更精详、清楚,"这真是我国学者的奇耻大辱,如果不赶紧设法挽救,仍沿着谈及我国自己问题,必须要引用外国书籍的习惯,恬不为怪,那弃地不守,疆土沦亡,正是这种漠视的必然结果"。值此抗战时期,"同人等或因年龄,或缘职守,未能执干戈以卫社稷,只好加紧工作,不荒所业以尽书生报国的本分"。表示将"竭忠尽智,遵守着怀疑与实证的大路,不轻信,不务速成,言必核实,事必求证,以期对于所业,稍有贡献"。[《西北史地·导言》季刊(西安)第1卷第1期,1938年2月15日]

4月

北平研究院昆明办事处成立,地址黄公东街10号。后北平研究院总办事处及物理、化学、史学研究所迁至昆明北郊黑龙潭。[《李书华自述》,第123页]

5月1日

发表三幕话剧剧本《征兵》(被征、被敌人征、送行三幕),署名"徐旭生"。

编辑后记称:"徐旭生先生,读者也许知道,是不大常写文艺的,写戏剧说不定还许是第一次呢。一个大教授在文艺方面的处女作,不是很可宝贵的吗?"[《抗到底》半月刊(武昌)第9期,1938年5月1日]

5月10日

发表《今日知识青年应走的三条路》,署名"徐旭生"。认为"空发牢骚和流眼泪,也是今日有知识的青年最不应该有的态度","一切的青年全应该认清自己的环境,尽着自己的能力,加紧工作,勇往争先,那我们的国家民族才能有救"。青年面临着三条道路的不同选择:"第一,如果性质沉潜,环境允许,能拼命地去求知识,去研究,拿学术去救国!那是一条很光明的大道";"第二,如果性情热烈,急着救国,那就不妨投笔从戎,受过训练后,同敌人去拼命……执干戈以卫社稷";"第三,救国心急而性质笃实的青年也不妨投身去作下级的公务人员"。[《努力》旬刊(海门台州中学)第4期]

是月

应邀到汉口出任军委会政治部设计委员会委员①,并参与筹办通俗报纸《国民周报》。后发现主办者仅借助其声望,另有冀图,遂放弃并返回南阳。其间,经人介绍加入国民党。又被劝从事党务工作,因对党部所采压制民众及反共政策不满而拒绝。[《徐旭生自传》,《河南文史资料》第14辑,第116页]

在汉口参加全国文艺界抗敌协会关于"怎样编制士兵通俗读物"座谈会,主持人老舍,参加者有蒋锡金、方振武、田汉等10多人。方振武讲,目前在前线参加抗战的队伍,就有许多是新从农村里出来的老百姓。前线士兵的生活很枯燥、呆板、机械,急于需要供给大量的通俗文艺读物来充实他们的生活。先生在方发言时强调,"兵士本多来自田间,所以兵士与民众的生活有相同之处;不过,现在一在前方作战,一在后方作事,生活自然又有不同之处,所以写的时候应注意这是给士兵读的,那是给民众读的","作家们写好后,应该拿到伤兵医院去念给伤兵们听,然后再发表。人们是受智识支配的,也受感情支配的,我们应该多注意失去的几省,从这里面去找题材,使人人有收复失地的决心","形式的新旧倒不甚成问题,最要紧的是能够渗透大众的生活,和所用的字汇与包括在字汇之内的观念。……另外一个中心问题,就是生活。譬如写坐在沙发上的生活,一个农民无论怎样不会感到兴趣的。要使士兵有兴趣读下去,必须是直接间接跟士兵有关系的文章。我们必须摸清楚这一点,我们的文章才能成功,才能使人流泪。新剧在农村里演出也未始不可以成功,

---

① 1938年初,军委会政治部成立。设有设计委员(会)及技术委员(会),承部长、副部长、秘书长之命,分别办理设计及交办事宜。(见袁继成、李进修、吴德华主编:《中华民国政治制度史》,湖北人民出版社1991年版,第490页)

只要与农民的生活能够发生关系"。

向会议提交了一份通俗读物编刊社的宣传纲要,由老舍宣读。[《抗战文艺》(汉口)第1卷第5期,1938年5月21日]

6月4日

继续写《关于旧瓶装新酒》一文。

下午,到军委会政治部,见张申府、萧一山①等。参加设计委员会全体会议,部长陈诚讲第三期战事的中心为"保卫武汉",并表示,第三期战事比第二期更有把握。[《日记》,《徐旭生文集》第9册,第851页]

6月6日

到政治部,与张申府谈,为民运未能开展而感慨。下午,与段绳武②谈民运事。访张含清③,得赠其所著《时代教育讲稿》。[《日记》,《徐旭生文集》第9册,第852页]

6月7日

中午,农工银行宴请李石曾,作陪。晚,为老向④《抗日三字经》写一短序。[《日记》,《徐旭生文集》第9册,第851—852页]

6月8日

到政治部见何联奎⑤,询问《国民周报》创办事,话甚不投机。顿觉如不能参与办报之事,则"此次来武汉或又虚行矣"。下午,写一函给陈诚部长。

---

① 张申府、萧一山,时任军委政治部设计委员会委员。
② 段绳武,时任军委会政治部设计委员会委员,通俗读物编刊社副社长。
③ 张含清(1897—1985),山东邹平人,毕业于北京大学哲学系,时任军委会政治部设计委员会委员,全国抗敌救亡总会组织部长。
④ 老向,即王焕斗,字向辰,时任《抗到底》杂志主编。
⑤ 何联奎,字子星,时任军委会政治部第三厅秘书,设计委员会委员。

[《日记》,《徐旭生文集》第 9 册,第 853 页]

6月9日

到部中往谒周恩来①副部长,未见。写《通俗文艺深入民众的两重要条件》一文,10 日完成。[《日记》,《徐旭生文集》第 9 册,第 853—854 页]

驻武汉党、政、军机关开始撤退,党、政机关迁重庆,军事机关迁湖南。

6月10日

写信与教育部次长张道藩,请其拨发通俗读物编刊社三、四、五月份的补助费。

下午,冯紫岗②来谈。[《日记》,《徐旭生文集》第 9 册,第 854 页]

6月11日

在通俗读物编刊社,草成社歌一首与同人看,有各种意见,尚需修改。社中发教育部公函一件,请其继续并增加补助费。并以私人名义,与张道藩一函,请其帮忙。下午到部,4 点开会,陈诚部长谈及叶南及李公朴③,言其捣乱性成,甚为忿怒。尚钺④来谈。晚,社中座谈会,谈民间剧问题,谈论颇详。
[《日记》,《徐旭生文集》第 9 册,第 854 页]

6月12日

武汉会战开始。至 10 月 25 日武汉沦陷。

---

① 周恩来,时任军委会政治部副部长。
② 冯紫岗,时任湖北省立农业专科学校校长。
③ 叶南,叶楚伧长子,时任军委会参谋;李公朴,救国会七君子之一。
④ 尚钺,字健庵,时在军委会政治部第三厅工作。

6月13日

据段绳武听传言,黄河(花园口)乃自掘以阻机械化部队西进。与日前报载敌人将黄河扒开之说不同。[《日记》,《徐旭生文集》第9册,第855页]

6月17日

何联奎传达部长决定,与何联奎、卫惠林、毕修勺①等4人商办《国民周报》。[《日记》,《徐旭生文集》第9册,第856页]

6月18日

继续写救济中学失学学生计划。10点,到政治部参加设计委员会会议,部长陈诚谈教育意见甚多。与其他8人被指定为教育设计委员并被邀参加座谈,讨论为流亡学生设计,在鄂北、鄂西集中湖北中学生进行训练,开办教员暑期讲习会,对于鄂西之国防设计等四事。[《日记》,《徐旭生文集》第9册,第856页]

6月19日

晚,到张含清寓,商议鄂西建设问题及教育问题,次日晚再谈。[《日记》,《徐旭生文集》第9册,第857页]

6月20日

第一次参加政治部纪念周,部长讲话甚长,因天热人多,有中途晕倒被扶出会场者。散会后,参加讨论鄂西建设及教育问题会议。[《日记》,《徐旭生文集》第9册,第857页]

6月24日

到政治部开会讨论鄂西问题,决定将襄(阳)、郧(阳)、荆(州)、沙(市)包

---

① 卫惠林,时任中山文化教育馆研究员、中国社会学学会主席;毕修勺,时任《扫荡报》总编。

括其中。先规定项目,派员考察,再定具体计划。[《日记》,《徐旭生文集》第 9 册,第 859 页]

6 月 26 日

写《我们自己就是那必争的一子》一文。[《日记》,《徐旭生文集》第 9 册,第 860 页]

6 月 27 日

到政治部,询何联奎《国民周报》何时付印,仍借词推延,谓稿子尚有问题。遂"严词责之,谓稿子有问题,应该第一次全指出来,何得第一次指出三点,第二次指出四点,第三次又要指出五点!"与卫惠林、毕修勺商议,决定第一期于七月七日印出,以后每周三印成,周四发行。[《日记》,《徐旭生文集》第 9 册,第 860 页]

6 月 28 日

与王真、赵纪彬①谈对《我们对于旧瓶装新酒的看法》一文的看法,双方根本意见无差异。解释"我们当日并没有把通俗文艺看成政治的工具,却看成一种重要的社会事业。政治范围较狭,至社会范围,则比文艺广,并且比它重要。至于战后,当辛苦建国的时候,开发民知,当为最重要的一件事,因此通俗文艺的重要,止能增加,绝不会减少"。下午,对该文进行修改。[《日记》,《徐旭生文集》第 9 册,第 861 页]

6 月 29 日

拟用报载《一件冷酷事实的教训》之事实作一部短话剧,与社中同人讨论,结果拟作多幕剧及独幕剧两种,决定自己执笔独幕剧。[《日记》,《徐旭生文集》第 9 册,第 861 页]

---

① 王真,即王日蔚,时任通俗读物编刊社总编辑;赵纪彬,笔名向林冰,时为通俗读物编刊社编辑。

7月1日

发表《我们对于旧瓶装新酒的看法》，署名"虚生"。文章介绍，"旧瓶装新酒"是通俗读物编刊社基于抗战爆发，"一切的文艺作家，没有再藏到'象牙之塔'里面的可能，全感到深入农村的必要"而提出的口号，此口号逐渐得到文艺界的赞同。通俗读物编刊社当时提出此口号的动机是：第一，我们全国的广大民众有迫切获得知识的需要；第二，广大民众对于抽象的、空洞的教训不乐于接受，他们所希望的是富有兴趣的东西；第三，无论何种人民，对于他们所不习见的东西，总抱有歧视或讨厌的心理。其内涵是"利用旧日民间习用的形式，给他们（民众）灌输新知识"，比如"竹板快书，一半演唱，一半讲述，对于救亡文艺，尤为适宜"，"乡民好听故事，评书也最好利用"，当然，"对于一切的旧体裁绝不是无拣择的乱用"。文章进一步论证，与艺术形式相比，"问题的中心，却在于我们所描写的是那一类的生活"，如果我们所描写的生活正是他们（民众）所习见的生活，切近他们的生活，他们才可以受感动，这超过了形式问题。因此，抗战时期的文艺大众化，文艺作家必须加入到他们的圈中，真实参加他们的生活，了解他们的苦痛，体会他们的内心，把这些真真实实的东西描写出来，才能形成"极有效的宣传文件"，"写出顶伟大的文艺作品"。文章最后指出，"通俗文艺将来对于救亡工作是否能大有贡献，对于文艺自身，是否能生相当的影响，是实在作的问题，不是讨论空洞的原则所能了事"。[《抗到底》半月刊第 13、14 期合刊]

到政治部，同自东战场归来之郁达夫①相晤。"问浙江民运，亦无起色，殊堪浩叹！"[《日记》，《徐旭生文集》第 9 册，第 862 页]

7月2日

到政治部，参加《国民周报》编辑会，然有人忘掉，有人不到！"作事如此，人心如此，殊堪痛恨！"决定再等候数日，如仍无下落，即当辞职去，"不能在此

---

① 郁达夫，时任军委会政治部设计委员会委员，参加第三厅工作。

混饭吃也!"

晚,参加通俗读物编刊社座谈会,讨论大鼓、竹板书、坠子等类之历史及利用写作问题。[《日记》,《徐旭生文集》第9册,第862—863页]

7月4日

到政治部参加纪念周。黄琪翔副部长任主席,"其谈话亦有条理,似胜于陈(诚)之刺刺不休"。

参加《国民周报》编辑会,因纸张关系,改为《旬报》。强调极力推进,然七月七日出版,已不可能。[《日记》,《徐旭生文集》第9册,第863—864页]

7月6日

国民参政会第一届第一次会议在汉口开幕,到会参政员130余人,听取政府各部部长的报告,通过《具体规定检查书报标准并统一执行案》等提案,选举25人为驻会委员,宣告国民参政会正式成立。

7月7日

到汉口司门口献金台,献金20元。[《日记》,《徐旭生文集》第9册,第865页]

7月10日

到汉口中山公园第一茶厅参加全国文艺界抗敌协会谈话会,到会者二三十人,主席老舍。交纳会费两元。[《日记》,《徐旭生文集》第9册,第866页]

7月11日

修改剧本《事实的教训》中的词句,改名为《军民合作》。后发表于《抗战文艺》(1938年第2卷第2期),署名"徐旭生"。[《日记》,《徐旭生文集》第9册,第866页]

7月13日

日军飞机12日轰炸武汉,政治部办公室中弹。设计委员会部分受损最大,委员会秘书室完全炸毁!"平日之办公室,则玻璃粉碎,门窗歪斜!"

晚,胡绳①来社,谈近日抗战之情形。[《日记》,《徐旭生文集》第9册,第867页]

7月17日

与王真、李一非②等人讨论通俗读物编刊社迁移事。决定迁移到重庆,以便与教育部、文化研究会及生活书店各出资者易于接洽。[《日记》,《徐旭生文集》第9册,第868页]

7月21日

到政治部,新办公室仅有10张办公桌,而到的委员有13人。

晚,参加通俗读物编刊社内集会,到会者有新安旅行团、大众报、战时教育研究社等团体。[《日记》,《徐旭生文集》第9册,第869—870页]

7月25日

到政治部见何联奎,何言《国民周报》预算尚未批复;遂告以即将离汉之事。

又访胡石青③,议论武汉战守之利弊及前途。[《日记》,《徐旭生文集》第9册,第871页]

7月29日

中午,赴杭立武宴请,同席有梅贻宝④、段绳武等人。晚,到法比瑞同学会

---

① 胡绳,时在武汉从事文化及统一战线工作。
② 李一非,时任通俗读物编刊社总务主任。
③ 胡石青,时任国民参政会(河南籍)参政员。
④ 梅贻宝,时为燕京大学教授。

参加欢迎英国作家阿特丽①女士的宴会,到会者有邵力子、盛成中(盛成)、老舍、老向及一日本女作家等。返回船上遇胡风,畅谈。[《日记》,《徐旭生文集》第 9 册,第 873 页]

8月5日

到部,取上月交通费及丰子恺②为刊物所作画稿费。购百元救国公债。[《日记》,《徐旭生文集》第 9 册,第 876 页]

8月6日

写信与陈诚部长,告知即将离汉。[《日记》,《徐旭生文集》第 9 册,第 876 页]

8月7日

为一百五十个伤兵自述写一序。[《日记》,《徐旭生文集》第 9 册,第 876 页]

8月10—12日

下午与石头③同行坐车离汉口;11 日中午经郑州、洛阳、渭南,12 日早 8 点到西安。住陕西考古会,出游碑林、城隍庙等地。晚,寻陈子怡并谈。[《日记》,《徐旭生文集》第 9 册,第 877 页]

8月18日

由西安经宝鸡、汉中到城固。到城内住西北联大校内,见许寿裳等。[《日记》,《徐旭生文集》第 9 册,第 884 页]

---

① 阿特丽(Freda Utley),英国女作家,又译阿特莱,著有《日本的泥足》,译文发表于《文化建设》月刊第 3 卷第 7 期,1937 年 4 月 10 日。
② 丰子恺,著名美术家、漫画家,时为上海艺术大学教授。
③ 石头,长子徐桂恒(1923—1945)乳名。

8月20日

到城西陈家村访在此休养的刘镇华①。[《日记》,《徐旭生文集》第9册,第885页]

8月23日

上午,向志愿参加整理张骞墓的西北联合大学历史系学生讲话,"以不急近效、守工作规则与时间二事相勖"。[《日记》,《徐旭生文集》第9册,第889页]

8月24日

与西北联合大学历史学系考古委员会合作,调查及发掘张骞墓。上年,曾派员调查并计划发掘。5月,西北联大制订张骞墓间古物探寻计划书,以"北平研究院考古组主任兼陕西考古会工作主任徐炳昶为指导",组织对张骞墓的发掘。是日,发掘前举行祭拜仪式,在张氏后人、西北联大(许寿裳)及县政府代表、历史学系考古组学生之后,单独进行祭拜。之后,开始工作。[李季谷(西北联合大学历史学系主任):《民族英雄张骞墓考古小记》,载《西北论衡》第6卷第18期,1938年9月30日;又见何士骥(西北联大考古委员会委员):《修理张骞墓工作报告》,《说文月刊》第3卷第10期,1943年5月15日]

8月30日

西北联大学生艾弘毅与新生剧社高华年来,接洽排演剧本《军民合作》事。[《日记》,《徐旭生文集》第9册,第893页]

9月1日

为西北联大学生作一讲演,题目为《通俗读物的写法》,强调"文艺性、简单性、地方性",并且"多注意于民众的词汇及对于民众深挚的同情二事"。

---

① 刘镇华,字雪亚,河南省巩县(今巩义市)人,曾任安徽省政府主席。

[《日记》,《徐旭生文集》第 9 册,第 894 页]

9月7日

下午,为西北联大历史系学生演讲,题目为《国难期间学术界应有之收获》。[《日记》,《徐旭生文集》第 9 册,第 897 页]

9月12日

下午,到张骞墓前照相,以为封墓纪念。同往者有西北联大许寿裳、何士骥等人。[《日记》,《徐旭生文集》第 9 册,第 899 页]

9月23日

带石头见为其补课的朱先生,补习是为了预备下月北平师大附中高中一年级入学考试,也为将来上课不致有障碍。(11 月 12 日在重庆获悉,石头已考入北平师大附中)[《日记》,《徐旭生文集》第 9 册,第 902 页]

9月28日

接顾颉刚 25 日由重庆发来电报,言已到渝,问是否能赴渝同往滇。覆电,言雾后(下月 8 日——编者注)即往渝。[《日记》,《徐旭生文集》第 9 册,第 904 页]

10月1日

接顾颉刚电报,言教育部将聘为特约编辑,负责通俗刊物,问愿否担任。回电言愿担任,但以不离本院(北平研究院)为条件。[《日记》,《徐旭生文集》第 9 册,第 906 页]

10月2日

开会讨论张骞墓立碑事宜,到会者许寿裳、黎锦熙、陆懋德、何世骥、吴世昌、唐祖培(以上均为西北联大教师——编者注)等。决定碑上刻西域图、校补之《张骞传》及一文。又决定征收附近地十余亩,建议由西北师范学院在彼间开办"博望附属小学",并附设"西域园",将可考从西域移植之植物,如苜蓿、蒲桃、石榴之属,尽量种植。[《日记》,《徐旭生文集》第 9 册,第 906—907 页]

10 月 3—20 日

离开陕西城固,经汉中、宁羌、桂峰、广元、贵阳等地,到达成都。[《日记》,《徐旭生文集》第 9 册,第 907、925 页]

10 月 15 日

发表独幕剧剧本《军民合作》,署名"徐旭生"。[《公余》复字第 2 期(闽省府秘书处公报室编辑,永安县印刷)]

10 月 22 日

在成都,到华西大学,参观其博物馆。[《日记》,《徐旭生文集》第 9 册,第 927—928 页]

10 月 23 日

在成都,往四川大学参观所藏之古物,"其汉画极有精品"。逢鲁迅逝世二周年纪念,成都文艺及学术界开会纪念,前往参加,遇叶石荪及熊佛西①。

下午,游武侯祠。[《日记》,《徐旭生文集》第 9 册,第 929 页]

10 月 31 日

到重庆,至通俗读物编刊社,见社中诸同人。[《日记》,《徐旭生文集》第 9 册,第 939 页]

---

① 叶石荪,时任四川大学教务长、代理校长;熊佛西,戏剧教育家,时在成都筹备戏剧教育实验学校工作。

11月4日

到国立中央编译馆讲演,题目为《我国人从前对于少数民族政策的检讨》。参与正在讨论的图书通俗问题及抗战军事问题;杭立武①来,言西北、西南二考察团暂行缓办,先筹办川康考察团,正在招考。[《日记》,《徐旭生文集》第9册,第941页]

11月6日

访乔大壮,到燕市酒家午餐。下午,到文艺界抗敌协会参加茶话会,见张道藩、老向、老舍、子祥、蓬子②等多人。[《日记》,《徐旭生文集》第9册,第941—942页]

11月10日

发表《通俗文艺的三个必要条件》,署名"虚生"。以在河南南阳组织宣传的经验提出通俗文艺的三个必要条件,即地方性、简单性、统一性。具体而言:1.选择良好的抗战通俗文艺,用本地的土语精细地翻译出来,文艺加上了地方色彩,想深入到每个农村的各个角落里面,自较容易。2.向民众宣传,不能予以复杂的观念,观念稍复杂,人民即不容易明白,即使勉强明白,印象也不容易深刻。简单的性质,异常重要。3.要有一个通盘的计划,应该注意于统一性。用全国统一的内容,才不至于闹出此部分向东,彼部分向西。[《抗到底》半月刊(重庆)第17期]

11月17—27日

离开重庆,经遵义、贵阳到昆明,住北平研究院办事处。[《日记》,《徐旭生文集》第9册,第948、954页]

---

① 杭立武,时任中英庚款董事会总干事。
② 子祥,即何容,即老谈;蓬子,即姚蓬子。

11月28日

晤顾颉刚,与顾颉刚、严济慈①同访张建设厅长,向市政府接洽黑龙潭黑水神祠房屋事。探视徐森玉病,遇陈寅恪、罗常培(字莘田)。[《日记》,《徐旭生文集》第9册,第954页]

11月30日

到昆明柿花巷四号,晤魏建功、罗常培、郑天挺、毛准(字子水)、邱大年、黄国聪、汤用彤(字锡予)诸人,又访冯友兰。到靛花庵中央研究院办事处访陈寅恪,未遇。见李济,谈良久,乃归。[《日记》,《徐旭生文集》第9册,第955页]

12月3日

顾颉刚来谈,同出访熊庆来②。董作宾来谈。[《日记》,《徐旭生文集》第9册,第956页]

12月4日

与钱临照③、顾颉刚等游昆明西山。[《日记》,《徐旭生文集》第9册,第956—957页]

12月7日

下午,冯友兰来谈,以其所著之《新理学》见赠,"是书乃系欲成一家之言者"。

晚,熊庆来宴请,同坐者马衡、叶企孙④,及云南省龚姓教育厅长等。[《日记》,《徐旭生文集》第9册,第958—959页]

---

① 严济慈,字慕光,时任北平研究院物理研究所所长。
② 熊庆来,字迪之,时任云南大学校长。
③ 钱临照,时任北平研究院物理研究所研究员。
④ 马衡,时任故宫博物院院长;叶企孙,时为西南联大教授。

12月12日

陪顾颉刚、刘朝阳等同乘马车到黑龙潭。又到农林植物研究所访蔡希陶①。[《日记》,《徐旭生文集》第9册,第960—961页;《顾颉刚日记》第四卷,第172页]

12月13日

友人来谈近日国内主张与日本言和的逆流泛起,"殊为堪虑。希望不至成为事实"。表示"坚信敌人实无奈我何,即今日有卖国者,率尔投降,——今日何和之可言? 除投降外,敌人能与我和耶? ——此不过延长我国混乱之局面,敌人终亦无奈我何!"[《日记》,《徐旭生文集》第9册,第961页]

12月17日

与顾颉刚等参加北大四十周年纪念会。[《日记》,《徐旭生文集》第9册,第963页;《顾颉刚日记》第四卷,第173页]

12月18日

汪精卫潜离重庆经昆明逃往河内。29日,发表"艳电",公开投敌叛国。

12月19日

完成前所作之一文,名《我们对国内寡小民族所应取的态度》。晚,在欧美同学会晚餐,在座者多为留法同学。[《日记》,《徐旭生文集》第9册,第963—964页]

12月21日

往访徐森玉,获知西北科学考察团之汉简并未失落,且正在香港印刷,为之一快。[《日记》,《徐旭生文集》第9册,第964页]

---

① 蔡希陶,字侃如,时任云南农林植物研究所副所长。

12月29日

午间,顾颉刚约在其寓中吃饭,与茅盾晤面相谈,在座者有朱自清、丁道衡①等。茅盾将同杜重远到新疆,推进文化事业。[《日记》,《徐旭生文集》第 9 册,第 967 页]

是月

居住于昆明城郊的黑龙潭,主持北平研究院史学研究所工作。②

---

① 丁道衡,曾为西北科考团成员,时任云南省建设厅总工程师。
② 《民教之友》月刊第 2 期(1939 年 6 月 1 日)报道:"北平研究院历史研究所人员,由所长徐炳昶及考古组主任顾颉刚率领,先后由陕抵滇,已在昆明近郊黑龙潭开始工作。"

1939年·51岁

1月8日

北平研究院副院长李书华由河内飞来昆明,已分别年余,相见畅谈多时。[《日记》,《徐旭生文集》第9册,第972页]

1月13日

应徐森玉之邀,与刘节①、范九峰、邓维林同饮于昆明小有天酒店,畅叙旧情。[《刘节日记(1939—1977)》(上册),大象出版社2009年版,第12页]

1月15日

刘节来访,谈话间傅斯年亦到。谈到李季所著《二千年中日关系发展史》②,书中有不少对傅所著《东北史纲》的批评,表示"颇赞同其说"。双方"辩论甚久",傅"意甚不平"。后刘从中解劝,三人同出,至柿花巷四号访钱穆。[《刘节日记(1939—1977)》(上册),第13页]

---

① 刘节,毕业于清华大学国学研究院,时为中山大学历史系教授。
② 李季《二千年中日关系发展史》,学用社出版,1938年11月。

1月19日

与李书华、顾颉刚商议史学研究所事。决定经费每月800元,续聘人员亦大致决定。[《日记》,《徐旭生文集》第9册,第975页]

1月20日

经多日商谈,北平研究院史学研究所经费定为每月800元,考古、历史两组经费不分列。增聘韩儒林,留用何士骥、吴世昌、许道龄、苏秉琦四人。另在滇参加工作者,有张维华、白寿彝、宓贤璋等。[《顾颉刚日记》第四卷,第190页]

1月21日

下午,在云南省党部俱乐部参加昆明文协分会会议。[《日记》,《徐旭生文集》第9册,第975页]

1月22日

下午,参加云南大学民族学研究会成立会。后到中央研究院办公处,晤吴金鼎①、傅斯年等人。[《日记》,《徐旭生文集》第9册,第976页]

1月23日

到中研院办公处访董作宾,遇陈寅恪。接中央研究院聘书一封,并转顾颉刚一封,系续聘为通信研究员者。[《日记》,《徐旭生文集》第9册,第976页]

1月29日

苏秉琦由北平辗转到昆明,晚与其谈所中事,及北平城中事。②[《日记》,《徐旭生文集》第9册,第979页]

---

① 吴金鼎,字禹铭,曾参加安阳、山东城子崖等地发掘,时任国立中央博物院筹备处专门委员,参加中央研究院历史语言研究所在大理的考古工作。

② 苏月薪定为56元(大洋),时顾颉刚月薪400元,徐为自己定为200元。(苏恺之:《我的父亲苏秉琦:一个考古学家和他的时代》,生活·读书·新知三联书店2015年版,第50页)

1月30日

李书华宴请杭立武,作陪。在座者有吴有训①、傅斯年、于毅夫(笔名洪波)、严济慈等。"坐中谈锋最健者",为吴有训、傅斯年。"孟真虽怕共产党而尚识轻重,正之对于共党尚有相当谅解。"[《日记》,《徐旭生文集》第9册,第979页]

是月

应董作宾之邀,与刘节等在昆明再春园小饮。[《刘节日记(1939—1977)》(上册),第18页]

发表《再论通俗文艺与"地方性"》,署名"虚生"。指出抗战时期"新文艺"接近下层民众,不仅需要内容方面的"大众化",还要充实形式方面的"地方性",而充实的方法是"民众语汇、流行谣谚的大量采用,民间流行各种体裁的多方写作,各地音韵的熟练应用"。这三种方法在应用时并重,只有这样才能使通俗文艺"深入民间为下层民众所接受""普遍发展达到文艺宣传与教育民众的目的"。[《中苏文化》(重庆)第4卷第3期]

中共中央中原局书记刘少奇到达确山县竹沟镇,他要求各地党组织在宣传中原各地的抗战形势中,特别注意进一步团结进步的和中间的上层知识分子,如嵇文甫、胡石青、徐旭生等。[王阑西:《驰骋中原》,载中共河南省委党史资料征集编纂委员会编:《抗战时期的竹沟》,河南人民出版社1985年版,第223页]

2月13日

下午接孙文青②信一封,内附荆三林③信一封,汉画研究计划书一份,工作纲要一份,上古朔闰表一份。[《日记》,《徐旭生文集》第9册,第983页]

---

① 吴有训,字正之,时为清华大学物理学教授。
② 孙文青,时任南阳县志馆馆长,汉画石研究专家。
③ 荆三林,河南荥阳人,从事考古学、博物馆学研究,1942年,任国立社会教育学院图博系教授,1949年后先后任山东师范学院、郑州大学教授。

2月22日

下午,董作宾来谈,以其所著之对联相赠,文为"后羿一弓足射日,楚人三户亦亡秦"。[《日记》,《徐旭生文集》第 9 册,第 986 页]

3月4日

应邀到云南省教育会讲演,题目为《文艺的平民性》,听讲者四五十人。[《日记》,《徐旭生文集》第 9 册,第 990 页]

3月5日

与顾颉刚在昆明海棠春饭店为阿旺坚赞及其夫人意希博真饯行。① 同席者还有杨成志(中山大学民族学教授)、闻在宥、吴文藻、张维华等。席间建议阿找一西藏人自写之历史,带来,请人译成汉文,对于推进内地对西藏的了解"利益甚大"。[《日记》,《徐旭生文集》第 9 册,第 990 页]

4月18日

翻阅张中孚所著《河南第六行政区疆域沿革考稿》之唐河县部分,对于家乡之沿革,始大致明白。[《日记》,《徐旭生文集》第 9 册,第 1001 页]

4月23日

被中央编译馆聘为哲学名词审查委员,并寄来哲学词初稿一本请予审核。[《日记》,《徐旭生文集》第 9 册,第 1003 页]

是月

发表《文艺的平民性》一文,署名"徐旭生"。指出文艺的起码条件有两个,一使人明白;二使人感动,"大凡愈是能够使人明白、使人感动的作品,便

---

① 阿旺坚赞,字平纷,西藏拉萨人,曾任西藏驻京总代表,蒙藏委员会委员;意希博真,字彬如,为清西藏办事大臣裕刚之女,本蒙古人,其母为藏族。

是好的文艺作品"。[《文化岗位》(昆明,中华全国文艺界抗敌协会云南分会主办)第2卷第1期,1939年4月]

5月5日

接朱家骅(国民党中央组织部部长)希望能回河南办党务的密电一封,内心极为矛盾,"初意毫无所动,已拟出辞谢电稿,并已译出。然以后心颇乱。因此间颇舒服,办党极苦。辞谢不去,岂非避苦择甘?且余前愿作救国工作,因事权不在手,遂办不通。今日事机至前,而又畏缩不前,则国家又何赖此类人耶?但他一方面,党部方面,腐败已久,余个人能力,是否能革变其一部分,殊属可疑。……如此一思,实至苦痛!"[《日记》,《徐旭生文集》第9册,第1006—1007页]

5月6日

进城,与魏建功商议回河南办党务事。建功主张,"国民党对于共产党之真正态度,似宜与当局先谈一下,然后决定,以免将来后悔"。但以对时局的了解,恐无满意结果,遂决定将辞电打出。然"心颇自咎,如此逃避大时代,实觉无能可耻!无已,止好加紧工作,决定于半年中将拟著之《我国历史中之传闻时代》写出。再半年将拟著之《教育罪言》写出,或可以稍报国家于万一乎?"[《日记》,《徐旭生文集》第9册,第1007—1008页]

5月9日

被中山大学聘为文科研究所历史学部校外名誉导师。[《日记》,《徐旭生文集》第9册,第1008页]

5月27日

将《抗战文艺》中所载《军民合作》剧本订正误字后,送与在黑龙潭的学兵训练班,请其斟酌上演。[《日记》,《徐旭生文集》第9册,第1012页]

6月12日

训练班文艺组学员何某来言《军民合作》剧已经排演,将与乡人演出。邀请前往指导。建议他们不要只念剧词,应加上相应的动作,且用云南土话来演。[《日记》,《徐旭生文集》第9册,第1015—1016页]

6月23日

中央研究院考古组同人全体来黑龙潭与北平研究院考古组交流。[《日记》,《徐旭生文集》第9册,第1017页]

7月21—25日

与顾颉刚、方国瑜①、方臞仙至晋宁,考察汉晋滇池县遗址。参观民众教育馆等处,宿方臞仙家。22日至24日,游盘龙山、天女山、金砂山等处。25日返昆明。[顾潮:《顾颉刚年谱》(增订本),第335页]

其间,发现古砖,侧有纹,与黄河流域汉墓中出土者正相同,又有绳纹瓦片,古朴异常,亦知为汉晋时物。[朱惠荣:《昆明古城与滇池》,云南人民出版社2017年版,第187页]

7月25日

文协昆明分会主办的暑期讲习班开课,为期两个月,与楚图南、闻一多、朱自清、曹禺、顾颉刚等先后为讲习班讲课。[闻黎明、侯菊坤编:《闻一多年谱长编》,湖北人民出版社1994年版,第578页]

8月4日

应邀到云南大学演讲,题目为《文艺怎么样才能达到通俗化?》。[《日记》,《徐旭生文集》第9册,第1028页]

---

① 方国瑜,云南丽江人,纳西族,时为云南大学历史系教授。

9月1日

借爬山以避(空袭)警报,途中思考教育问题:"从前虽拟将教育简成三级,而因国民教育共九年,包括今日之初小、高小、初中三级,功课性质,如何分别,对于此点,殊有所疑。今日思之,最初数年,不必用校舍,各处游行施教,游行远近以年级分。近者三四里,逐渐加远至六七十里,则周围百余里,了然心目矣。习字用树枝画于砂土上以教,算术亦如之。五年级以前,无历史、地理等科。历史仅有儿童欢喜可歌可泣之故事;地理就其所见者与之讲解而已。至六年级(十一整岁后)始增加校内功课,约占三分之二。与以比较系统之知识。八年级、九年级,则增加生活技术。似此则幼稚教育,除前二年,儿童未能远行外,余亦可与国民教育打成一片矣。"[《日记》,《徐旭生文集》第9册,第1035页]

9月9日

参加北平研究院成立十周年纪念会,并发言,通信研究员到者仅吴有训一人。[《日记》,《徐旭生文集》第9册,第1038页]

10月19日

参加北平研究院会议,研究员及副研究员均到。会后,与韩儒林访魏建功。[《日记》,《徐旭生文集》第9册,第1046页]

11月27日

下午,开会研究办小学及合作社及对农林服务事,与韩儒林代表本院、社会所、农林所均来人参加讨论。讨论结果:办学校,因小孩太少,再与家长商议;办合作社偏重食品部;与农村服务,均再举代表商议。[《日记》,《徐旭生文集》第9册,第1053页]

12月6日

阅报知吴佩孚(字子玉)将军已去世,慨叹:"吴晚节大义凛然,不为敌人

利诱威胁。下视汪兆铭辈,真松柏之与蓬蒿矣!"[《日记》,《徐旭生文集》第9册,第1054页]

12月8日

到龙头村,与傅斯年商谈借书事宜。并询傅对于"三集团说"是否有相类之议论,答言"是的"。问其证据,"因近不治此,已不记忆"。[《日记》,《徐旭生文集》第9册,第1054—1055页]

12月13日

到冯友兰家谈,出与姚从吾到历史语言研究所办公处,见汤用彤、陈寅恪、罗常培、郑天挺、白寿彝等。[《日记》,《徐旭生文集》第9册,第1056页]

12月17日

到云南省教育会,参加北平师范大学同学聚会,被推为主席并发表致辞,以《师大穷》为题,申明抗战时期"穷干、苦干"之重要,后通过改同学会为校友会决定,公推七人与旧同学会干事负责筹备。[《日记》,《徐旭生文集》第9册,第1058页]

与查良钊①、毛北屏、徐继祖、张培光、李永清、张嘉栋、庆汝廉等50余人在云南省教育会集会,纪念国立北平师范大学成立37周年。被公推为主席,并即席致辞:"北平各大学各有特征,而各校之特征,系配合时代需要,师大特征是'穷',穷校风朴质,苦干精神尽人皆知,现抗战已到紧要关头,愿同学继续已往苦干穷干精神,克复艰险,努力本立责任,争取抗战胜利。"会议通过提案:"(一)电母校庆祝,公推庆松泉草拟;(二)扩大校友会组织,摄影、聚餐毕,全体肃立,合唱校歌、《义勇军进行曲》,三呼民国万岁,尽欢而散。"[刘兴育主编:《旧闻新编:民国时期云南高校记忆》(上册),云南大学出版社2017年版,第

---

① 查良钊,时为西南联大教授。

364 页]

12 月 27 日

教育部部长陈立夫来所视察。其所注意者,为化学所,次为物理所,至史学研究所"则不甚留意"。[《日记》,《徐旭生文集》第 9 册,第 1061 页]

是年

接受刘梦成采访说:中华民族过去有个特性,就是英雄越是死得惨,人民对他越崇敬,甚至建祠修庙,世代祭祀和纪念,例如对关羽、岳飞、史可法、文天祥等都是如此。而如唐代的郭子仪也是有丰功伟绩的人物,因其一生福禄寿考,人民对他的感情就显得十分淡薄。[刘梦成:《河南"三生"》,载河南省文史研究馆编《中州轶闻》,上海书店 1992 年版,第 73—74 页。编者注:"三生"指冯友兰(字芝生)、徐旭生、郭仲隗(字燕生)]

1940 年·52 岁

1月2日

到云南大学,赴陈立夫宴请。餐后陈发言不多,特别请大家发言。各校校长均发言,后张奚若①发言,对于教育部近年来所施行之统制,特别批评。[《日记》,《徐旭生文集》第10册,第1063页]

1月7日

到龙头村,会晤中央研究院历史语言研究所同人梁思永、董作宾、王振铎(字天木),后在郭宝钧寓所谈,同坐者石璋如、实君等。[《日记》,《徐旭生文集》第10册,第1065页]

1月13日

完成《对于搜集抗战史料者进一步的希望》一文。[《日记》,《徐旭生文集》第10册,第1066页]

1月22日

《大公报》全文披露汪精卫集团与日本签订的卖国条约《日支新关系调整

---

① 张奚若,时任西南联大政治学系主任,教授。

要纲》,举国震惊。

1月24日

被中央研究院历史语言研究所续聘为通信研究员。

阅报见汪精卫所签卖国条约之全文。愤慨至极,"以如此万分毒辣,一网打尽之敌谋,而汪逆竟忍签字于其上！真狗彘之不若矣！"[《日记》,《徐旭生文集》第10册,第1068页]

2月6日

到龙头村,晤李济、傅斯年、董作宾、郭宝钧等人,在傅家午餐,借得《续经解》中之《郊社禘祫问》《仪礼释宫增注》等书七本。[《日记》,《徐旭生文集》第10册,第1070页]

2月16日

晚,与韩儒林谈编辑史籍考之可能计划,又与苏秉琦谈工作,"时灯中油尽,遂次第息灭"。[《日记》,《徐旭生文集》第10册,第1073页]

2月17日

与严济慈、钱临照等进城,与李书华谈工作报告事,"谈颇久"。[《日记》,《徐旭生文集》第10册,第1073页]

2月18日

到龙头村,应郭宝钧约往吃饺子。所约者有梁思永、董作宾、石璋如,乃菜颇多,后仅有炸饺子而已。饭后与郭宝钧"下象棋三盘,几全军覆没"。[《日记》,《徐旭生文集》第10册,第1073页]

2月23日

应董作宾约往看灯谜。亦与傅斯年赌象棋数盘。因闻彼棋不高,颇为轻

敌,"实在彼棋绝不比吾棋次,且比吾较熟,故仍负多胜少"。[《日记》,《徐旭生文集》第 10 册,第 1074 页]

3 月 5 日
蔡元培在香港去世。

3 月 11 日
赴中法大学参加公祭蔡元培。与魏建功共作一联:"黉舍播迁叹飘零,最难忘初时开先,积年推进;精神慈任兼儒墨,孰料得国丧元老,人失大师。"行礼毕,李书华致辞后,应邀"从慈任二字及先生反对作官教育一点",作简短发言。[《日记》,《徐旭生文集》第 10 册,第 1079—1080 页]

3 月 31 日
与郭宝钧同往桃源村,参观博物馆所购苗族民家服饰。"其图案花纹,有与汉人极似者,有汉人中绝无者。即与吾人极似者,亦不敢谓其完全由于汉化,因恐有一小部分,汉受夷化,亦殊可能耳。"[《日记》,《徐旭生文集》第 10 册,第 1084 页]

是月
被教育部聘为史地教育委员会委员。① [《教育通讯》(重庆)第 3 卷第 12 期]

4 月 8—15 日
与魏建功一家往游路南。途中曾与同济附中学生谈话一次。[《日记》,《徐旭生文集》第 10 册,第 1085 页]

---

① 聘任委员名单:吴稚晖、柳诒徵、钱穆、蒋廷黻、吕思勉、陈寅恪、黎东方、傅斯年、顾颉刚、胡焕庸、黄国璋、张其昀、徐炳昶、雷海宗、萧一宗、金毓黻、缪凤林、陈垣、张西堂。

4月16日

到昆明羊市口,访乔无忝、乔无遏①等。乔无遏以在飞机上所拍的黑龙潭照片相赠。[《日记》,《徐旭生文集》第10册,第1086页]

4月28日

翻阅《续西行漫记》②。[《日记》,《徐旭生文集》第10册,第1087页]

4月29日

应邀参加李书华与蒋梦麟、梅贻琦③会晤的茶会。陪同翁文灏到办事处工场参观,后座谈工作事宜。[《日记》,《徐旭生文集》第10册,第1087页]

4月30日

在唐兰处见徐森玉、傅斯年、陈梦家④等人并与谈。[《日记》,《徐旭生文集》第10册,第1088页]

5月8日

接教育部通知,史地委员会于14日开会。至13日,多次联系购机票事未遂。电告教育部请假。[《日记》,《徐旭生文集》第10册,第1089、1091页]

5月12日

赴昆明海棠春,参加陆鼎恒⑤追悼会,并送赙金40元。[《日记》,《徐旭生文集》第10册,第1091页]

---

① 乔无遏,乔大壮子,时为中国空军飞行员。
② 《续西行漫记》,埃德加·斯诺夫人尼姆·威尔斯访问延安后所著。
③ 梅贻琦,时任清华大学校长,西南联合大学校务委员会常委兼主席。
④ 唐兰、陈梦家,时为西南联大教授。
⑤ 陆鼎恒,字惟一,时任北平研究院动物研究所专任研究员兼所长。

6月6日

董作宾、梁思成等来访。董自带馒头咸菜,此处仅供每人一碗青菜汤而已。[《日记》,《徐旭生文集》第10册,第1095页]

6月30日

与董作宾、郭宝钧往麦地村看滇、川、康三省古建筑展览会,照片不少,"四川保存汉阙,尚有较完整者,可贵也。丽江民居雕刻颇佳,询知此地商业颇发达,故民间相当殷实,且保存中原已废弃之古式,故极有可观"。[《日记》,《徐旭生文集》第10册,第1099—1100页]

7月14日

与郭宝钧等同往桃源村,观其在大理发掘所得。"大石斧与北方者相似,弯石刀亦相似,亦有孔,惟刃不在内而在背为异。陶器极朴陋。"[《日记》,《徐旭生文集》第10册,第1101页]

7月28日

进城,到西南大旅社参加中法大学校友会聚餐会,到会者三十余人。[《日记》,《徐旭生文集》第10册,第1103页]

8月16日

接傅斯年信一封,系对与商务印书馆订约印汉简办法征求意见。接严济慈信一封,报告接教育部密电,命将本院物资从速迁运昆明以东地区事。[《日记》,《徐旭生文集》第10册,第1106页]

8月18日

同苏秉琦到桃源村看王振铎所作的汉各种车模型。后与董作宾到图书馆,借得《通鉴外纪》二本,《黄氏逸书考》一本。[《日记》,《徐旭生文集》第10册,第1106页]

8月19—22日

写《中国古史构成漫论并举数例》一文;接《中日战事史料征辑会集刊》,《新民主主义的政治,新民主主义的文化》一本,"后一种为共产党宣传品,不知谁寄来。寄地为白沙"。[《日记》,《徐旭生文集》第10册,第1106—1107页]

8月23日

阅《新民主主义的政治,新民主主义的文化》。[《日记》,《徐旭生文集》第10册,第1107页]

8月29—31日

中国哲学社开会。在会上宣读《世界文化重新估价问题》论文。下午沈有鼎、王宪钧诸人读论文。30日,上午担任主席,金岳霖(字龙荪)、敬轩、子昭宣读论文;下午李吴祯、侯曙苍及冯友兰宣读论文。31日继续开会,三辅、汤用彤、石峻宣读论文;中午,由中央研究院、北平研究院、西南联大、云南大学公宴会中同人;下午,郑秉璧、马□宣读论文。毕后,讨论会务,决定职员延长一届、后年在峨眉开会等事。[《日记》,《徐旭生文集》第10册,第1108—1109页]

是月

为居延汉简出版事,与徐森玉、傅斯年等联名写信与叶恭绰,该书由管理中英庚款董事会资助促成,由商务印书馆(时在香港)出版。签约之际,以"西北科学考察团理事资格,将与商务印书馆订约一事,一切委托贵会(管理中英庚款董事会)办理。即乞先生就近与之接洽一切,约中办法,并由先生主持,无须寄下讨论,以求速成。以后若为此事万一发生纠葛,皆由炳昶等负其责任,与贵会及先生无涉,特此声明"。[王汎森、潘光哲、吴政上主编:《傅斯年遗札》第二卷,台湾"中央研究院"历史语言研究所2011年版,第1113页]

9月9日

参加北平研究院成立十一周年纪念会。通信研究员到者,有吴有训、谢

家荣、朱恒璧、饶贻泰诸人。[《日记》,《徐旭生文集》第10册,第1111页]

9月12日

翻阅《西洋中古史》。有感"欧洲当十九世纪,尤其是下半纪,一切的思想家或科学家全很乐观。他们相信在历史人事方面,和在自然界方面一样,我们可以把原因和结果分辨清楚,从此对于人类社会的成功和衰亡可以'成功地驾御'。近十年来,世界变化的很快,思想界也全惶惑了,才晓得这些全是幻想。这种幻想的消失,骤然看来,似乎是悲观的,衰老的,不过向远处看,对于欧美人,或者可以说,对于人类全体,这仍是进步的。人类失望一次,才可以进步一次。虽说当中要经过许多的曲折和痛苦,但是归结还是要向着一定的方向向前走,那有什么可悲的?"[《日记》,《徐旭生文集》第10册,第1112页]

9月16日

接萧家霖(字迪忱)一封,其在山东平原推行国语罗马字,现为国语推行委员会委员。来信讨论国语罗马字问题,因彼主张用字母表四声,与自己主张用撇点不同。[《日记》,《徐旭生文集》第10册,第1113页]

10月2日

接陆侃如夫妇①信一封,言其学生赵君(河南省政府主席卫立煌秘书)再次转达卫立煌意,请返豫担任河南大学校长。"答以本年写作未成段落,未遑也。"[《日记》,《徐旭生文集》第10册,第1118页]

10月3日

与冯友兰商议复函事,自感"河大现无一懂教育人主持,余等应往,但近日党方多将非学术方面人硬往学校塞,则教育即无法办理,只好不往为妙"。[《日记》,《徐旭生文集》第10册,第1118页]

---

① 陆侃如,时为燕京大学教授,夫人冯沅君。

是月

《学术评论月报》(洛阳)1940年第1期创刊号,刊登7月31日与杂志主编荆三林的通信,题目为《最近考古学上应注意的两件事》,提出"感觉于洛阳、登封一带在夏代之重要。足下如能留心,或能于其间得夏代遗址之发见乎?此种遗墟,未必有金属之存留,或尚不至被掏掘者之破坏也"。

11月4日

接到《学术评论月报》一本,此刊物在洛阳出版,编辑者为王海涵、李逸生、荆三林。[《日记》,《徐旭生文集》第10册,第1126页]

11月18日

在北平研究院纪念周上讲云南之大概历史。[《日记》,《徐旭生文集》第10册,第1128页]

12月22日

陈梦家夫妇来,以其所著《五行之起源》及《商王名号考》之抽印本相赠。[《日记》,《徐旭生文集》第10册,第1134页]

12月23日

国民政府公布第二届国民参政员名单,依照国民参政会组织条例第三条丁项(由曾在各重要文化团体或经济团体服务三年以上,著有信望,或努力国事,信望久著之人员中,遴选118名)被遴选为参政员。[孟广涵主编:《国民参政会纪实》(下卷),重庆出版社1985年版,第78页]

12月24日

到昆明电台广播《精神建国》。[《日记》,《徐旭生文集》第10册,第1135页]

12月29日

因为荆三林保荐申请杨铨奖金事①,到龙头村与冯友兰商议。冯友兰言,"观其章程,似不需要保荐,然恐其或需要,乃笼统给孟真信一封,言如需要者,吾等愿为推毂"。冯以其所著新印出之《新世训》相赠。[《日记》,《徐旭生文集》第 10 册,第 1135—1136 页]

12月31日

应邀与李书华、严济慈、苏秉琦到钱临照处晚餐。[《日记》,《徐旭生文集》第 10 册,第 1136 页]

是年

北平研究院物理研究所比邻昆明黑龙潭史学研究所,钱临照得允许随意翻阅所内图书。在《墨经》一书内发现不少与现代科学知识相通的记载,尤其是关于几何学、物理学诸条。遂全力鼓励钱研究并撰写《释墨经中之光学力学诸条》,涉光学 8 条与力学 5 条,以揭示先秦时期中国的科学知识。[麦汝奇:《钱临照传略》,载《电子显微学新进展——钱临照教授九十华诞纪念文集》,中国科学技术大学出版社 1996 年版,第 35 页]

---

① 1936 年 5 月 28 日,国立中央研究院公布并施行《杨铨、丁文江奖金章程》,规定为纪念已故总干事杨铨、丁文江而设杨铨、丁文江奖金。杨铨奖金给予对于人文科学研究有新的贡献者,丁文江奖金给予对于自然科学研究有新的贡献者。每种奖金均隔年奖给一次;每种奖金定额为 20000 元;凡中国籍而年龄在 35 岁以下者均可申报;等等。(《学术评论月报》第 1 卷第 2 期,1940 年 11 月 1 日)荆三林所撰论文题目为《秦王寨出土古陶器纹样》。

1941 年·53 岁

1 月 5 日

晚,自费请李书华、严济慈及研究院多人吃饺子。[《日记》,《徐旭生文集》第 10 册,第 1138 页]

1 月 12 日

到龙头村见冯友兰。将归,遇陈梦家,被邀至家中,交谈期间食用饼干、藕粉、橘子等。[《日记》,《徐旭生文集》第 10 册,第 1139 页]

2 月 1 日

与李书华、各研究员及各课长商议,成立研究院同人俱乐部。之后参加文艺座谈会,座谈内容为《西游记》。[《日记》,《徐旭生文集》第 10 册,第 1143 页]

2 月 5 日

参加研究院俱乐部委员会会议,决定经费由院方补助一部分外,竭力主张由薪水多的职员捐钱,维持俱乐部活动。[《日记》,《徐旭生文集》第 10 册,第 1145 页]

2月9日

研究院俱乐部举行第一次音乐会,约查阜西、彭祉卿弹古琴及叙征清唱。11点,向达(字觉明)同夏鼐①来访,夏"为国人曾习古埃及文之第一人"。向其介绍正在撰写的《中国古史的传说时代》;苏秉琦介绍宝鸡斗鸡台发掘情形。[《日记》,《徐旭生文集》第10册,第1146页;又见王世民:《夏鼐传稿》,社会科学文献出版社2020年版,第84页;《夏鼐日记》卷二,华东师范大学出版社2011年版,第352页]

2月10日

在研究院纪念周上讲甲骨文发现的大略经过。[《日记》,《徐旭生文集》第10册,第1147页]

2月11日

写给通俗读物编刊社王真(受真)、欣若、振兴三人信,通报辞去社长职务。[《日记》,《徐旭生文集》第10册,第1147页]

2月15日

主持研究院俱乐部座谈会,讨论题目为"欧战试测"。声明不作预言,不希望得结论,仅希望谈后大家对于观念更为明了而已。[《日记》,《徐旭生文集》第10册,第1149页]

2月21日

进城途中遇罗常培及夏鼐,与夏交谈并询问埃及各事,又到靛华巷谈。晚,夏鼐作考古学的方法论演讲,北京大学文科研究所所长罗常培主持,与姚从吾、向达、郑天挺等到场。[《日记》,《徐旭生文集》第10册,第1150页]

---

① 夏鼐,字作铭,永嘉人,毕业于清华大学,后出往英国专学考古,曾在叙利亚、埃及参加实习。

2月22日

上午坐飞机赴重庆,下午2点半到。先后到中央图书馆、中央研究院,晤傅斯年、李济、陶孟和、蒋廷黻及吴葆三等,钱端升亦来谈。[《日记》,《徐旭生文集》第10册,第1151页]

2月23日

遇乔大壮长子无斁,知大壮家眷皆在华岩寺住。[《日记》,《徐旭生文集》第10册,第1152页]

2月24日

到国民参政会报到,接到委任状。[《日记》,《徐旭生文集》第10册,第1153页]

2月26日

访乔大壮及其夫人。同到华岩寺访谭熙鸿①等。

被行政院聘为战时公债劝募委员会委员。[《日记》,《徐旭生文集》第10册,第1153—1154页]

2月27日

到嘉陵宾馆应国民参政会秘书处所约之茶会,晤多位同乡。[《日记》,《徐旭生文集》第10册,第1154页]

3月1日

在重庆出席国民参政会二届一次会议,提交(领衔)《请提高沿边各县行政人员待遇,并严格整顿吏治以固边防案》《为现行教育制度与社会经济情形不合,百分之九十五以上之人民无受中等或高等教育机会,请根本改革建立

---

① 谭熙鸿,时任经济部技监兼经济调查委员会主委。

民主政治基础案》提案。[孟广涵主编:《国民参政会纪实》(下卷),第847页]

3月5日

上午,参加在中央图书馆举行的蔡元培先生公祭会,晤吴稚晖及蒋复璁(中央图书馆馆长)等。会后参观图书馆期刊善本展览;到生生花园,参加北大同学聚餐,每同学交费十元,教职员被邀请者免交。向组织者表示,自己毕业于译学馆,与大学堂本属同校,故亦交费十元。[《日记》,《徐旭生文集》第10册,第1156页]

3月6日

上午,参加国民参政会第五组审查会,所提教育改革案之办法前四条通过,后二条保留至明日再讨论。

国民参政会宴请参会者在嘉陵宾馆晚餐。[《日记》,《徐旭生文集》第10册,第1156页]

3月8日

中午,应约在国民参政会主席官邸吃饭,即席者约二十人,大多为教育界人。[《日记》,《徐旭生文集》第10册,第1157页]

3月13日

午餐后,访梁漱溟,谈颇久。[《日记》,《徐旭生文集》第10册,第1158页]

3月14日

因机票延误,坐船到江津访友。[《日记》,《徐旭生文集》第10册,第1159页]

3月15日

到白沙(国立编译馆位于重庆江津白沙)二郎石,晤魏建功及台静农。又

晤聚奎学校校长周光午。[《日记》,《徐旭生文集》第 10 册,第 1159—1160 页]

3 月 20 日

下午,为聚奎学校学生作一讲演,讲题为《民族的自信心》。[《日记》,《徐旭生文集》第 10 册,第 1161 页]

3 月 21 日

到江津,访陈独秀(字仲甫)于西门外延陵别墅,畅谈。下午,再到陈独秀寓谈,并在其寓晚餐。

因对古史研究若干问题有分歧,双方发生激烈争论,"大嚷大吵"。魏建功从旁劝解,遂从容讨论世界大局。[《日记》,《徐旭生文集》第 10 册,第 1161 页;尚爱松:《徐旭生与陈独秀、梁漱溟等议政论学》,载中央文史研究馆编《史迹文踪》,上海书店出版社 1994 年版,第 18—19 页]

3 月 22 日

下午五点许,至陈独秀寓所交谈。又请陈写信与江津农工银行邓君,托其设法代购船票。[《日记》,《徐旭生文集》第 10 册,第 1162 页]

3 月 23 日

早餐后,往访陈独秀,一同寻访邓君,因星期不遇。同陈到医院打针,"彼患血压高颇重也"。陈以多病之身,为购船票事先后入城三次,甚觉感激。[《日记》,《徐旭生文集》第 10 册,第 1162 页]

3 月 25 日

夜,被对门鸨母虐待雏妓声惊醒,"辗转不能平"。起身赶往警察分所,要求其负责人派人查究。[《日记》,《徐旭生文集》第 10 册,第 1164 页]

3月27日

抵达四川宜宾南溪县(今宜宾市南溪区)李庄镇板栗坳,到中央研究院历史语言研究所,晤董作宾及所中同事多人。[《日记》,《徐旭生文集》第10册,第1165页]

3月31日

在中央研究院历史语言研究所与同人谈中国古史问题。参加者20余人。[《日记》,《徐旭生文集》第10册,第1166页;《夏鼐日记》卷二,第364页]

4月2日

致信顾颉刚,辞通俗读物编刊社副社长职,函谓:"非有他故,实以与顾君已到不能合作之地步,君子交绝,不出恶声,只有学鲁迅先生你来我去的一法。"①[《顾颉刚日记》第四卷,第515页]

4月4日

由夏鼐陪同去梁思永家中及社会科学研究所访人,顺便赴"门官庄"附近之崖墓参观。[《夏鼐日记》卷二,第365页]

4月19日

在云南昭通,应邀赴明诚中学讲演,题目为《自由与纪律》,略谓"自由、纪律二事,有时冲突,无一定之是非。合于其时国家民族之需要者为是,否则为非。自由问题本为近世产物。同资本社会适合,至十九世纪下半纪而达于最高潮。其敝(弊)也,演成经济界之无政府。纪律问题实为社会主义者所提倡。苏俄先之,意、德继之而略变其形式。其精神实甚相近。且比之于古,十九世纪颇似春秋,今日情形实似战国。其相类之点有三:一、战事规模之扩

---

① 据《顾颉刚日记》第四卷(第323页)载:"为我介绍鸿庵(韩儒林)到华西(协合大学),使旭生对我与鸿庵极不满意……若北平研究院能解决鸿庵之生活问题,我何必拉他至此!"

大;二、仅存大国,小国殊难生存;三、国际间信用之不存在。自今日以后,不思立国则已。如思立国,必须使国内全体民众,于无论任何受攻击时,立时各人能站到自己的岗位上,勇猛奋斗。似此,则将来纪律之重要一定超过自由。不过今日谈纪律者,尚多有不合理处,亦须改正"。[《日记》,《徐旭生文集》第10册,第1180—1181页]

4月22日

到明诚中学,讲演一个小时。[《日记》,《徐旭生文集》第10册,第1185页]

5月15日

写给陈独秀信一封。[《日记》,《徐旭生文集》第10册,第1192页]

5月30日

端阳节,拿出10元购买粽子、面条等物与同所人食之。[《日记》,《徐旭生文集》第10册,第1194页]

6月7日

进城,开会与大家所讨论最多之问题,为"非大学毕业生是否能有研究能力问题",不赞同"在自然科学区域中,不受大学教育者,对于高深学术之研究,全无办法"的看法,"但仅能在历史科学范围内为自己主张作辩护"。[《日记》,《徐旭生文集》第10册,第1197页]

6月16日

财政部颁布《战时田赋征收实物暂行通则》,决定自1941年下半年起,各地田赋一律征收实物(稻谷、小麦或杂粮)。

6月18日

傅斯年在与朱家骅通信中,称"徐旭生,天下之君子也"。[王汎森、潘光

哲、吴政上主编:《傅斯年遗札》第二卷,第891页]

6月19日

致信张希鲁①,谈关于联系其收藏文物事,建议暂存四乡友人处放在乡间,砖石之类,或暂埋土中,以保安全。表示,"此等重要史料,不入吾辈手则已,已入吾辈手,吾辈即有不使它再毁坏之责任"。[张希鲁:《西楼文选》,云南美术出版社2006年版,第309页]

6月26日

为苏秉琦所著《陕西省宝鸡县斗鸡台发掘所得瓦鬲的研究》作序言,称"苏君英年笃学。北平沦陷后,在那边留滞年余,仍每日到本所及北平图书馆搜集材料,继续工作。来滇以后,工作益力",首先完成了瓦鬲研究工作。初稿阅后,"觉得他处理材料的方法大致还够谨严,条理亦够清楚",并请中央研究院历史语言研究所的"李济、梁思永诸先生阅看",李、梁诸先生"给了他不少可宝贵的指示"。[《日记》,《徐旭生文集》第10册,第1200页;《苏秉琦考古学论述选集》,文物出版社1984年版,第91页]

7月4日

在重庆参加教育部史地教育委员会会议。[《顾颉刚日记》第四卷,第553页]

7月7日

为中央图书馆举办的七七学术讲座讲"大禹治水之史迹真相"。讲毕后,又有警报,遂往教育部防空洞中躲避。[《日记》,《徐旭生文集》第10册,第1202页]

---

① 张希鲁,字西楼,云南昭通人,文物收藏家,时任教于云南省立二中,云南文化研究室特约编辑员。

7月9日

在重庆,为暑期讲习班讲演,题目为《怎么才能使儿童对于国家民族起自信心?》。[《日记》,《徐旭生文集》第10册,第1202页]

7月10日

在重庆,为国语训练班讲民族自信心问题。[《日记》,《徐旭生文集》第10册,第1202页]

7月19日

在重庆,参加教育暑期讲习班开学礼,并应邀讲演;又往国语训练班,参加毕业聚餐。[《日记》,《徐旭生文集》第10册,第1204页]

7月23—25日

翻阅钱穆之《国史大纲》,对钱直言阅后意见:"精粹处极精粹,草率处亦甚草率也。"[《日记》,《徐旭生文集》第10册,第1204页;又见周育华:《从无锡七房桥走出的文化大家:君子儒钱穆评传》,凤凰出版社2011年版,第113页]

8月11日

在重庆,敌机夜袭,中央研究院宿舍被炸,所住寓所"亦受震,室上见天"。[《日记》,《徐旭生文集》第10册,第1206页]

8月23日

离重庆,坐船到合川,游览钓鱼城。[《日记》,《徐旭生文集》第10册,第1207页]

8月27日

坐船。船夫索要通行证,自谓"出门不喜带证章,喜以老百姓资格到处游历、观察"。不得已,乃言"为教育部派来",将在武汉时政治部证章出示,方得

9月2日

在昆明,下午与李书华等乘汽车入城,参加北平研究院第二次院务会议。[《日记》,《徐旭生文集》第10册,第1214页]

9月9日

参加北平研究院成立纪念会,熊庆来及通信研究员多人到会。发言讲"近五十年我国努力即可领导世界文化事"。[《日记》,《徐旭生文集》第10册,第1215页]

9月14日

翻阅《说文》①,觉"(卫)聚贤胆气绝大,敢为奇论,称为妄人,洵无疑义。但因其胆气大,亦有相当知识,如能慎择,亦未必无可取处耳"。[《日记》,《徐旭生文集》第10册,第1217—1218页]

9月29日

上午,李书华再谈请任中法大学文学院院长事。下午,老舍同冯友兰等来。听冯讲张嘉谋先生已去世,不胜悲惋。[《日记》,《徐旭生文集》第10册,第1220页]

9月30日

到龙头村,同冯友兰到文科研究所晤老舍及罗常培。[《日记》,《徐旭生文集》第10册,第1220页]

---

① 《说文》1939年创刊,主编卫聚贤。

是月

冯友兰作陪,老舍到昆明黑龙潭拜会。向二人建议:中秋夜到滇池赏月,包一条小船,带着乐器和酒果泛海竟夜。终因船价太贵、路途较远而作罢,感叹:看滇池月,非穷书生所能力到!①［《滇行短记》,《老舍散文精选集》,山西人民出版社2020年版］

10月9日

到中法大学开会,决定文学院下月三日开学。［《日记》,《徐旭生文集》第10册,第1222页］

10月10日

中法大学(昆明)举行21周年纪念会及开学典礼,校长李书华报告该校在北平成立20年来之经过及现在昆明各部之状况。以新聘文学院院长身份讲述校庆日与本校成立之意义及文学院今后之中心计划。［刘兴育主编:《旧闻新编:民国时期云南高校记忆》(中册),第58页］

10月12日

到龙头村,见冯友兰,托请介绍(到中法大学文学院)教哲学概论及论(伦)理学的教员。［《日记》,《徐旭生文集》第10册,第1222页］

10月22日

接李宗侗所著《中国古代社会新研初稿》②一本,甚喜,即全日翻阅。［《日记》,《徐旭生文集》第10册,第1224页］

10月23日

北京大学文科研究所研究生王明(字则诚)带论文《合校太平经导言》来,

---

① 《扫荡报》1941年11月22日。1941年中秋节为10月5日。
② 李宗侗《中国古代社会新研初稿》,北平来薰阁书店1941年出版。

应导师汤用彤之约,担任王明毕业考试委员。[《日记》,《徐旭生文集》第 10 册,第 1224 页]

10 月 25 日

李石曾①来,一同午餐。看化学所工作,参观农林所。[《日记》,《徐旭生文集》第 10 册,第 1224 页]

是月

河南大学文学院院长嵇文甫教授被国民党政府秘密拘捕,引起昆明高校中河南同乡的义愤。以"十分严肃认真"的态度关注嵇文甫的安全,并积极相约商议进行援助。[魏明经:《我和徐旭生先生的三十五年联系》,载《河南文史资料》第 24 辑,1987 年,第 105 页]

11 月 7 日

下午,到靛华巷参加北京大学文科研究所研究生论文答辩会,与汤用彤、于毅夫、唐兰等为考试委员,答辩人王明最后以 76 分通过。[《日记》,《徐旭生文集》第 10 册,第 1227 页]

11 月 8 日

到中法大学开会,宣布文史系将培养研究埃及、巴比伦学人才的措施。[《日记》,《徐旭生文集》第 10 册,第 1228 页]

11 月 14 日

乘机赴重庆。参加国民参政会二届二次会议,17 日至 26 日开会。[《日记》,《徐旭生文集》第 10 册,第 1229 页]

---

① 李煜瀛,字石曾,时任北平研究院院长。

是月

在重庆,出席国民参政会二届二次会议,提交(领衔)《请政府将河南省立河南大学改为国立案》提案。[孟广涵主编:《国民参政会纪实》(下卷),第990页]

12月2日

在重庆,与国民参政会河南籍参政员郭仲隗、王隐三等同往财政部,见赋税司司长关某,谈河南改征实物各问题。"问题有三:一、希望漕粮不作附加税匀入;二、希望每斗麦抵一斗五稻谷之率可增加;三、希望本年决定征实前民间所已交之额不再退回改征。"

到教育部,见部长秘书彭某,谈河南大学改国立事。[《日记》,《徐旭生文集》第10册,第1230—1231页]

12月7日

日本海军突然袭击美国海军太平洋舰队在夏威夷基地的珍珠港,太平洋战争爆发。

12月10日

中法大学学术讲座(历史学第三讲)在昆明北门街该校文学院礼堂举行,以文学院院长身份讲《略论中西文化之异同》。[刘兴育主编:《旧闻新编:民国时期云南高校记忆》(中册),第68页]

12月13日

为河南负担田赋问题思考,大致测算,按第一战区驻豫军队实际数字计算,每年需军麦不过40万包。第五战区驻豫军队所需粮数,粮食部已允由田赋征实项下拨给。现行的河南每年所派280万包之数殊属荒诞。即使从宽计算,每年不过需50万包至71万包。上午,与郭仲隗、王隐三、杜秀升等同往粮食部,见部长并与之交涉。[《日记》,《徐旭生文集》第10册,第1235页]

12月14日

在重庆,晤师贤夫妇。师贤言中央政治学校拟设一研究部,请海内著名学者担任研究员,正薪600元,连津贴可过千元。研究部总干事托请聘任。答言钱虽较多,但不愿脱离北平院。"且国家对此原来学术机关,留之不死不活之状况,而多创设新机关,高薪拉人,以拆旧机关之台,殊非善策。"[《日记》,《徐旭生文集》第10册,第1235—1236页]

12月18日

在昆明,接陈独秀信一封并油印《我的根本意见》①数纸。[《日记》,《徐旭生文集》第10册,第1236页]

12月20日

晚,在研究院物理所饭厅主持召开座谈会,谈太平洋战事。[《日记》,《徐旭生文集》第10册,第1237页]

12月29日

接刘鹏荪信一封,系为嵇文甫求援者。[《日记》,《徐旭生文集》第10册,第1239页]

12月31日

下午,到中法大学开会,商议假期及放寒假事宜。[《日记》,《徐旭生文集》第10册,第1239页]

---

① 陈独秀《我的根本意见》,作于1940年11月。(见任建树编《陈独秀著作选》第3卷,上海人民出版社1993年版,第560页)据朱洪《陈独秀的最后岁月》(上海东方出版中心2011年版,第255页)载:1941年10月31日,陈独秀将自己的文章托魏建功转给"旭老"。

1942年·54岁

1月8日

到中法大学开会,讨论关于教职员增薪事,决定先暂定一原则,计算总数,俟下次会讨论。闻听有多位教师欲辞职,觉中法大学"前途多艰"。[《日记》,《徐旭生文集》第10册,第1241页]

1月14日

接河南大学文史经济教育学会信一封,仍为营救嵇文甫事。[《日记》,《徐旭生文集》第10册,第1242页]

1月18日

到龙头村,与冯友兰商议营救嵇文甫事,后联名与张邃青①一信,问其营救经过,以便设法。又同到北大文科研究所,见姚从吾及罗常培商议。后由冯友兰起草联名给朱家骅②信一封,为嵇文甫解释。[《日记》,《徐旭生文集》第10册,第1243页]

---

① 张邃青,时为河南大学教授。
② 朱家骅,时任国民党中央组织部部长兼中央研究院代院长。

2月1日

收到荆三林寄来其所著《西北民族研究》一书。[《日记》,《徐旭生文集》第 10 册,第 1247 页]

2月6日

到中法大学参加出版委员会会议。[《日记》,《徐旭生文集》第 10 册,第 1248—1249 页]

2月19日

上午,到西南联大讲演,题目为《抗战后的国民心理问题》。[《日记》,《徐旭生文集》第 10 册,第 1253 页]

2月24日

下午,写复陈独秀信。[《日记》,《徐旭生文集》第 10 册,第 1254 页]

2月26日

与夏康农、吴文潞①谈关于当前物价问题,建议邀约在滇参政员向最高领袖说几句话。虽"此事固极应该,但大家所说材料,皆一鳞一爪,不成片段。我个人又无暇搜求,奈何? 奈何?"[《日记》,《徐旭生文集》第 10 册,第 1254 页]

2月27日

到中法大学办公处,通知将增设一门功课,名曰"学术谈话",每次两课时,第一课时由教师谈,第二课时领导学生对此问题自由讨论。文学院学生分两班,理学院学生如愿听者,亦可附入。每星期一班,两班各占一星期,交

---

① 夏康农,时任中法大学理学院院长兼生物系主任;吴文潞,字弼刚,时任中法大学数学系主任。

互轮流,由下星期开始。[《日记》,《徐旭生文集》第 10 册,第 1255 页]

3月1日

到龙头村访冯友兰,再商嵇文甫事并在其寓午餐。[《日记》,《徐旭生文集》第 10 册,第 1255 页]

3月3日

中法大学文理学院举办学术讲演,文学院每隔两周一次,以北平研究院史学研究所所长身份主讲第一讲。[刘兴育主编:《旧闻新编:民国时期云南高校记忆》(中册),第 83 页]

3月6日

在中法大学,开始上"学术谈话"课程。[《日记》,《徐旭生文集》第 10 册,第 1256 页]

3月12日

上午,到西南联大讲演,讲题为《人格与建国》。[《日记》,《徐旭生文集》第 10 册,第 1258 页]

3月26日

到中法大学参加出版委员会会议,通过章程,决定出《中法大学汇报》,每月五六万字。[《日记》,《徐旭生文集》第 10 册,第 1261 页]

4月29日

写广播稿,题目为《中国战国的一个特殊国家:魏》。[《日记》,《徐旭生文集》第 10 册,第 1266 页]

5月10日

参加研究院各所研究员及各课课长会议,商议于战时紧张时应采取的方法与步骤。竭力主张避开公路百里以外,多数主张退至公路附近,"故与大家争辩颇力"。结果,定于必要时退到东川①。[《日记》,《徐旭生文集》第10册,第1269页]

5月27日

陈独秀在四川江津(今重庆市江津区)去世。

6月2日

与中法大学教职员周发之、魏建功、王振鹏等18人组织助侨大队为归侨服务。以国立侨中②撤退抵滇,师生损失甚重,特捐三日所得,共1378.2元,为该校师生购物之用。[刘兴育主编:《旧闻新编:民国时期云南高校记忆》(中册),第101页]

6月7日

与姚从吾同在冯友兰寓午餐,姚、冯"皆反对宾四(钱穆)之扬中抑西论调"。对此表示不完全赞成,并颇为之辩护,"争论颇烈"。又感"宾四对西洋历史及思想史,所知不多,所发议论,自多令人指摘"。然欲一概抹杀,则又太过。[《日记》,《徐旭生文集》第10册,第1270页]

是月

发表《我国古代历史的轮廓》,署名"徐旭生"。文章勾勒了中国古代特别是夏商周演变的线索和轮廓。"我们祖先分成大大小小的民族,奠居在我们中华的地域上面,不晓得已有若干年。——如果周口店的初期人类为我们直

---

① 东川,位于昆明西北150公里处,今为昆明市东川区。
② 国立第一华侨中学,1940年5月成立于云南保山,1942年5月4日,遭日军飞机轰炸,伤亡惨重,后迁往贵州清镇。

系的祖先,那我们的奠居已经过了三十万余年,比任何民族的历史皆长久了。"[《读书通讯》(重庆,中华文化服务社印行)第44期]

7月

发表《中西文化的相遇及其分期》,署名"徐旭生"。文章提出:"1580年(万历八年)以后,罗明坚(Michele Ruggieri)、利玛窦(Matteo Ricci)等到肇庆,中西文化才算有见面的机会,此后三百余年,由于中国人士对于西洋的看法不同,可以分作六个时期。"六个时期分别为:

第一期从1680年起至鸦片战争(1838—1842年)止。这一时期的特征是西洋的传教士以传教为目的,而以天文、算学等学术为辅助的手段。中国方面,天主教与儒教未能完全相合,我国人士总是取反对的态度;天算之学则无保留地、善意地接受。

第二期从鸦片战争起到1865年(同治四年)中国派遣使臣出洋的时候止。我国人士增加了两点看法:一、认识清楚西人的船坚炮利;二、模糊地认西人皆为鸦片烟商的党徒。这个时候的思想界可以林则徐、魏源为代表。

第三期从中国派遣使臣起至1894年(光绪二十年)止。知识界约略地感觉到西洋的船坚炮利是由于他们实用学术的发达。为抵御外侮起见,也应该研究和学习。

第四期从1895年(光绪二十一年)起至民国五六年止。此时知识界可以康有为及其弟子梁启超为代表。这一时期的特征是中国文化本身的价值已经大有动摇,但是至少从表面看起,还没有崩溃的现象。西洋文化在中国虽然还不能毫无阻碍地运输进来,可是根基已经建立。

第五期从民国六七年蔡元培先生归长北京大学的时候起,直至民国二十六年七七抗战开始的时候止。一方面竭力输入新来的学术,加强学术无国界的论调;另外一方面,对于旧学术重新估价的呼声高唱入云,用科学方法整理国故的步骤亦积极地进行。此时的健将可以陈独秀、胡适二先生为代表。

从民国二十六年到现在可以说在第六期中。虚骄自大并不是我们中华民族的天性,但是由于我们悠久的历史和除了印度以外没有遇见很崇高的文化,就很容易养成这样的习惯。我们近百年来,因为它就受了极大的苦痛,所以对它应该极严厉地奋斗,并且在将来仍应该继续不断地奋斗,才能保全着我们民族的生命,发展开我们的文化。这是铁一般的事实和天经地义的道理。

爱国及忧国,这两种情感是人类最高尚的情感,也是平常受相当教育的人所公有的情感。我们治历史的人每人总具有此二情感之一也是一定的。但是大家总要注意:当我们进入研究室的门以前,我们必须很小心地把这种高尚的情感放在门外才好。否则,爱国的眼镜就会使我们看见我们自己任何的东西全是好的,他国的东西全不如我们。反过来说,忧国的眼镜也可以使我们看自己的东西不行,他国任何的东西全比我们好。我们相信世界上最有势力的东西无过于真理,伪造出来的或错认的历史多多少少总是有害的。

[《中国青年》(重庆)第7卷第1期]

8月4日

下午,陈梦家来谈,并以所著《射与郊》相赠。[《日记》,《徐旭生文集》第10册,第1277页]

8月28日

冯友兰转述张邃青来信,对欲返豫前往河南大学任职一事"来函劝驾"。请冯友兰电复张邃青,言仍留研究院,未能返豫。[《日记》,《徐旭生文集》第10册,第1280页]

9月12日

连续几日写关于中西文化比较的文章,"忽悟得天厚的人民,可使其能力稍降,但能使其心境宽平;得天较薄的人民,可使其能力增高,但其心境究嫌狭隘。前者如我中国,后者如西方各国"。[《日记》,《徐旭生文集》第10册,第1282页]

9月28日

辞去中法大学文学院院长职务,由训导长罗喜闻代理。[刘兴育主编:《旧闻新编:民国时期云南高校记忆》(中册),第124页]

是月

与苏秉琦联名发表《答席世锽君"中华民族起源问题"》①,文章开首讲了三个问题:"第一,一个民族的文化、语言、种族三事,常有相互的关系……但各有畛域,不相混乱。帮助猜测固然可以,至于真正解决,则必须得到本身的材料才能办到","第二,种族问题复杂万分,几乎是不能解决的问题。……现在我们谈某氏族或某部族的种姓,约略研寻,固可推断;精密追求,即多困难","第三,须认清我国对于吾史前及历史黎明时期的文化、语言、种族问题的研究开始甚晚,必须有不少的工作人,用相当长的时间,作巨大的努力,才可以希望得到比较(尤须注意仍非绝对)满意的结果"。以下与苏秉琦分别依次回答"我国民族起源为多元之发展抑同一源而分支""新西来说可否为我国民族西来之佐证""周家口(周口店)发现之猿人是否为我国直系之原始民族"等问题。[《读书通讯》(重庆)第49—72期合订本]

10月3日

接乡人信,知河南大旱,大批难民南逃,桐河也有多家离乡,"此为从前未有之事!"又闻鲁山有民变,"希望所闻不确。但河南情形,实极危险,殊堪焦虑"。②[《日记》,《徐旭生文集》第10册,第1284页]

10月15日

到昆明靛花巷参加史学界人座谈会,讲《关于帝后的神话》。[《日记》,

---

① 席世锽《中华民族起源问题之质疑》一文,涉及相关10个问题。
② 1942年春,唐河县"灾荒,人多食草根、树皮,卖儿卖女,逃荒要饭,源潭镇出现人市,日上市妇女达二三十人,被卖者多系襄(城县)、郑(县)、禹(州)、叶(县)灾民"。(唐河县地方史志编纂委员会编:《唐河县志》,第37页)

《徐旭生文集》第 10 册,第 1286 页]

10 月 19 日

乘机到重庆,参加国民参政会三届一次会议。[《日记》,《徐旭生文集》第 10 册,第 1287 页]

10 月 22—31 日

参加国民参政会,所注意的中心问题为物价问题。

河南大灾甚为严重,而军粮应征数,两次核减,仍存 280 万石,"绝对征不起,却予镇区长以虐民之机会"。"熟思未得法,仅能仰屋兴嗟！余个人毫无材能以救乡人父老之饿死,惶愧无地！"[《日记》,《徐旭生文集》第 10 册,第 1288 页]

10 月 25 日

在重庆,出席西南实业协会、迁川工厂联合会、中国战时生产促进会、重庆市国货厂商联合会等团体茶话会,主席章乃器。[《顾颉刚日记》第四卷,第 753—754 页]

是月

向国民参政会会议提交(领衔)《平定物价须设特别法庭,制定临时刑章,并发动社会制裁力,始能有效案》《请政府改善河南土布统制办法以利民生案》《请政府彻查中央信托局历年办理各国立校院及研究机关之购置情形,并速谋改善方法案》等提案。[孟广涵主编:《国民参政会纪实》(下卷),第 1131、1134、1135 页]

11 月 23 日

在昆明研究院纪念周,演讲关于欧洲文艺复兴问题。[《日记》,《徐旭生文集》第 10 册,第 1292 页]

12月10日

发表《请以极刑平物价》，署名"徐炳昶"。文章强调"物价飞涨，势将影响胜利之前途"，建议实行两大措施：（一）欲物价平稳，必须使政府能完全控制物价，则除统制以外无他良法。管制必须全面始能有效。（二）必须注意到此次作奸犯科之凶犯，有靠山、有财力，并有极丰富之知识，逃避办法异常精妙，普通法律已完全失其效力，非用特别办法，绝难使其畏惧。同时提出了九条具体办法，包括统一管制机关、设立特别法庭、制订临时法律、指派公正大员、鼓励社会制裁等。[《中央周刊》（重庆）第5卷第18期]

到中法大学讲演，讲题为《略论中西文化之特点》，时间两个半小时。[《日记》，《徐旭生文集》第10册，第1294页]

12月27日

与尚爱松①到龙头村，拜访汤用彤、冯友兰。[《日记》，《徐旭生文集》第10册，第1295页]

12月30日

接唐河县救灾会信一封，告知与冯友兰同被推为委员。[《日记》，《徐旭生文集》第10册，第1296页]

是年

在桐河乡开办旭桐初级中学，招生两个班，学生90人；1944年，有4个班，学生196人。1947年后停办。[唐河县地方史志编纂委员会编：《唐河县志》，第510页]

---

① 尚爱松，毕业于中央大学中文系，由中英庚款项目资助入北平研究院史学研究所，作魏晋思想史学习及研究，兼研究助理。

1943 年·55 岁

1月4日

接郭仲隗信,知河南灾民因死于饥饿者众多。而政府救灾方面,尚有争赃分肥之举动,"殊堪痛心"。[《日记》,《徐旭生文集》第10册,第1298页]

1月7日

参加北平研究院院务会议,通过聘请英国人倪丹为院通信研究员。提议聘陈寅恪、姚从吾为通信研究员,亦通过。被聘为云南大学西南文化研究室名誉研究员。[《日记》,《徐旭生文集》第10册,第1298—1299页]

1月9日

应王云五①邀,到云南省党部参加商议成立经济动员策进会事宜的会议,到会者共8人,王晓籁②在重庆来昆明途中。王云五报告近日与各方接洽经过情形,大致顺利,决定14日开成立会。[《日记》,《徐旭生文集》第10册,第1299页]

---

① 王云五,时任商务印书馆总经理,国民参政会参政员。
② 王晓籁,时任中央赈济委员会常委,国民参政会参政员。

1月18日

到中法大学，借得《资本论》三本，晚翻阅。[《日记》，《徐旭生文集》第10册，第1300页]

1月19日

翻阅佐野袈裟美（日本）著《中国历史教程》，此书以唯物史观研究中国历史。读后有感："历史科学本为经验科学。言其为经验，即言其从各部分的研究中所提出之结论，很难一致；更精确地说，必须是大同小异的。求其大同，固为人类精神所倾向着的最高目标，但求其小异，始为历史家的真正领域。且小异之小不过比于大同之大而见其为小，实在其差异也颇能大得惊人！时不相同，地不相同，生活条件不相同，则其变化时间所遵守之规律，亦不能完全相同。研究历史者必须由其所研究部分之自身，一点一滴地抽出其规律，始可谓真正的规律。但在某一定时期，某一定地方，一种经验科学开始研究时，必取他时及他地较进步之研究作比较，结果常有以此较进步研究之结论强套于一时不同、地不同、生活条件不同之社会上之倾向。此亦学术进步时所必经之阶段，殊不足怪。但此强套的阶段不早抛弃，经验科学即不能自由发展，不能有得真正规律的可能性。人类的历史本颇贫乏：较完备者，本只有我国及西洋之二大支。马克斯（思）诸人处十九世纪西洋学术昌明之际，以其极敏锐之眼光，对于西洋社会中之一极重要现象——经济——作分析，实可谓惊人之大发现。以比我国之历史，亦有一部分之相同处，本自不误。但今日我国及东邻学者，实尚未能超过强套之阶段。佐野氏此书即可代表。因西洋资本经济之前期为封建社会，而中国亦须循同样的道路！又因中国直到现在，资产经济尚未发展，而自秦至清遂成为封建社会！又因终不太像，因创造出来'官僚的中央集权的封建制'的怪名词，后二词在西洋文中，自相矛盾，而东邻之学者不及觉！我国之学者乃亦不及觉而译之！吾常谓我国之国民性为'慢腾腾地'，然欲超过强套之阶段，其慢固至此乎？可叹，可叹！"

下午，翻阅《资本论》，因"抽象能力不高，读其第一卷时，殊感困难"。

[《日记》,《徐旭生文集》第 10 册,第 1300—1301 页]

1月19日
在昆明,参加北平研究院院务会议,议决聘请英国皇家学会会员李约瑟为通讯研究员。[刘晓:《国立北平研究院简史》,中国科学技术出版社 2014 年版,第 157 页]

1月20日
仍翻阅《资本论》。[《日记》,《徐旭生文集》第 10 册,第 1301 页]

1月21日
续读《资本论》,忽悟西洋人所常谈之"为科学而科学""为艺术而艺术""为……而……"等,与其进步迅速及社会不够稳定有极密切之关系。盖所谓"为……而……"者,即专精一事、不顾一切、加紧进行之谓也。因加紧进行,故进步迅速;因不顾一切,故社会颇难安定。又悟我国民性之"慢腾腾地","开始固由于农业的影响,然因不排斥同化而同化力大,同化力大而易成大帝国,及成大帝国后,而须顾虑之方面更多。如此遂更增加其慢度。然因其顾虑甚多,进步速度极慢,故脚步比较平实。但此为过去承平之时言之,今日赖不顾一切者所得之科学结果,可以利财用,可以便交通。交通一便,而社会改革亦不致有大震动及危侧之势,则我国今日急应大踏步进行以应急需"。再"慢腾腾地",或有落伍与被淘汰之患![《日记》,《徐旭生文集》第 10 册,第 1301—1302 页]

1月29日
与苏秉琦谈河南灾情,赞同其建议,自请办一部分赈务。遂与郭仲隗联系商议。[《日记》,《徐旭生文集》第 10 册,第 1303 页]

2月1日

参加中法大学训练班开学典礼,与李宪之①同被邀讲话。[《日记》,《徐旭生文集》第10册,第1304页]

2月4日

派人进城寄200元与唐河赈灾会。[《日记》,《徐旭生文集》第10册,第1305页]

2月6日

同陈梦家到史家营,访闻一多,并与之讨论宓牺、颛顼、高阳等神话研究。遇朱自清,返陈梦家寓午餐。[《日记》,《徐旭生文集》第10册,第1305页;闻黎明、侯菊坤编:《闻一多年谱长编》,第657页]

2月12日

北平研究院转来教育部发放给自己的紧急救济费2200元,对此办法不以为然。遂与苏秉琦商议,暂以个人名义存于银行,留为史学研究所预备金。[《日记》,《徐旭生文集》第10册,第1306页]

2月17日

乘机由昆明到重庆。[《日记》,《徐旭生文集》第10册,第1307页]

2月20日

在重庆,前往为乔大壮悬弧之辰(男子生日的古称)道贺。"大壮既赋断弦,又殇爱子,然尚能自解,不致悲伤憔悴,颇属可喜。"下午参加河南赈灾会会议,议决重要案件为抢救儿童,及请将已征购之余粮暂移作民食。[《日记》,《徐旭生文集》第10册,第1308页]

---

① 李宪之,时为西南联大教授。

3月1日

与郭仲隗等商议回豫帮助办平粜事。因请政府拨款,层层手续,需时十数日! 款运至购粮处,又需时若干日! 购粮,又需时若干日! 购得,运输,又困难重重,更需时若干日! 无论如何计算,至阴历四月初,粮尚难运到! 更出人意料者,则为电报重重转局和积压,往返河南电报竟有至十七日者! "完全束手","想不出其他出路!"[《日记》,《徐旭生文集》第10册,第1311—1312页]

3月4日

赴于右任院长宴请,在座者顾维钧、钱阶平、傅斯年、卫聚贤及苏联人塞夫。① [《日记》,《徐旭生文集》第10册,第1313页]

3月8日

在重庆,应邀到中华大学讲演,讲题为《论学术独立》。[《日记》,《徐旭生文集》第10册,第1314页]

3月15日

在重庆,应邀在组织部纪念周讲演黄帝与蚩尤的战事。[《日记》,《徐旭生文集》第10册,第1315页]

3月16日

与郭仲隗等往见许俊人②,请其转行政院申请加拨军米100万大包以救河南灾胞。[《日记》,《徐旭生文集》第10册,第1315页]

3月23日

在中央图书馆(重庆)参加中国史学会筹备会。同会者有顾颉刚、傅斯

---

① 于右任,时任国民政府监察院院长;顾维钧,字少川,时任中国驻英国大使;钱阶平,时任外交部常务次长。

② 许世英,字俊人,时任全国赈济委员会委员长。

年、翁文灏、郑天挺、雷海宗、姚从吾等。[《顾颉刚日记》第五卷,第45页]

3月24日

上午,参加教育部史地教育委员会会议,同会者有陈立夫、顾颉刚、黎东方、傅斯年等人。

下午,参加中国史学会成立大会,到会者124人,与顾颉刚、黎东方等9人被推为主席团成员。会议通过中国史学会章程,与顾颉刚、傅斯年、黎东方等21人被选举为理事。26日,参加中国史学会理监事会议。[《顾颉刚日记》第五卷,第45—47页;《中国史学会成立大会纪念录》,载《史学杂志》创刊号,1945年12月5日]

是月

河南同乡希望先生与冯友兰设法见蒋介石,陈述河南灾情。遂致函陈布雷,请其设法早日安排。月底,蒋由湘北、贵州返渝,得以相见并允拨军粮。[《日记》,《徐旭生文集》第10册,第1317页]

4月5日

下午,在重庆中央图书馆参加中国史学会理事会,讨论经费、会员征集、会址、会刊等问题。[《顾颉刚日记》第五卷,第53—54页]

下旬

因为河南灾情日夜焦虑并奔波呼号,终至犯病,入重庆歌乐山中央医院,经查知肺右上尖有瘢痕,遂静养多日。[《日记》,《徐旭生文集》第10册,第1317页]

5月2日

与郭仲隗同行,乘汽车离重庆经广元、宝鸡、西安、潼关,12日到达洛阳。见第一战区司令长官蒋鼎文,"谈征发麸料柴草事"。[《日记》,《徐旭生文集》

第 10 册,第 1317 页]

5 月 16 日

说文社在重庆国立中央图书馆召开成立大会,出席者 40 余人。会议推举卫聚贤①为理事长,商承祚等 5 人为常务理事。被列为发起人之一,并与傅斯年、李济、顾颉刚等 27 人当选为理事。[《说文月刊》(重庆)第 3 卷第 11 期,1943 年 11 月 12 日]

附《说文社章程》(部分内容):以研究学术、宣传本国文化为宗旨;主要任务:文字学、史学之研究,古物之调查及保存,学术刊物之出版,讲演会及开展览会之事项。

5 月 18—22 日

离洛阳经鲁山、宝丰,回到南阳家中。"途中尚看见饿毙者三人","饿毙肉被食者一人","鸠面槁首,行动艰难者不知几何人!"沿途向难民散放约百元现金,"然能救活几人,殊属可疑"。据悉,全省饿毙者不下二百余万人。省政当局讳疾忌医,"对于民死颇负相当责任"。[《日记》,《徐旭生文集》第 10 册,第 1318 页]

6 月下旬

先后去往唐河县桐河镇、砚河、太和寨、唐河县城、临泉高中、白秋镇唐西中学、金华镇、后徐营、郭旗镇等处。沿途在各学校都有讲演,题目唯一,为《奢与俭》。

夫人与小孩已于前数日抵家。[《日记》,《徐旭生文集》第 10 册,第 1319 页]

---

① 卫聚贤,清华研究院毕业,曾为云南大学教授,时任中央银行秘书。

7月下旬

到南阳城内,参加南阳女中、宛中董事会。会议决定两校董事会合并为一,宛中停招初中,专办高中。[《日记》,《徐旭生文集》第10册,第1319页]

是月

唐河县民众立唐河县赈灾碑,记本县知名人士"徐旭生先生等,或慨解以义囊,或募汇巨款,振恩助振,不遗余力。与全县士民,随地施救者尤众"。[《唐河县发现民国31年功德碑》,《南阳晨报》2019年3月4日]

8月23日

离开南阳,经叶县,27日到洛阳。9月11日返重庆。[《日记》,《徐旭生文集》第10册,第1320页]

是月

发表《俭与奢:在战争中,谁能吃苦,谁就可以胜利》,署名"徐旭生"。[《重庆舆论周报》第1卷第2期(原载《河南民国日报》)]

9月18日

参加国民参政会三届二次会议。

9月27日

与郭仲隗同受蒋介石传见,面陈"训练壮丁者之虐待壮丁及中下级军官之奢侈风气二事",郭则"多陈(河南)灾情"。[《日记》,《徐旭生文集》第10册,第1321页]

9月30日

在重庆,应邀到三青团团部讲演,题目为《大禹治水之影响》。[《日记》,《徐旭生文集》第10册,第1321页]

是月

发表《我国的循环论哲学》，署名"徐炳昶"。[《哲学评论》(中国哲学会，重庆)第8卷第2期]

向国民参政会三届二次会议提交(领衔)《均衡发展前后方生产,迅予指拨工矿业贷款一万万五千万元,俾维河南省内工矿事业案》《请设灭蝗研究所,督导根本消灭蝗灾以维国本案》提案。[孟广涵主编:《国民参政会纪实》(下卷),第1235页]

10月2日

乘机离重庆回昆明。[《日记》,《徐旭生文集》第10册,第1321页]

是月

中国文化服务社(重庆)出版《中国古史的传说时代》,署名"徐炳昶"。

11月12日

与姚从吾同赴清华同学会史学界恳谈会,到会者所谈以建都问题为多。不同意仍设南京或武汉的主张,竭力主张设在北方。晚,为西南联大特别党部讲演,因孙中山诞辰日故,讲题为《论学术独立》。[《日记》,《徐旭生文集》第10册,第1328页]

11月14日

中法大学学生王某、赵某来,接洽为文史学会讲演事,原拟星期四下午七点,因不愿夜宿城内,改为下星期日下午两点。所带来的车马费三百元,因不需,退还。[《日记》,《徐旭生文集》第10册,第1328页]

11月16—17日

16日,中法大学邬生来,商讨周日讲演题目事。拟出二题供选择:(1)再论学术独立;(2)中国古代民族三集团略说。17 日,邬生再来,商定讲演第二个题目。[《日记》,《徐旭生文集》第 10 册,第 1328—1329 页]

11 月 19 日

在昆明,应邀到空军学校讲演,讲题为《大禹治水》。[《日记》,《徐旭生文集》第 10 册,第 1329 页]

11 月 21 日

下午,应邀到中法大学讲演,题目为《中国古代民族三集团略说》。[《日记》,《徐旭生文集》第 10 册,第 1330 页]

12 月 13—28 日

连日发烧,晕倒至昏迷,入云南大学附属医院治疗。尚爱松等陪同。[《日记》,《徐旭生文集》第 10 册,第 1334—1336 页]

1944年·56岁

1月1日

在日记中感慨:"因此次大病未死,就又生出无限的奢望,极清醒地作出极美满的好梦:梦到活到九十余岁时,家、国、世界,全如吾个人、国人、人类所希望的安稳进行! 梦到个人死后百年内之精神生命! 梦到三百年内之精神生命! 梦到将千年时之精神全死无遗!"[《日记》,《徐旭生文集》第10册,第1339页]

1月29日

在昆明,参加经济建设策进会讨论,到会者约20人。[《日记》,《徐旭生文集》第10册,第1345页]

2月5日

昆明学术界宪政研究会举行成立大会并特邀褚辅成①演讲,到会者30余人。与姜亮夫、潘光旦、曾昭抡、唐筱蓂、潘大逵、李公朴、周新民、张静华等当选为理事。[刘兴育主编:《旧闻新编:民国时期云南高校记忆》(中册),第204—205页]

---

① 褚辅成,时任上海法学院院长,国民参政会驻会委员。

2月11日

参加院内研究员及各课长谈话会,李书华报告院中近日失盗及物价大涨、院中经费支绌各事。又提议组织消费合作社及医药费保管委员会二事。对于后者大致决议:在昆明诸同人于每月薪水中扣除百分之一,设会保管;如院中经费支绌未能补助或未能及时补助时,即由会斟酌补助或暂垫付。与严济慈等5人被推为委员。[《日记》,《徐旭生文集》第10册,第1348页]

3月12日

在昆明,到李公朴寓,参加宪政研究会理事会会议。见潘光旦,光旦以其所著之《说文以载道》见赠。[《日记》,《徐旭生文集》第10册,第1353页]

3月30日

下午,写《中国史前史纲要》稿之审查意见,此书抄袭成篇,实无出版之价值,"然予却不得不为乡愿",而结论为"予以出版,亦无不可",亦复文通书局一函。[《日记》,《徐旭生文集》第10册,第1356页]

4月7日

接敦煌研究院聘书一封。接家中来信,长兄于农历二月十八日去世,"伤哉!"[《日记》,《徐旭生文集》第10册,第1357页]

4月9日

在昆明,到冯友兰寓并午餐。感叹:"彼家每月专吃饭即已过万!连用需两万余!每年得稿费约七八万,尚不足,由家赔补!芝生家素节约,即已如是。"[《日记》,《徐旭生文集》第10册,第1358页]

4月15日

邮局寄来《中国古史的传说时代》,共28本。"甚喜,因此书付印已二年余,终印成接到,在战时已觉足喜矣。"[《日记》,《徐旭生文集》第10册,第1359页]

4月17日

豫湘桂战役的第一阶段"豫中会战"开始,第一战区副司令长官汤恩伯指挥不力,30多天会战,军队丧失5万余人,40余个县城丢失,河南全省沦陷。

4月26日

为旭桐中学备案一事,写信与河南省教育厅厅长鲁荡平,并请冯友兰联署。[《日记》,《徐旭生文集》第10册,第1360—1361页]

5月7日

在文学院礼堂出席中法大学文史学会第19次讲演,作题为《谈周口店猿人在学术上的价值》学术报告。[《日记》,《徐旭生文集》第10册,第1363页;刘兴育主编:《旧闻新编:民国时期云南高校记忆》(中册),第249页]

5月19日

读完陈寅恪所著《唐代政治史述论稿》一书,认为此书"考据既精且博,并能独见其大,近日行家均称其在现代历史家中,应坐第一把交椅,洵非浪誉"。[《日记》,《徐旭生文集》第10册,第1364—1365页]

6月19日

姚从吾介绍程溯洛来访,程在北大文科研究所研究北宋史。[《日记》,《徐旭生文集》第10册,第1369页]

7月30日

姚从吾来信,请为陈寅恪所著《唐代政治史述论稿》作书评。"本拟不作,因如系介绍,则大众皆知,毫无需要;如系批评,则予之学力不敷,不配作此。然从吾来信言,书购者虽不少而真知其价值者并不多,仍请予作,乃再翻阅,以便写点东西。"[《日记》,《徐旭生文集》第10册,第1376—1377页]

8月7日

到北京大学驻昆明总部参加北京大学研究院文科研究所研究生魏明经硕士论文答辩会(导师汤用彤)。答辩委员会主席贺麟(字自昭),委员有汤用彤、冯友兰、罗庸、郑昕(原名秉璧)及王□□。论文通过,后获教育部颁硕士学位。[《日记》,《徐旭生文集》第10册,第1378页;魏明经:《我和徐旭生先生的三十五年联系》,《河南文史资料》第24辑,第88—119页]

是月

发表《班毁铭跋书后》《晋宁访古记》《滇贤碑传集叙》,署名"徐炳昶"。[《史学集刊》(国立北平研究院史学研究所,重庆)第4期]

9月3日

乘机由昆明到重庆,参加国民参政会三届三次会议。[《日记》,《徐旭生文集》第10册,第1382页]

9月5日

在重庆,何应钦在国民参政会军事报告后,起而质疑"汤恩伯在河南不战而退,贻误大局",不能仅革职留任,全场热烈赞同。后又起草相关提案,签名者达103人。

发起提案《实施民主监督制度俾民意机关或舆论机关尽量举发贪污违法殃民案件案》《初中外国文课程宜厉行分班分别教授案》《请通令全国学术刊物必须具有本国文字始准印行以促进学术独立案》。

与其他35人联署褚辅成所提提案:《请政府紧缩通货,另筹他款,弥补预算之不敷》。[《日记》,《徐旭生文集》第10册,第1382页;孟广涵主编:《国民参政会纪实》(下卷),第1327、1338、1339页]

就汤恩伯在河南战场狼狈溃退提出询问案,指出:"全国人民不敢要求军队以劣势武器一定打胜仗,但必须达成战至最后,打击敌人消灭敌人的任务而后已。"此次中原会战,"敌人……竟如此很快到了(洛阳)龙门,无怪河南同胞都说军队没有作战便走","汤恩伯在禹县(今河南禹州市)经营了三年,可是汤恩伯离开禹县三天后敌人才到"。汤诬称河南军民不合作,向来"兵役第一、出粮第一"的河南人民为什么会不合作?对汤恩伯"撤职留任之处分"人民不能了解,对于战事前途深为忧虑。[《三届三次国民参政会关于汤恩伯在河南战场狼狈溃退的质问案及何应钦之答复》,转引自中国人民解放军政治学院党史教研室编:《中共党史教学参考资料》第9册,第343页]

9月10日

在重庆,参加在中央党部召开的会议,蒋介石以总裁身份出席,发言中称汤恩伯"无更大责任,群情忧愤"。[《日记》,《徐旭生文集》第10册,第1382页]

9月11日

蒋介石以总裁身份召见河南参政员,与郭仲隗同往。蒋对河南事垂询甚详,且令将所知者尽量写上。唯对汤恩伯则因其为"忠实同志","似有未便撤换之势"。[《日记》,《徐旭生文集》第10册,第1382页]

9月22日

同郭仲隗到重庆北碚,看望天府煤矿公司之中福公司①同乡。[《日记》,《徐旭生文集》第10册,第1383页]

9月23日

在重庆,应邀到复旦大学讲演"整理中国古代文献的方法问题"。[《日记》,《徐旭生文集》第10册,第1383页]

---

① 中福公司,中英合资经营的煤矿,位于河南焦作。全面抗战爆发后,内迁至四川,并与当地资本合资创办天府煤矿。

9月26日

在重庆,应邀参加中国语言文字学会成立会议。[《日记》,《徐旭生文集》第10册,第1383页]

9月28日

乘机离重庆返昆明。[《日记》,《徐旭生文集》第10册,第1383页]

11月11日

接郭仲隗等电报,力劝担任豫鲁监察使一职。此前于右任院长曾托人征求意见,因书未写完,"未能改业,辞之"。复电,重申此意。[《日记》,《徐旭生文集》第10册,第1387页]

11月12—14日

连日翻阅《列宁生平事业简史》。[《日记》,《徐旭生文集》第10册,第1387页]

12月7日

研究院总办事处通知,与严济慈、钱临照等6人获教育部研究补助。[《日记》,《徐旭生文集》第10册,第1391页]

1945 年·57 岁

1月11日

接研究院总办事处送来特别研究费1万元,对院方要求保密一事,"心颇不怿"。遂将该款转交苏秉琦,嘱其计划为所中购存一点东西。[《日记》,《徐旭生文集》第10册,第1397页]

2月8日

接何士骥①信,得悉其已"穷困不堪"。9日,寄去2万元以接济其生活。[《日记》,《徐旭生文集》第10册,第1401、1402页]

2月9日

在昆明,应邀在空军第五路司令部作演讲,谈中西文化之特殊点,指出西方文化自古即是工商业文化,中国文化则为农业本位文化。中国文化有两大优点可贡献于世界:一为民族偏见浅,故同化力较强;二为政治力常能控制经济力。[《日记》,《徐旭生文集》第10册,第1400—1401页]

---

① 何士骥,时为西北师范学院(兰州)国文系教授。

2月22日

接中央训练团邀请函并路费 11000 元,又接重庆方面电报一封,皆为训练团请讲授"中华民族之发展"课一事。复电允如期赴渝。[《日记》,《徐旭生文集》第 10 册,第 1403 页]

3月2日

借来《延安一月》①一本,披阅。次日阅完,"文笔不甚漂亮,而观察与叙述皆甚平实"。[《日记》,《徐旭生文集》第 10 册,第 1405 页]

3月3日

吴晗②拟宣言一份,主张召集国民党、共产党及民主大同盟开国是会议,组织联合政府。托请带往重庆,设法呈上。[《日记》,《徐旭生文集》第 10 册,第 1406 页]

3月4日

在重庆,应邀到复兴关中央训练团驻地,作"中华民族之发展"学术讲座。6、7、9、13 日各讲 2 个小时。其间,先后会晤吴稚晖、傅斯年、李济、梁思成、沈尹默、沈兼士、陶孟和、乔大壮、魏建功、王云五等友人。19 日返回昆明。

其间,对参加受训的连震东建议并联系商务印书馆王云五同意,在大陆出版《台湾通史》。1946 年 1 月,商务印书馆在重庆排印出版。次年 3 月,在上海出版,终使该书广为流传。[《日记》,《徐旭生文集》第 10 册,第 1406 页;转引自褚静涛:《国学大师与〈台湾通史〉》,《南京社会科学》2012 年第 1 期;《连雅堂先生家传》,载《台湾通史》,商务印书馆 1946 年版,第 704 页]

3月12日

昆明文化界丁力等 342 人联合发表《关于挽救当前危局的主张》,主要内

---

① 《延安一月》,新闻记者赵超构访问延安后写成的长篇通讯集。

② 吴晗,时为西南联大教授。

容包括:立即邀集中国国共两党等在野党及各界代表,召开国是会议,决定战时政治纲领,筹备国民大会,以通过宪法,实施宪政;以国是会议为战时过渡的最高民意机关,由其产生举国一致的民主联合政府;解散特务组织,释放政治犯,切实保障人民的各种自由;彻底改组国家最高统帅部。[朱汉国主编:《南京国民政府纪实》,安徽人民出版社1993年版,第887页]

3月31日

完成《论封建势力》一文,对"封建"一词的由来、内涵及东西方的差异进行了详细分析论证。[《日记》,《徐旭生文集》第10册,第1409页]

4月12日

在昆明,接文化基金委员会信一封,得补助研究费第一期4万元。[《日记》,《徐旭生文集》第10册,第1411页]

4月13日

继续写作《中西文化的试探》,至6月1日完成一章。[《日记》,《徐旭生文集》第10册,第1411页]

4月16日

与中法大学教务长徐海帆到云南省党部,参加云南各界召开的纪念罗斯福大会。① [《日记》,《徐旭生文集》第10册,第1412页]

4月21—22日

发表《论封建势力》一文,署名"徐炳昶"。[《正报》1945年4月21日、22日]

---

① 美国总统罗斯福于1945年4月12日去世。

是月

乔大壮作发表词作《黄鹂绕碧树·寄怀旭生和清真》:"天末凉风至,飞光急景,雁来何暮。短梦惊回,任凝霜鬓绿,浣尘衣素。倚楼望久,近书渺、时牵羁绪。琴调改、妙手师涓,为我重招春煦。　槛角秋英稍吐。酒杯空、劝收危虑。九州地、几河崩自塞,金贱如土。镜里岁华再少,共小筑墙东住。消摇旧隐溪山,画屏烟树。"[《中国文学》(重庆)第1卷第5期,1945年4月]

5月12日

代表北平研究院接待教育部高等教育视察团。①[《日记》,《徐旭生文集》第10册,第1417页]

5月30日

接重庆河南农工银行转来故乡(南阳)民团首领来电,转请政府补助子弹及赈济难民。[《日记》,《徐旭生文集》第10册,第1419页]

6月11日

下午,阅毛泽东在中共七大上的报告。[《日记》,《徐旭生文集》第10册,第1420页]

6月15日

完成为连横所著《台湾通史》序。[《日记》,《徐旭生文集》第10册,第1420页]

附《台湾通史序》节录:

我中华民族所创造之文化为世界巨大文化之一,殊无疑义。其特异点,

---

① 国民政府教育部高等教育视察团成员有皮宗石、任泰、庄长泰(北平研究院药研所)等人。视察团的视察目标着重两点:调查各校教授及学生之生活实况,以便报部想法改善;调查各校图书仪器之设备情况,及其需要程度,以作将来补充之依据。[《中央日报》(昆明)1945年5月7日]

依吾人之所探寻,盖有三端:一曰缓,二曰久,三曰稳。自人类学者证明吾民族为中华之土著而外来之说绌,其奠居于斯土也已不知其绵历几万年。……经历奕世,始跻于高度文化之林,则其缓也。……自秦始皇至今二千余年,史事之载于正史者无一年之缺逸,尤为世界各国之所无有,则其久也。……历阽危一次而我中华民族增庶增强一次。即至近百年来,我兵力、经济、文化皆受西方人严重之压抑,而终受有广土众民以备此八九年独立抗战之潜能,则其稳也。

……台湾与我闽疆一苇可通,其通中国也自隋,至今日千余年,即至明季郑氏之逐荷兰人亦已千有余年也。此千余年间我闽、广人民与斯地土著逐渐融合之陈迹,虽史缺有闻,而用近一二百年间我侨民在南洋诸岛与土民融合之经历相比较,固不难想象以得……

雅堂先生……积数十年之力,成《台湾通史》巨著。……搜罗弘富……据实列述,不作浮光掠影之谈。乃叹邦人君子,如尚不愿将祖先之所惨淡经营者完全置诸脑后,则对此书允宜人手一编。……希望国人鉴于我民族及荷兰人、日本人在斯土盛衰递嬗之往事,葆吾所长,勉吾所短,以绵续吾先民之丰功伟烈于无穷也。(连横:《台湾通史·徐炳昶先生序》,九州出版社2008年版,第1—3页)

7月7日

在重庆(住和平路陆海空军联谊社招待处),参加国民参政会四届一次会议。开幕式上周枚荪①致辞因提到"政治混乱"等,引蒋介石"大怒",将其从原拟主席团名单中除去。[《日记》,《徐旭生文集》第10册,第1423页]

7月20日

在重庆参加国民参政会,感觉"此次开会秩序稍差,然未必非好现象,盖国民党控制之力已形纵弛"。驻会委员选举,原在候选单上的六人落选,不在名

---

① 周枚荪,时任北京大学法学院院长,国民参政会参政员。

单的周枚荪等人当选,"皆可证明"。[《日记》,《徐旭生文集》第 10 册,第 1423 页]

国民政府主席为部分参政员举行茶会,与章士钊、何基鸿、钱端升、顾颉刚、周鲠生、邵力子等出席。[《顾颉刚日记》第五卷,第 499 页]

7 月 23 日

见教育部部长朱家骅,朱同意在新疆设一研究所及设计机关,允于回云南后草拟一份计划寄来。[《日记》,《徐旭生文集》第 10 册,第 1424 页]

8 月 6 日

美国空军在日本广岛投下第一枚原子弹;8 日,苏联对日宣战,红军出兵中国东北,向关东军发起进攻。

8 月 9 日

在昆明,因李书华赴重庆,为其代阅研究院公文,住办事处,每周二、四、六代阅公文。[《日记》,《徐旭生文集》第 10 册,第 1424—1425 页]

8 月 11 日

在昆明,路遇研究院同人,告知据《朝报》号外,日本已无条件投降。大喜。转告同人,皆大喜。[《日记》,《徐旭生文集》第 10 册,第 1425 页]

8 月 12 日

在昆明,应邀赴清华大学文科研究所晚餐,庆祝抗战胜利。[《日记》,《徐旭生文集》第 10 册,第 1425 页]

8 月 14 日

日本宣布无条件投降。

8月15日

日本投降消息传来,"史学所里彻夜欢声笑语不绝",高声吟诵杜甫《闻官军收河南河北》中的名句:"剑外忽传收蓟北,初闻涕泪满衣裳。"[苏恺之:《我的父亲苏秉琦:一个考古学家和他的时代》,第77页引钱临照回忆录]

9月9日

在昆明,参加北平研究院纪念会。

提议北平研究院史学研究所领导中法大学文史系,研究法国史学典籍,并请法国学者来讲学等。[《国立北平研究院学术会议昆明第一次预备会会议记录》,转自刘晓:《国立北平研究院简史》,第23页]

研究院召开复员工作及将来计划讨论会,决定各所派人往北平,筹划迁移事宜。各所先拟订复员计划,再开会讨论。[《日记》,《徐旭生文集》第10册,第1430页]

9月17日

在昆明,与姚从吾会晤陈寅恪,"彼虽憔悴,但意兴尚佳"。[《日记》,《徐旭生文集》第10册,第1431页]

9月18日

在昆明,到中法大学与学生谈话,告以学校现在情形,并告知"将开一西夏文班,希望有人选课"。[《日记》,《徐旭生文集》第10册,第1432页]

9月22日

与苏秉琦讨论并草拟史学研究所扩充工作计划。[《日记》,《徐旭生文集》第10册,第1433页]

9月25—26日

撰写《对于北平师范大学复校问题之献议》。[《日记》,《徐旭生文集》第10册,第1433页]

9月29日

到云南大学附中讲演,讲题为《说孝》。[《日记》,《徐旭生文集》第10册,第1434页]

10月8日

开始在中法大学文学院授课。[《日记》,《徐旭生文集》第10册,第1437页]

10月10日

国共双方在重庆经过43天的谈判,签署《政府与中共代表会谈纪要》(即《双十协定》)。

10月15日

在昆明,到靛华巷,访向达①,谈西北各事,并约其到中法大学兼课。[《日记》,《徐旭生文集》第10册,第1438页]

10月17日

国民政府公布《国立北平研究院组织条例》(1945年9月29日立法院第四届第285次会议通过),规定"国立北平研究院隶属于教育部,为学术研究机关",内设物理学研究所、原子学研究所、化学研究所、药物学研究所、生理学研究所、动物学研究所、植物学研究所、史学研究所等。[立法院秘书处编印:《立法专刊》1946年第24期]

---

① 向达,时为西南联大教授,曾为中央研究院组织的西北史地考察团历史考古组组长。

10月28日

接家信,悉长子桂恒因肺病病故。"虽不致丧明,然舐犊之爱,不异人人,情意怫郁,何能自已!"[《日记》,《徐旭生文集》第10册,第1442页]

10月29日

北平研究院决定,派钱临照、苏秉琦先行返北平,联系收回被日军侵占的房屋、资料、图书、仪器、办公用品等。晚,为钱、苏二人饯行。[《日记》,《徐旭生文集》第10册,第1442页]

11月11日

联系对书籍有兴趣之友人商量一办法,向政府建议,解决战时书版损失问题。

18日,在中法大学图书馆聚谈。[《日记》,《徐旭生文集》第10册,第1445、1446页]

11月30日

为贺挚友乔大壮之子乔无遏新婚发表诗作,署名"虚生"。诗前序曰:"乔无遏二世兄,空军健将,杀敌功高。受重伤,卒获救。敌人降服,国家酬庸,赐一等空军复兴勋章。生乃乞休沐归省,并与汤女士结婚。余与其尊翁大壮先生总角订交,而今皆已垂垂然老,然窃喜,壮翁有佳儿佳妇之足以娱老也。故为韵语以贺,壮翁耽醇醪,兼以嘲之。"[中法大学文学院主办:《中法文化》(昆明)第1卷第4期]

附贺诗:苍旻会敛云若涛,狂飙怒吼万木摇。倭奴喋血犯神皋,众生骇□儿嗷号。青年奋起兵出橐,凌空杀敌勇如虓。此中健者咸推乔,狂寇剿扩苦战鏖。敌锐摧折突欲逃,翼倾机颠如叶飘。狡虏勿遏三师潮,飞将意气越嫖姚。屡战重伤志不挠,护机旋归气仍骄。受迫飞降入吾郊,请我空军身遽倒。护持幸赖义民劳,瘐伤又获灵药疗。神清体爽复健饶,大敌降服意憔憔。国家酬庸稽勋饶,戎衣且解兵且发。归省晨昏娱堂高,亲结其缡美清标。九十其仪温且豪,有子如此兴逸超,佳儿佳妇若宾僚,老子且自斟醇醪,壮翁拂髯乐陶陶。

12月2日

到中法大学,闻听前日惨案情况。同人"皆痛恨当局之处理荒谬,至酿惨案"。[《日记》,《徐旭生文集》第10册,第1450页]

12月8日

半夜惊醒,"不能复寐,遂成对被杀学生挽联两副":一为"伤心人也是作父兄,忍见后生成冤鬼!首祸者岂独无子女,竟赋榴弹杀青年!"二为"吾侪洒泪横尸前,痛无辜者竟如此死;汝等被杀校门内,问造谣人尚作何言?"构思时,"愈思愈痛,泪湿枕衣"。[《日记》,《徐旭生文集》第10册,第1451页]

12月9日

为解决"一二·一"惨案引发的学生运动问题,云南省政府主席卢汉、教育部次长朱经农等在省府大客厅与各校师生代表座谈。以中法大学文学院院长身份与西南联大常委傅斯年、叶企孙(训导长查良钊代),云南大学校长熊庆来,英语专科学校校长水天同等与会。学生代表陈述事实,提出追责、惩凶、保障学生人身自由等六项要求。[刘兴育主编:《旧闻新编:民国时期云南高校记忆》(中册),第419页]

12月16、18、26日

先后参加中法大学校务会议、校务扩大会议,讨论因"一二·一"惨案罢课后的复课等问题。[《日记》,《徐旭生文集》第10册,第1453、1454页]

12月30日

起草对于解决国内时局问题的具体意见,下午与贺麟、姚从吾、吴文潞、冯友兰、汤用彤等聚集讨论。因意见不一致,众人建议以个人名义送《大公

报》发表。[《日记》,《徐旭生文集》第 10 册,第 1454—1455 页]

是年

与同乡友人谈关于抗战后在南阳开展学术研究的宏愿。其中一项是,计划把凡有 2000 册以上藏书的人家组织起来,编印统一的书目,再发给大家,做到互通有无。[魏明经:《我和徐旭生先生的三十五年联系》,《河南文史资料》第 24 辑,第 106 页]

1946年·58岁

1月10日

政治协商会议在重庆开幕。

1月7日

贺麟修改对于国内时局建议并送来,主要内容:"一为请政府速遵国父遗教,用平均地权、节制资本方法完成民生主义;二为改选国民大会,使各党得自由竞选以解决国是;三为建议在宪法上规定监察院属于第二大党。"与原建议相比,少了对司法院、考试院的意见。与吴文潞、夏康农商议,就近请人签名,争取达到百人,"或能生效力"。[《日记》,《徐旭生文集》第10册,第1457页]

1月20日

发表《垂涕以道》,署名"徐炳昶"。文章表达了强烈的和平愿望,"此时邦人君子,莫不厌乱思治",希望"两党贤达其真能披肝沥胆,解忿释猜,以答全国人士喁喁之望"。简析国共两党的政治主张,认为有求同存异的基础,特别是"抗战期间,协力合作,虽中间尚不免有磨擦与冲突,而统全局以观,幸尚不如宣传者所言之甚。大后方之支持,以国民党所领率之正规军为其主力,而敌人后方则以共产党所领率之游击军占大多数。……无游击军之多方牵掣,则唇亡齿寒,正规军亦难支持"。解决纷争不能靠武力,"今日既处两党实力仅足以相妨,而不足以相消,且既相消,亦非国家之福,国家民族又断不许分裂之前提下,除以政治方式和平解决外,绝无他法。此点希望邦人君子及两党贤达不惟言之,并坚信之"。[《书报精华》月刊(西安)第13期]

1月23日

接中英科学合作馆曹天钦①信,询问北平研究院所订仪器及其运送情况。[王钱国忠编:《李约瑟文献50年(1942—1992)》,贵州人民出版社1999年版,第833页]

1月24日

在研究院总办事处与同人商议年终福利金分发问题,标准以年资为限。因高级人员自动放弃,故无职位高低之分。[《日记》,《徐旭生文集》第10册,第1460—1461页]

2月15日

在昆明,接空军某部请柬,为酬谢讲演请吃饭,且有汽车接送。"力辞之",表示"讲演为后方人士应作的事情,此后如有同类工作,随时可以应命,惟吃饭则必辞谢"。[《日记》,《徐旭生文集》第10册,第1465页]

2月25日

在昆明,参加褚辅成②发起的鸡尾酒会,到会者三四十人。因经济建设促进会取消,褚以此会与同人话别。[《日记》,《徐旭生文集》第10册,第1467页]

---

① 曹天钦,毕业于燕京大学,时受李约瑟聘请在中英科学合作馆(重庆)从事中英文化交流工作。
② 褚辅成,时为上海法学院教授,国民参政会参政员,"民主科学座谈会"(九三学社前身)发起人之一。

3月1日

与中法大学及附属中学教职员王树勋、庄子毅等40余人,联名发表对东北时局宣言。[《云南日报》第4版]

3月9日

致信中英科学合作馆曹天钦,确认第153号包裹已经收到,包内"或像显微镜用油,或像磨玻璃用之砂石",待函询主管人钱临照先生后答复。请求将此包裹的欠款数额告知,以便备款偿付。

当日,另致函曹,表示北平研究院正拟迁回北平,所存印度的玻璃不要再运往昆明。[《李约瑟文献50年(1942—1992)》,第836、837页]

3月10日

在昆明,参加中法大学校务会议。[《日记》,《徐旭生文集》第10册,第1469页]

3月18日

参加李石曾在昆明主持召开的北平研究院第一次学术会议,主张学术会议应分组举行,学理和实用要紧密联系,并建议学术会议出版的刊物用中文印刷。同时从呼吁重视历史研究讲到中国学术独立问题:"外国学者在外国社会中所寻得之社会现象定律,决不能完全以之看作我国社会现象定律。总之,吾人须力求学术独立。若常跟踪泰西,人云亦云,则学术始终落伍。"[刘晓:《国立北平研究院简史》,第179页]

3月20日

发表《我所认识的钱玄同①先生》,署名"徐炳昶"。回想在获悉钱去世的消息时,"悲惋嘘唏,曷能自已!"民国十年暑假以后,在研究所国学门逐渐熟

---

① 钱玄同,北京大学、北京师范大学教授,1939年1月17日去世。

识,无话不谈。钱先生曾说,"从前,有些学术问题,适之对我说,可以同徐旭生谈一谈。当时我意想中的徐旭生,以为这是一位西洋留学生,一定是西服革履,颇难接近的角色",事实不是如此。徐旭生认为钱先生"对于音韵,思想极开阔,贡献极大,为我之所极端敬服",对钱先生最不能忘的有三点:一、先生对于考古方面认识的精锐,特别是对上古传说人物的观察力的精锐,远非我个人之所能企及。二、先生对于生活态度的谨严。钱先生知行合一而不峻厉,但绳墨自严,自有其绝不能逾越之界域。三、由于身体原因,抗战后未能南下,先生对辞行离北平的朋友言:我钱玄同绝不作汉奸。[《国文月刊》(重庆)第41期]

3月20日—4月2日

在重庆,参加国民参政会四届二次会议。24日,与顾颉刚等谈新疆问题;28日,与顾颉刚、孔静庵商谈,由顾执笔写教育报告审查意见书。[《顾颉刚日记》第五卷,第629、631页]

3月28日

接曹天钦信,告知李约瑟正在设法争取一笔廉价外汇,专供各研究院各大学偿付之用,希望北平研究院待有结果时再行考虑偿付。同时告知,本人将于4月离任赴英。一切有关事宜,可直接致函"中英科学合作馆",另有人负责。[《李约瑟文献50年(1942—1992)》,第840页]

下旬

与闻一多等人发起为史学家冯承钧①家属募捐活动。[闻黎明、侯菊坤编:《闻一多年谱长编》,第998页]

---

① 冯承钧,北京大学、北京师范大学教授,1939年2月9日在北平去世。

夏

与嵇文甫一道被开封《中国时报》聘为董事。[郭海长:《开封〈中国时报〉始末》,《河南文史资料》第17辑,1986年,第147页]

5月5日

国民政府举行还都南京典礼。

6月26日

郑州绥署主任刘峙率30万人进攻中原解放区,全面内战爆发。

7月11、15日

西南联大教授李公朴、闻一多在昆明先后遇害,时称"李闻血案"。

9月1日

在北平,从河北田赋粮食管理处收回原办公处所——中南海怀仁堂西四所,迁入办公。所收藏的文物曾被日伪掠至午门的历史博物馆,也先后点收追回,惟期间损失310余件。[《本所纪事》,载《史学集刊》第5期,1947年12月]

9月19日

在北平,到中央广播电台广播,题目为《中华民族在秦以前的组成分子》。"闻广播台具有汽车数辆,而专供台长及专员乘坐,对于所请广播人以三轮车接送,因其无礼,斥责之,彼允台长将来自出道歉,始允为广播。"[《日记》,《徐旭生文集》第10册,第1471页]

9月20日

应邀参加李宗仁①(字德邻)宴请,同席者有李石曾、梅贻琦、李书华、周枚

---

① 1945年9月1日,国民政府特派李宗仁为军事委员会委员长北平行营主任。

荪、钱端升等。[《日记》,《徐旭生文集》第 10 册,第 1471]

9 月 24 日

应成舍我①约,赴来今雨轩(位于北平中山公园内)午餐,同席者有李石曾、胡适夫妇、傅斯年夫妇、张伯驹②夫妇等。[《日记》,《徐旭生文集》第 10 册,第 1473 页]

9 月 29 日

与罗曾、李宗侗到中法大学,参加校友欢迎李石曾先生会。[《日记》,《徐旭生文集》第 10 册,第 1474 页]

9 月 30 日

与张玺③到北平行营访萧一山④,请其对北平研究院接收院址事帮忙,亦晤李宗仁主任。[《日记》,《徐旭生文集》第 10 册,第 1474 页]

10 月 1 日

9 月 29 日开始,接受北平《世界日报》记者王景瑞采访,介绍史学研究所成立以来的工作,并"从史学谈到文化,从文化谈到战争,从战争谈到抗日胜利"。指出,由于中华文化的优秀、中华民族的宽大(具有从不排斥异族,浑然化为一体的特殊优点),数千年来可以抗御强敌,获得最后胜利。作为"研究史前之史"的专家,先生认为对于中国古代的传说,一方面要破除迷信心理,另一方面也不能完全推翻,要经过认真考证、研究、推断,整理出比较有根据而可信的结论。记者认为,《中国古史的传说时代》是一部极有价值的名著,徐先生所做的工作"发前人所未发",给后人留下前所未有的财宝。[贺逸文

---

① 成舍我,著名报人,《世界日报》主编。
② 张伯驹,时为华北文法学院国文系教授,故宫博物院专门委员。
③ 张玺,字尔玉,时为中法大学生物系教授。
④ 萧一山,时任北平行营秘书长。

等:《北平学人访问记》(下),商务印书馆2020年版,第388—392页]

发表杂文《蛰遁庐杂记》,署名"徐旭生"。[《新思潮》(北平)第1卷第3期]

10月4日
为《经世日报》写星期论文,题目为《论为国家民族最大危机的官僚资本》。[《日记》,《徐旭生文集》第10册,第1475页]

10月11日
晚,因被聘为特约编辑,参加《北方日报》宴会,社长曹敏、副社长及总主笔胡睦臣出席,同席者还有杨震文、沈从文、费孝通等。[《日记》,《徐旭生文集》第10册,第1476页]

10月15日
下午,赴张伯驹约,在座者有傅铜、杨振声、郑天挺、胡适、梅贻琦、郭则沄等。张伯驹书画收藏颇丰富,餐后观其所得赵子昂字、王麓台画、周幼海画等。[《日记》,《徐旭生文集》第10册,第1477页]

10月16日
发表《古代文献的整理方法》,署名"徐炳昶"。提出运用古代文献,要注意史料的原始性、原始等次性,若以主观决定材料的取舍,那不是研究历史,而是创作文艺作品了,"历史为人类积累之经验,历史科学无一定公式"。指出研究古史的态度要端正,"需要将古史材料全部抄来,分别集起;并把材料的等级弄清楚,然后再作比较研究","不得其解的,坦白直说,留待后来的学者解决,不可自认渊博精审,蒙蔽欺人","任何工作决没有偷巧的事","研究历史的人需要一点一滴的耐心钻研,不可偶有所获,就自鸣得意!更不可以文学的创作方法,代替科学的研究方法"。[《文化建设》(徐州)创刊号]

10月17日

为《北方日报》写专论一篇,题目为《何必悲观与苦闷》。[《日记》,《徐旭生文集》第10册,第1477—1478页]

10月25日

中国大学送来名誉教授聘书,校长王正廷署名。[《日记》,《徐旭生文集》第10册,第1479页]

10月26日

下午,同苏秉琦到历史博物馆谈接收研究院古物事。[《日记》,《徐旭生文集》第10册,第1479页]

10月27日

到中法大学参加会议,为纪念世界社成立四十周年,为吴稚晖八十岁补作生日等。即席讲演,就世界大同及如何大同,世界将由武力统一,抑由和平统一,举鲁与秦之例,结论应学鲁,不应学秦。会后,参加教育研究座谈会,李石曾请大家研究"手脑并用教育"之实施办法。[《日记》,《徐旭生文集》第10册,第1479页]

10月28日

下午,同苏秉琦访沈兼士①,商议历史博物馆存北平研究院古物启封事,未遇。与其秘书商定,明日下午启封。[《日记》,《徐旭生文集》第10册,第1480页]

10月31日

姚从吾来,力劝其就任河南大学校长,"盖河大关系于故乡学业至重,非

---

① 沈兼士,时兼任国民政府教育部平津区特派员,负责接收敌伪文化教育机关。

有一学者终难引入正轨","今日河大校长任,殆无有能逾从吾者矣"。[《日记》,《徐旭生文集》第 10 册,第 1481—1482 页]

11 月 7 日

写《〈红楼梦〉非曹雪芹自叙传说》。[《日记》,《徐旭生文集》第 10 册,第 1482 页]

11 月 8 日

到北安里赴萧一山宴请国民参政会同人,同席者胡适、钱端升、陈纪滢等。[《日记》,《徐旭生文集》第 10 册,第 1483 页]

11 月 13 日

下午,与李宗侗等到清华大学,见陈寅恪,"其目光大约能见人而不能见面","彼在战争末期,因缺乏营养以致失明,实为我国学术上之一大损失,因其博雅弘通,在今日实无伦比也"。[《日记》,《徐旭生文集》第 10 册,第 1483—1484 页]

11 月 15 日

国民政府在南京召开"制宪国大",12 月 25 日闭幕。

11 月 17 日

上午,与袁复礼共同起草西北科学考察团请款书。[《日记》,《徐旭生文集》第 10 册,第 1484 页]

11 月 20 日

下午,赴嘉应寺参加公祭沈兼士①。[《日记》,《徐旭生文集》第 10 册,第

---

① 沈兼士于 8 月 2 日在北平去世。

1495 页]

11月26日

上午,河北雄县人刘泽民来谈,其家乡在共产党所称之解放区中,因问其乡里情形如何,答言:去年敌人投降前后,曾回乡一次,所见为共产党盛倡电化地方,电灯与电化相当普遍;雄县地卑湿多碱质,共产党则教人熬碱方法;有一种草燃成灰后可熬碱,彼等皆率民间割刈烧熬;每人得一亩半地,不超过此数,即不纳税,超过后,即用累进法纳税,地过多者税额高至非卖出即无以为生;其高级行政人员不知,其低级行政人员则尚佳等。[《日记》,《徐旭生文集》第10册,第1485—1486页]

12月13日

应邀在北京大学蔡孑民先生纪念馆参加中国语文诵读方法座谈会。邀请人魏建功(台湾省国语推行委员会主任委员),出席人:黎锦熙、朱光潜、冯至、朱自清、沈从文、郑天挺、阴法鲁等20余人,研究"借重语文诵读以促进国语(在台湾)的推行"。在发言中指出,"我以为诵读并不是一个严重问题,因为本有自然的语音作主。若是想求得发音标准化,教学者就反而困难重重了",语言的目的只在于"声入心通",其他都可以不管。"自然"是一切道理最高的准则,"我们要努力顺乎自然,凡事不可操之过急"。表示不赞成与会各位提出的不自然的诵读方法,"文言文所以需要诵读,其作用在传情,在帮助理解,但只应自然的高声诵读,不必定立什么形式"。[《国文月刊》(上海)第53期,1947年3月10日]

1947年·59岁

1月12日

接黄文弼来信,告知已经接读来函,对于"承招入研究院并筹议恢复考察团工作,无任感激"。①

2月22日

九三学社发起,与许德珩、朱自清、向达、吴之椿、金岳霖、俞平伯、陈达、陈寅恪、张奚若、汤用彤、钱端升、杨人楩等联名发表《保障人权宣言》:指责国民党当局"以清查户口之名,发动空前捕人事件,使经济上已处水深火热之市民更增恐惧"。表示"同人等为保障人权计",对此种搜捕提出抗议;同时向政府及社会呼吁,"将无辜被捕之人民从速释放","并保证不再有此侵犯人权之举"。[《观察》第2卷第2期,1947年3月8日]

春

应邀赴河南大学讲学。地点河南大学第二院一所大教室内,听众满满。讲题为《自然永无跃进之事实》,列举事例说明事物只有量的渐变,而无质的飞跃。[张鸣铎:《徐旭生在河大讲学》,《河南文史资料》第46辑,1993年,第26页]

---

① 信函原件存二里头夏都遗址博物馆。

未接受邵力子、朱家骅①劝阻，自请退出国民参政会、国民党。[《徐旭生自传》，《河南文史资料》第 14 辑，第 117 页；《日记》，《徐旭生文集》第 11 册，第 1788 页]

4月12日

接黄文弼来信，告知已接读 4 月 1 日函。并表示"正准备一切，拟在五月中旬起程，倘无他阻碍，月底可到院"。又闻"先生曾谈本月到开封"，故欲先到开封晤谈，再经南京、上海，经海路赴天津、北平。②

是月

复函河南大学校长姚从吾，谈姚托代购图书及在北平代聘教授事宜。[《徐旭生先生覆函姚校长》，《国立河南大学校刊》复刊第 15 期，1947 年 5 月 1 日]

5月26日

发表《对于反对内战的学生进一言》，署名"徐炳昶"。文章虽然肯定了"反内战""要和平""反饥饿"的口号，"实在可以代表全国人的心理，其自身毫无可非议"，但却将解决内战的障碍归结为两方面互相猜忌，互不信任；两方内部不少人全相信打起来，有把握取胜，或所谓的"一个巴掌拍不响"。[《申报》1947 年 5 月 26 日；又见《教育通讯》(汉口)复刊第 3 卷第 8 期，1947 年 6 月 15 日]

6月

以董事身份对《中国时报》支持学生运动文章表示异议，与嵇文甫长谈后改变看法，认可报社对学生运动的立场。[阎希同：《开封〈中国时报〉述略》，《河南文史资料》第 48 辑，1993 年，第 24 页；第 49 辑，1994 年，第 11 页]

---

① 邵力子，时任国民政府委员；朱家骅，时任国民党中央执行委员，全国最高经济委员会委员。
② 信函原件存二里头夏都遗址博物馆。

7月1日

发表《试为政府借箸以筹》，署名"徐炳昶"。文章表达了对时局的深切忧虑，"内乱不已，民生日艰，物价高涨，贪污遍地。今日不须远虑之士而皆绕屋兴嗟，忧丧乱之无日矣"。认为"政府前此求统一的努力固无可非议，但其求统一的方法却很有可商议的余地"。在对政治势力进行批评的同时，也谈到过来人对解放区情况的介绍，"离战区远者，无论已分田或未分田，地方秩序均相当安定，清算富人虽亦时有，而残杀则极有限度"。[《知识与生活》(北平)第6期]

7月3日

为《行宪日报》题词"达民疾苦"。[《行宪日报》(河南南阳)1947年7月3日]

8月1日

发表《论教员的进修问题》，署名"徐炳昶"。提出为了解决经费困难问题，把邻近若干的中学组织起来，组建一个图书馆联合会，私人图书馆亦可参加，相互之间约定借书期限、归还办法以及损坏遗失赔偿等办法，严格执行，编一联合书目，如珍本不能借出者，或馆内阅读。每年或半年开会一次，商议添购事宜，除工具书外，避免重复。仪器购置，亦可联合，实验室轮流使用。[《教育通讯》复刊第3卷第11期]

发表《关于〈中国古史的传说时代〉书评答赵光贤、王钟翰两先生》(上)，15日、29日连续同题(续)发表，署名"徐炳昶"。文章介绍了开始研究古史传说的过程及基本思路，肯定了赵、王二人对有关问题的质疑和"不敢轻信，是知识界中一件很好的现象"。阐明自己关于古史研究的基本认识，并答复两先生：第一，"世界任何古民族的历史起头全是由传说开始的，并不是中国古代特别如此"；第二，"传说部分总不免含有矛盾或难解的地方，它的来源全不够清楚。……将来能有地下物的证明固然更好，即使没有证明，只要没有反证，也只可暂时认为满意"；第三，"现在我们的田野考古工作虽说作的差的还太不够,可是总算已经有了一些,我们作整理文献工作的时候就竭力注意",使这两方面的工作互相印证。[《大公报·图书周刊》第 24、25、26 期,1947 年 8 月 1 日、8 月 15 日、8 月 29 日]

10 月 15 日

与冯家昇、苏秉琦同到太庙图书馆整理图书。[《日记》,《徐旭生文集》第 10 册,第 1488 页]

10 月 20 日

与黄文弼谈,惊悉老友陈子怡①已作古人!且闻其死于饥饿!不胜汍澜!"子怡处绝不能读书之环境,而卓绝凌厉,对学术上有笃实之建树,实为豪杰之士。惟其傲骨嶙峋,所如难合,终至死于饥饿,吾侪友人痛极!羞极!"其遗稿尚为丰富,不知流落何处,当函梁午峰请其设法搜寻。"如能搜得一部分,整理出版,或可小慰老友于泉下乎?痛极。"[《日记》,《徐旭生文集》第 10 册,第 1489 页]

10 月 26 日

与胡适、朱家骅等人发起,在法源寺为钱玄同举行公葬仪式,朱家骅委派牛继明代表出任主持。仪式后,钱安葬于北平西山福田公墓。[《新上海周报》第 89 期,1947 年 10 月 27 日;《日记》,《徐旭生文集》第 10 册,第 1490 页]

10 月 31 日

往访胡适,谈西北科学考察团开会事。[《日记》,《徐旭生文集》第 10 册,第 1491 页]

---

① 陈子怡,河南河阴(今属郑州荥阳市)人,幼时同学。曾任北平女子师范大学图书馆馆长,西京筹备委员会专门委员。古史、考古学研究著述颇丰。

11月5日

下午,西北科学考察团开会,胡适因事未来,来者为梅贻琦、袁复礼、袁同礼、黄文弼。将改组及请款事项均商量出办法,暂代团垫十万元拍电报费。[《日记》,《徐旭生文集》第10册,第1491页]

11月11日

接梁午峰回信一封,言陈子怡遗著现藏陕西历史博物馆。当函张继,请其令该馆寄来以便整理出版。[《日记》,《徐旭生文集》第10册,第1493页]

11月13日

到中法大学上课。[《日记》,《徐旭生文集》第10册,第1493页]

11月23日

到清华园访陈寅恪并在陈家午餐。下午,到燕京大学临湖轩,参加哲学讨论会,主讲陈康。[《日记》,《徐旭生文集》第10册,第1495页]

是月

发表《论船山思想》(通讯),署名"徐炳昶、何贻焜"。文章忆及年少时读王船山著作时情形。直至留学法国,随身携带《读通鉴论》《宋论》,遇中外人士询问近世中国大思想家,总是推王船山先生。对直至目前中国思想家"尚未能跳出依附思想范围,达到独立思想阶段"的说法,"颇期期以为不然",认为"明末三大儒梨洲(黄宗羲)、船山(王夫之)、习斋(颜元)之思想实甚自由,比之欧洲同时之思想家,实有过之,无弗及者","在思想界曾放万丈之光芒"。表示有写一本名曰"明末三大儒"的书的计划,"以阐明三先生对于学术上之巨大贡献,亦以破吾国思想尚未出依附范围之说"。[《学原》(南京)第1卷第7期,1947年11月]

12月2日

开始整理及续写《中西文化的试探》。[《日记》,《徐旭生文集》第10册,第1497页]

12月6日

下午,在中法大学讲演,题目为《我国政治上特点之一》,附小题:"重农抑商""以政治控制经济,不以经济控制政治"。[《日记》,《徐旭生文集》第10册,第1497页]

12月7日

与黄文弼同会胡适,谈西北科学考察团事宜。[《日记》,《徐旭生文集》第10册,第1498页]

附:据胡适关于西北科学考察团的札记载(第一页),"西北科学考察团:1. 仍保留名义。2. 拟请复员费。在北平作整理工作。3. 存件三百余箱,皆未失散。西安存百箱,南京存数十箱,北平存二百余箱。4. 负责人:徐炳昶、袁复礼、徐森玉、沈兼士(常务理事)。(第二页)5. 存件:北平存件,地质部分归袁希渊运存清华整理报告。旧石器文化部分由裴文中整理,考古部分拟由辅大运存北平研究院,由徐旭生、黄仲良整理报告。6. 经费问题,兼士先生提议由教育部、北大、清华、北平研究院分担经费。7. 仲良个人问题:现在西北大学。8. 汉简,拟暂存美国,在美筹款照相,或可请劳贞一去美国办此事,兼作报告。9. (空白)"。(耿云志主编:《胡适遗稿及秘藏书信》第13册,第359—361页)

12月9日

在中法大学上课,课后与康之谈关于此次石门失守暗幕,"或不尽可靠,但近来中央对时局似无办法;国民党以领导全局之局面,竟江河日下,或已近不可收拾"。[《日记》,《徐旭生文集》第10册,第1498页]

12月16日

发表《从治学精神方面看我国的学术独立自主问题》,署名"徐旭生"。文章指出:"我们八年苦战,所争的是政治和经济的独立自主问题,但是如果我们的学术思想永远不能独立和自主,那我们的政治和经济,就是暂时争到独立自主,也全是假的,不久也仍会失掉。"强调"必须治学的精神,不受牵掣,不受限制,而后制度和设备,乃得有所附丽和受领导,不致成为无用之物"。以自然科学中之气象学为例,认为"中国的科学家,如果不自振作,专跟着别国科学家尾巴后面转,对特殊的天赋一点不知利用,那真是大惑不解,辜负了自己特殊的使命"。[《现代知识》(北平)第2卷第2、3期合刊]

12月24日

上午,与研究院研究员、副研究员商议书目分类事宜,议定共分七大类:工具书、经、史、地理、子、集、档册,又各分子目若干。[《日记》,《徐旭生文集》第10册,第1502页]

是月

与苏秉琦合著发表《试论传说材料的整理与传说时代的研究》。文章指出近二三十年来,以科学方法整理古史材料,贡献最大的是"疑古派"。但他们把从前的自炎黄至商中叶的传说时代一笔抹杀,送它到神话区域里封锁起来,却是大错而特错的。强调整理我国古代文献方法要注意三点:第一,我民族初入历史的时候,同其他民族初入历史的时候一样,是多元的,不是一元的;第二,传说时代的史料可分两类,一为散见古书中的零金碎玉,一为专谈古史的鸿篇巨制;第三,凡谈批评史料的人全注重史料的原始性,还要注意史料原始性的等次性。认为现在的古史研究与古人不同,主要是史学方法的进步;史料的增加,特别是考古材料;比较材料的增加。批评"顺着个人的意思推敲猜想",只有离真实的历史愈走愈远。因此,"传说时代的研究,关于直接论证的引用,因为材料的间接性,固须要特别谨慎。至于间接的论证,就是利用辅助科学,如社会学和考古学的知识与原则来补充直接论证的不足,虽是必要的,但亦自有其一定的限度,不能喧宾夺主"。

同期,发表杂文《师万物》《质测》《国王神化之演变》于卷首,署名"旭生"。[《史学集刊》第5期]

1948年·60岁

1月14日

谢秉钧开办一复兴中学,被聘为董事会董事,随即推荐徐侍峰同任。[《日记》,《徐旭生文集》第10册,第1511页]

1月20日

收同乡赵全暇信一封,被唐河县推选为本县国大代表。(未接受,未与会)[《日记》,《徐旭生文集》第10册,第1512页]

1月29日

主持召开西北科学考察团理事会,在北平的理事全部到会。对取款、存款、印刷及开展工作各事,均有详细讨论。因经费问题受限,决定聘用职员4人。会前,曾与黄文弼、袁复礼商议推荐马衡为常务理事主席。开会时,胡适等坚请先生担任,最后勉为其难只好担任。散会后,接受新闻记者采访。[《日记》,《徐旭生文集》第10册,第1514页]

1月31日

阅报惊悉甘地遇刺身亡,惊叹"此真为全人类之大不幸"。表示"圣雄非仅为印度人之福星,而实为全人类之福星!非仅为一世之导师,而实应为永久之导师！今福星陨落，导师颓坏，全人类实应同声一哭"，认为"其大仁大勇，即其敌人或亦不能不承认之。其结局竟致如斯，人类之疯狂，真远超出意料外！但圣雄之精神一定会永存于人类精神中间"。[《日记》,《徐旭生文集》第 10 册，第 1514—1515 页]

接劳干(参与居延汉简释文研究十余年)来信，对居延汉简付印表示关切。对于释文处理办法，建议："(一)根本不印释文(中研院殷墟文字即如此);(二)即用马、白、贺、余诸先生及干(指劳干——编者注)同作之释文(因诸先生及干为此事费时甚久，弃之可惜也);(三)即将干所作汉简释文石印本照图版次序剪(剪)贴排比(若照此办法，希望在编好后覆阅一次)。"①

2 月 2 日

下午，到北京大学史学会讲演，题目为《历史的进行是否为机械的》。[《日记》,《徐旭生文集》第 10 册，第 1515 页]

2 月 3 日

与李书华商议拟将私人藏书让与史学研究所一部分，以折价为家眷前来北平的路费。李"恐惹人讥议"，表示可将书捐于所内，北平研究院中另寻方式给一笔钱，实为拒绝之意。16 日，向研究院暂借 1300 万元，自加 200 万元，寄与夫人作由西安返北平的路费。[《日记》,《徐旭生文集》第 10 册，第 1515、1519 页]

2 月 14 日

阅读《乘查日记》(今作《乘槎笔记》)②，感叹其"所见者为公园、剧场、博

---

① 劳干，时为中央研究院历史语言研究所研究员。信函原件存二里头夏都遗址博物馆。
② 1866 年 3 月，山西襄陵知县、满人斌椿奉使率同文馆 4 名学生赴欧洲考察。先后到法国、英国、荷兰、丹麦、瑞典、芬兰、俄罗斯、德国、比利时等地，历时 4 个月。回国后斌椿将其经过情形写成《乘槎笔记》。

物馆等类。看工场三两处。对大学,仅到牛津。彼观各处均感神妙,对牛津,无所言,似不感兴趣!但又何能怪彼等!对于世界大势毫无所知,更不必言西方文化!"又认为"两种文化相触接后,必须经过相当长时间,然后可以互相了解,互相渗入,互相同化,实亦演变时必不能违之法则"。[《日记》,《徐旭生文集》第10册,第1518页]

2月18日

下午,在嵩阳别业召开南阳同乡复员筹备会会议,商议收回南阳会馆产权事。该会馆文券已失,须早日登报并向社会局登记,与会者为登报费用捐款,认捐10万元。[《日记》,《徐旭生文集》第10册,第1519—1520页]

2月20日

读报获悉许寿裳被暗杀,"殊令人伤痛骇诧!"认为许"系一纯正老儒,处事和平,且无党派色彩,乃竟得此结果,真太出人意外"。[《日记》,《徐旭生文集》第10册,第1520页]

3月3日

参加北平研究院院务会议,讨论学术会议筹备事宜。提议聘高本汉①为史学研究所通信研究员,获通过。[《日记》,《徐旭生文集》第10册,第1522页]

3月4日

接获共产党宣传品一件,题目为《目前形势和我们的任务》。系毛泽东去年12月25日的报告。[《日记》,《徐旭生文集》第10册,第1522页]

---

① 高本汉(1889—1978),瑞典哥德堡大学教授,远东文物博物馆馆长。是瑞典最有影响的汉学家,研究范围包括汉语音韵学、方言学、文献学、考古学、文学、艺术等。

3月7日

应胡适、袁同礼、毛准约到北京大学,同在者有唐兰、刘盼遂、郑天挺、张政烺等人,又晤林宰平①、冯友兰、张颐、贺麟、沈从文、朱光潜等人。[《日记》,《徐旭生文集》第10册,第1522页]

3月9日

揭借农工银行300万元,月利18分(普通21分)。交中法大学240万元,可得面粉4袋。19日,又补交72万元。(均为法币)

晚,暴春霆(河南滑县人)来。介绍其祖父在苏州作巡检,因爱民被迫辞职。乡人感其贫困,竞往送米及食物。有画师作《送米图》,清末名人多有题咏。暴来请人题咏,"希望予有所题"。[《日记》,《徐旭生文集》第10册,第1523、1525页]

3月10日

阅程耀芳《古史新疏》(为《史学集刊》投稿),认为该文"注意点完全在致用方面,尚未能认清天下之有无上威力者,惟有真理,故达致用之目的,必须先认清真理之真相,而后循其定则以蕲改善人生,始有达到目的之可能性。否则欲速不达,或致南辕北辙"。[《日记》,《徐旭生文集》第10册,第1523页]

3月11日

夫人携子由南阳经西安,返归北平。[《日记》,《徐旭生文集》第10册,第1523、1524页]

3月12日

与胡适、马衡、袁复礼联名以西北科学考察团理事会名义上呈教育部,由

---

① 林志钧(1878—1961),字宰平,福建闽侯人。曾任北洋政府司法行政部长、清华研究院导师。

于物价、人工费用不断上涨等原因,请教育部"补助三十七年度工作费及印刷费十亿元"。[耿云志主编:《胡适遗稿及秘藏书信》第37册,第20页]

3月14日

下午,在北京大学蔡子民先生纪念堂,参加中国哲学会会议,兼为林宰平祝寿。冯友兰宣讲中国哲学在世界哲学中之位置。[《日记》,《徐旭生文集》第10册,第1524页]

3月17日

北平研究院宴请李宗仁、李嗣聪、陈继承、王捷三等,陪同。[《日记》,《徐旭生文集》第10册,第1524页]

3月18日

晚,暴春霆来访,为其介绍陈垣、马衡、徐悲鸿、萧一山、冯友兰等。[《日记》,《徐旭生文集》第10册,第1525页]

3月23日

到北京大学演讲。[《日记》,《徐旭生文集》第10册,第1525页]

3月27日

中央研究院选出第一批院士81人。

4月3日

北京大学、清华大学、燕京大学、中法大学、北平师范大学、南开大学、北洋大学七所大学学生开始3天联合罢课,抗议中央解散华北学联、军警驻扎北大校门、北大一名学生被特务殴打等,同时要求改善教授待遇。北京大学、清华大学两校教授、职工同日罢课、罢工。

为《林屋山民送米图卷子》题诗并记。

全诗：峣峣易缺矢直曲，和光同尘贤知居。嘟嘟蝲凉均非正，无非无刺世所誉。不获乎上圣有戒，阉然献媚且追趋。何来滑台一暴子，意气嶙峋嗤猱狙。长吏喜憎浑不觉，妄信书卷陈论迂。政府多禁致富机，颠顶莫知空瘠癯。死人废冢狂瞻恋，愚民疾恫妄嘘喁。逢长者怒劾罢官，饔飧难继漫嗟吁。蚩蚩馈米仅得归，瓮牖绳枢胡踌局。帅府拔擢仍弗悟，瘁夭关塞抑何愚。噫嘻！百僚师师皆此态，已使前朝迅倾败。今日痼疾仍未除，民劳难休民力瘵。

乃知暴公与此众民代表正谊感，必须以此愚易彼智国始泰。

记：乡人暴春霆先生，以乃祖方子公去官时邑人所作之《林屋山民馈米图》来索题。读俞曲园所作公传及先贤诸题跋，乃知公于清季吏治败坏之秋，作一小官而抗高节，其被龁龅以终，实亦非意外事。曲园致公手札中，有"民众之讴歌，万不敌上官之考语，足下宜慎之"诸语，而公毅然决然，无所瞻顾，其见道之明，抗俗之勇，至可佩企。今者国步虽移，而此种卑劣心理仍根深柢固，至难薅除，民生憔悴，实由此祟。披此图而瞻公高节，令人感慨系之，因率成韵语一章略明此谊。均用中华新韵，不敢以平水俗韵相污也。［钟叔河编订：《林屋山民送米图卷子》，岳麓书社2002年版，第177—179页］

6月28日

国民党军队轰炸开封，与九三学社及北京各高校教授许德珩、吴晗、朱光潜、沈从文、周一良、俞平伯、陈寅恪、费孝通、雷洁琼、钱伟长、严济慈、梁思成等106人联合签名，发表《为呼吁停止破坏文化机关及轰炸城市宣言》，更因作为河南人的关系，自告奋勇第一个签名并领衔发表。宣言表示"内战爆发以来，于今两载，民生凋敝，惨不忍言。今复利用近代武器，破坏城市"，近如开封战役，"更施巨量轰炸"，实为内战史上所未有，"同人等为人道计，为民族生存，为维持文化计，迫切呼吁全国父老，共起抗议，万勿再有此等轰炸行为"。［《新民报》(北平)1948年6月29日］

7月26日

中国博物馆协会在北平故宫博物院举行理事选举,以全国会员函选方式选举理事。与马衡、袁同礼、徐鸿宝、梁思成、李书华、李济、董作宾、傅斯年、袁复礼、郑振铎等21人当选为理事。[《科学》第30卷第9期,1948年9月]

8月19日

国民政府颁布财政经济紧急处分令,实行币制改革,发行金圆券,以法币300万折合金圆券壹圆。初定发行量为20亿元,到年底已突破80亿元。

8月20日

中法大学5名学生19日被国民党政府非法拘捕和传讯。接受学生自治会采访,对这一非法行为表示不满。[北京市档案馆编:《解放战争时期北平学生运动》,光明日报出版社1991年版,第488页]

9月9日

出席北平研究院学术会议第二次大会。经院务会议推举、院长聘任,与陈垣、陈寅恪、顾颉刚、姚从吾、张星烺、董作宾、汤用彤、李俨任北平研究院学术会议(史学组)会员。另设有天算、理化、生物、地学、农学、工学、医药、文艺、社会科学组,会员共90人。[《李书华自述》,第132—133页]

会议收到论文45篇。人文学科讨论专题"中华民族接受外来文化问题"。在讨论释题发言时指出,"中华民族虽经一治一乱,文化并不因而低落","中国文化推进的曲线,从历史上看,并不因战乱而降低,此一现象的大部分原因,是善意地接受外来的文化","中国对外来的文化从没有深闭固拒过,并且常能吸收后,另创造新文化,此或为其持久性的最后原因"。[韦文:《两个全国性学术会议》,载《中建·北平版》第1卷第5期,1948年9月20日]

9月11日

参加学术会议常会第一次会议，议决成立论文整理委员会，与叶企孙（召集人）、朱光潜、袁复礼、刘慎谔被推举为委员会委员。[刘晓：《国立北平研究院简史》，第187页]

9月15日

致胡适信，转述西北科学考察团理事会关于居延汉简整理事宜的意见。"居延汉简，由考察团团员采集运平后，即请人整理，前后参与其事的，有刘半农、马叔平、向达、傅振伦、劳干、贺昌群、沈仲章诸人。不久抗战军兴，工作停滞，仅劳君将其所得由史语所印出。现在除半农先生已归道山，沈君偏作事务外，其他各先生均有一部分工作作成，但未经整理印行。此事与外国学者订有契约，不好迟延，致失信用。现在应速设法运回，（如以为在美照像更方便者，派人往照像后再运回，亦佳）群策群力，赶紧整理，研究出版。将此材料公之于全世界的学术界，才算正办；其他皆枝叶，一切可以不谈。工作人员仍以从前已经参加的为宜，因为如此才可以缩短期限也。原来参加人员在北平的较多，将来工作重心当在北平。并且劳君已印行工作，内无坑位的分别，坑位的乱，从在香港工作日为始。叔平先生手中还有坑位底子可资检查。报告无坑位分别，价值减失太半。这也是工作应该置重北平的一个重要原因。还有人说：南方潮湿，所以不宜在那里工作。这一点我不知道它的真实性到那步田地，不敢妄参末议。以前所说却全是事实，应该真正顾到。森玉、玉父两先生所言请劳、沈二君工作，似太简单。对二君工作，大家全无疑问，不过觉得人少，成绩难快、难好。工作重心放在北平，劳、贺二君固有不便——沈君可南可北——但用他法不便更大。这是一个组织与技术的问题，不是根本问题。考察团的理事会及大部分工作人（员）均在北平。如果在平工作，我也愿尽我的能力参加工作。我也曾同原工作人员谈过，他们全愿意继续参加。至于约人时及工作地方问题如果有困难时，石曾、润章二公愿尽全力设法。似此则工作重心应放在北平一点，似有充分理由。希望先生整重考虑，全权接洽处理。"①[杜春和、韩荣芳、耿来金编:《胡适论学往来书信选》(下册),河北人民出版社1998年版,第1145—1146页]

10月9—11日

北平研究院主持召开北平天津地区12个科学团体联合年会。[刘晓:《国立北平研究院简史》,第220页]

11月1日

与王铁崖(北京大学教授)、王聿修(北京师范大学教授)、钱克新(朝阳大学教授)、费孝通(清华大学教授)参加《正论》(北平)杂志社召开的关于国际问题的座谈会,主持人:陈寿琦、张起钧。发言题目为《"快"的文化与"慢"的文化》,提出中西文化有快慢之分,中国文化是一种农业文化,是一种"慢的哲学",西方文化是工商业文化。因社会背景不同所致,"中西两方远在古代便走的是不同路线","中国文化如果打算存在,也必须不使之仅为中国之文化,而必须使之具有世界性。否则大有拔毛除根之危"。[《正论》新第11期,署名"徐炳昶"]

11月3日

人民解放军解放唐河县城。此前,人民解放军曾于1947年11月10日、12月14日,1948年5月22日三次占领唐河县城。[唐河县地方史志编纂委员会编:《唐河县志·大事记》,第38、39、40页]

---

① 1930年,西北科学考察团在对汉代烽燧遗址的调查发掘中,出土简牍一万余支,上书内容大部为汉代边塞上的屯戍档案,另有书籍、历谱和私人信件等。因出土地点位于内蒙古自治区的居延地区,故以此命名居延汉简。汉简543包,14000余件。最早为西汉昭帝始元元年(公元前86年),晚至东汉顺帝阳嘉二年(133年)。1931年5月下旬,汉简运抵北平,许多史学家、考古学家、档案学家参加整理和诠释。1937年全面抗战爆发,汉简经上海辗转运至香港,1941年又运到美国,保存在美国国会图书馆。1965年又运到台湾,现存台北市的"中央研究院"。

12 月 20 日

北平研究院副院长李书华乘飞机离开北平,先后到南京、上海、广州等地。[《李书华自述》,第137页]

是年

北平研究院每月经费11亿元法币,折合360金圆券。除修建费外7个研究所每月1亿元,折合金圆券33.3元。研究员每月研究费200万元,合金圆券6角。

1949年·61岁

1月4日

北平研究院秘书杨光弼与各所所长联名致函在上海的李书华,请其返平"主持院务,领导一切"。7日,李回电,指定由杨光弼、徐炳昶(史学研究所所长)、顾功叙(物理所研究员)暂时维持院务。[刘晓:《国立北平研究院简史》,第193页]

1月11日

北平研究院开会讨论,决定组织"院务临时维持委员会",主席杨光弼,与顾功叙同为委员。[刘晓:《国立北平研究院简史》,第193页]

1月31日

人民解放军进驻北平,北平宣告和平解放。

3月1日

北平研究院由中国人民解放军北平市军事管制委员会文化接管委员会正式接管,改称"北京研究院",所有院务仍由院务临时委员会负责处理。3月4日,杨光弼去世,徐炳昶接任主席,增补钱三强为委员。[刘晓:《国立北平研究院简史》,第194页]

6月26日

为西北科学考察团事与黄文弼约马衡、王冶秋等人于欧美同学会午餐,经交换意见,商定以在北平的常务理事接洽高教会接管,将考古组材料交北大整理,将地质组材料交清华整理。[马思猛整理:《马衡日记:1948—1955》,生活·读书·新知三联书店2018年版,第104页]

是月

北平研究院总办事处所在地由中南海怀仁堂迁至地安门内北月牙胡同李石曾住宅,史学研究所迁至西直门外三贝子花园。总办事处由24人减员至17人,电话由30多部减为2部。研究院成立"节约委员会",发动员工节约水电、文具等。其间成立了各类员工联合会,有研究员会、助理研究人员研究会、职员联合会等。成立福利会、学习会等。[刘晓:《国立北平研究院简史》,第194—195页]

8月26日

在西直门研究院宿舍与返京的顾颉刚会面。28日,参加禹贡学会理监事会议。[《顾颉刚日记》第六卷,第508、509页]

9月9日

主持北平研究院成立20周年纪念会,在演讲中回顾了北平研究院20年的历史。指出在艰苦的条件下,北平研究院能够"打下基础,我们全院同人不能不对李石曾、李润章两先生表很大的敬意"。解放近一年来,"大家受到马列主义及毛泽东主席的指导",马列主义是科学的主义,因此研究院的前途将"无限光明"。对于过去,"有感触,无留恋"。华北高等教育委员会代表、秘书长张宗麟应邀参加并发表讲话,号召全院人员认清政治方向,不能为少数人做工具,要为人民谋幸福,努力克服天灾人灾造成的困难。[刘晓:《国立北平研究院简史》,第195页]

9月21—30日

中国人民政治协商会议第一届全体会议召开。会议通过了具有临时宪法性质的《中国人民政治协商会议共同纲领》和《中国人民政治协商会议组织法》《中华人民共和国中央人民政府组织法》,作出关于中华人民共和国国都、国旗、国歌、纪年4个重要决议,选举产生了中国人民政治协商会议全国委员会和中央人民政府委员会,宣告中华人民共和国成立。

10月1日

首都30万军民在北京天安门广场集会,庆祝中华人民共和国成立。

10月2日

北平研究院总办事处举行中央人民政府成立庆祝会,钱三强、梁希、严济慈、竺可桢发表讲演。[葛能全:《钱三强年谱》,山东友谊出版社2002年版,第75页]

11月1日

中国科学院成立,院长郭沫若,副院长陈伯达、李四光、陶孟和、竺可桢。

苏秉琦与在南京的王振铎通信,告知对中国科学院的"组织轮廓还一无所知","旭老(指徐旭生)……任何消息也一概不知"。[苏恺之:《我的父亲苏秉琦:一个考古学家和他的时代》,生活·读书·新知三联书店2015年版,第110页]

11月5日

中国科学院从华北人民政府高等教育委员会接收北平研究院总办事处及所属原子学、物理学、化学、植物学、动物学和史学等6个在北京的研究所。[樊洪业主编:《中国科学院编年史:1949~1999》,上海科技教育出版社1999年版,第4页]

11月10日

中国科学院接管工作完成,同时宣布,北平研究院与中央研究院名称即日撤销。[刘晓:《国立北平研究院简史》,第198页]

11月14日

中国人民解放军军事管制委员会文化接管委员会召集北京研究院中研究员、副研究员、职工代表茶叙,听取郭沫若院长、陈伯达副院长报告。[刘晓:《国立北平研究院简史》,第198页]

是月

与马衡、袁复礼(中国西北科学考察团理事会常务理事)、黄文弼(中国西北科学考察团理事兼干事)联名致函中国科学院院长郭沫若,提出"本团同人不避艰险,辛苦工作至六年之久……现整理工作虽已有相当成绩,而离工作结束则仍有相当程途。现中央人民政府已成立,对于创造我国新文化工作竭力倡导,不遗余力。本团同人极感兴奋,愿以此项辛苦搜获与整理之材料,呈请贵院接管。在科学院领导之下,期能继续努力,进行工作"。

中国科学院成立"西北科学考察团结束工作小组",召集人陶孟和(副院长)。以原考察团团长身份,与汪志华(院办公厅秘书处副处长)同为委员,多次商谈后,就结束办法达成一致意见。[张九辰:《中国科学院接收"中国西北科学考查团"的经过》,《中国科技史杂志》2006年第3期]

11月22日

黄文弼持西北科学考察团致科学院请求接管函请马衡签名,马谓虽为西北考察团理事,但事先毫无所闻而拒绝。建议由袁复礼或徐旭生主持召集"开一常委会",以定其事。[马思猛整理:《马衡日记:1948—1955》,第167页]

11月25日

与马衡、袁复礼、黄文弼等召开西北科学考察团常务理事会,决定请求中

国科学院接管。[马思猛整理:《马衡日记:1948—1955》,第 167 页]

11月28日

苏秉琦与王振铎通信,谈"旭老的主张,(北)平(研究)院史(学)所的明年计划"是要组成两个调查队、一个发掘队。调查队到山西、陕西和甘肃、宁夏,发掘队继续斗鸡台工作。但"这计划批准的可能性极小"。[苏恺之:《我的父亲苏秉琦:一个考古学家和他的时代》,第 111 页]

12月8日

中国科学院领导郭沫若、陶孟和、竺可桢、严济慈、丁瓚等到史学研究所,与研究员、副研究员座谈,听取汇报,征求意见。与黄文弼、冯家昇、王静如及苏秉琦、钟凤年等参加。[刘晓:《国立北平研究院简史》,第 199 页]

12月21日

中国科学院办公厅举行西北科学考察团结束会议,与陶孟和、汪志华、袁复礼、马衡、黄文弼及文教委计划委员会所派代表夏康农出席会议。会议决定"西北科学考察团自即日起宣告解散",由中国科学院接收相关档案及资料,待整理的古物及地质标本暂请袁复礼、黄文弼负责保存、整理,完成后交中国科学院接收。① [张九辰:《中国科学院接收"中国西北科学考查团"的经过》,《中国科技史杂志》2006 年第 3 期]

---

① 中国科学院接收原"西北科学考察团"的结论(部分):前西北科学考察团系由若干文化学术、教育机关组成,其组织极散漫,故参加的人虽有许多位,但始终没有人负全责的……西北科学考察团成立的动机是好的,是想要抵抗帝国主义的,但可惜结果依然是与帝国主义妥协的。袁、黄诸君多少年辛苦得来的资料应该赶快整理出来。(《前西北科学考察团》,《科学通报》1950 年第 1 卷第 2 期,第 47—48 页;转引自罗桂环:《中国西北科学考查团综论》,第 261—262 页)

1950 年·62 岁

1月6日

接袁复礼信,"就商应添购事项"。包括拟用 3 名工作人员的薪水问题;请代为寻觅物色绘图员及技工;现急需者:绘图纸张、登记纸张、标本及其他杂物,"约 50 万元,兹另纸开明,请核准并代向科学院请领款项,以便购齐可供一年之用(零购反为不易购到一致者),容绘图员到后,再加领绘图其他应添之用具,数量不如此次之巨"。①

是日

接黄文弼信,谈助手张寅的薪水问题。言原用自己的薪水垫付,"科学院接管后,彼当可以升为正式职员,现据陶院长所说,一切经费由史学研究所统筹,张寅薪水请由史学研究所代垫付,原订 200 斤(小米)是临时性质,拟改为每月 270 斤至 300 斤,上半月须付 150 斤,请先生嘱代垫发为感"。②

1月27日

先后两次写信与在法国的李书华,转达科学院领导劝其归国的意见。

---

① 信函原件存二里头夏都遗址博物馆。
② 信函原件存二里头夏都遗址博物馆。

4月9—15日

赴开封①参加河南省首届各界人民代表会议。与秉志、冯友兰、曹靖华等49人当选为河南省政府委员。[河南省地方史志编纂委员会编纂:《河南省志·政府志》,河南人民出版社1997年版,第145页]

其间,与冯友兰、曹靖华、徐侍峰、徐玉诺、秉农山等应邀到河南大学进行学术交流,就河南大学的办学方向、教学科研侧重点、人才培养模式等方面提出建议。[河南大学校史编写组:《河南大学校史》,第271页]

5月9日

李书华由法国复信,告知收到1月27日及2月16日来信,介绍自己在法国听课及研究情况。表示"吾人已过'耳顺'之年,事情应该由年轻人去做";"建设新中国,迅速成功,吾人更何求。但愿'老而不死',亲眼看见。一笑";感谢陶孟和对自己的关心;对台湾任命其为联合国教科文组织大会代表团首席代表,"已坚决的表示不去"。②

6月20日

经政务院批准,竺可桢在中国科学院第一次扩大的院务会议上宣布首批15个研究机构成立。其中考古研究所由原北平研究院史学研究所及原中央研究院历史语言研究所的历史组、考古组合并组建,所长郑振铎,副所长梁思永、夏鼐。

中国科学院各专门委员会委员应邀参加第一次扩大的院务会议。[樊洪业主编:《中国科学院编年史:1949～1999》,第14页]

---

① 开封为当时河南省省会。
② 信函原件存二里头夏都遗址博物馆。

7月10日

夏鼐来京任中国科学院考古研究所副所长。晚，在西直门宿舍与前来探访的夏鼐相见。[《夏鼐日记》卷四，第309页]

7月12日

郑振铎①与夏鼐考察原北平研究院史学研究所办公场所，拟将考古部分尽先搬到东厂胡同。[《夏鼐日记》卷四，第309页]

7月20日

陶孟和(中国科学院副院长)与夏鼐谈西北科学考察团结束，所存古物移交考古所事宜。[《夏鼐日记》卷四，第311页]

7月23日

与夏鼐在西直门再度相见，建议调何士骥、孙文青②至考古所，因院方未能同意作罢。[《夏鼐日记》卷四，第311—312页]

8月1日

中国科学院考古研究所正式成立，与郭宝钧、黄文弼等为第一批研究人员。

8月21日

写信与郑振铎，陈明三事提请核定："(1)西北科学考察团整理工作，袁复礼先生部分亦附在本所中。前院中核准其工作得用二人，绘图员彼最近始物色得一人。……薪金额数……亦请核对。(2)上次所务会议所通过允许昶(指徐旭生)增加一助理人员事，动物所中有一王恩庆君愿来工作(因彼在大

---

① 郑振铎，时任考古研究所所长。
② 孙文青，时任河南省文管会副主任兼省博物馆馆长。

学学哲学),前已略陈。兹将其略历送呈核阅……即请早日核定。(3)本所西区原用四工友……现……余仅一人,不敷仕用。"另,再次推荐何士骥、孙文青入研究所事。①

10月1日

参加国庆节观礼及游行,在天安门广场与夏鼐相遇。[《夏鼐日记》卷四,第323页]

是年

中国科学院经过调查和专家推荐,聘任自然科学专家113人为专门委员②,聘任社会科学专家47人,共160人,分成20组,作为科学院的顾问。[樊洪业主编:《中国科学院编年史:1949~1999》,第16页]

为中国科学院专门委员会(历史考古组)委员,同组其他委员有:尹达、向达、杜国庠、吴晗、李亚农、吕振羽、金岳霖、侯外庐、梁思永、夏鼐、马衡、陈寅恪、陈垣、汤用彤、裴文中、冯友兰、翦伯赞、郑振铎、邓之诚。[转引自周秋光、黄仁国:《刘大年传》,岳麓书社2009年版,第132页]

---

① 信函原件存二里头夏都遗址博物馆。
② 专门委员具有科学院学术顾问的性质,为名誉职务,由院长聘任。可参与的工作包括:研讨各所工作计划;科研成果及著作评审;审查高级研究人员的聘任、升级等。

1951年·63岁

6月9日

发表《从批评科学历史材料谈到处理我国古史材料方法》,署名"徐旭生"。指出"对于古代所保存的传说时代的材料,不经批评,就轻易地接受,固然太过天真,可是太过怀疑,就一笔抹杀的办法,也太属武断。用武断的看法把我国历史的黎明时期砍去一大截子,更不应该"。[《光明日报》增刊1951年6月9日第5版]

7月28日

中国史学会召开成立大会,会议主席范文澜。郭沫若、吴玉章致辞,指出史学的新方向:由唯心史观转到唯物史观,由个人兴趣到具体工作,由名山事业到为人民服务,由重古轻今到偏重近代史,由大汉族主义到尊重少数民族,由欧美中心的买办思想到亚洲中心思想。通过会章,选举理事。与考古研究所郑振铎、郭宝钧、夏鼐等被推荐为理事候选人,后当选。[《夏鼐日记》卷四,第412页]

8月

撰写《我在北京解放后到底从共产党学到点什么》,署名"徐炳昶",被收入《我怎样认识了共产党》一书。文中写到,北京解放前,知道国民党的政府甚为腐败,可是对于他们所豢养的特务积极的作恶几乎全不知道;对于共产党坚苦朴实、认真苦干的精神,虽也听说一些,甚为佩服,可是又以为在朝的党容易腐败,在野的党腐败较难。及至北京解放以后,天天同共产党员相处,就渐渐彻底明白,两种党员之间,性质完全不同,从前的想法,真是太荒谬了。

共产党有批评和自我批评这样精良的武器,并能善于利用它,那真可以砥砺精神,使它永远如新。土地改革、镇压反革命、抗美援朝三大运动发动起来以后,看见群众发动是那样地普遍:大街小巷的老太婆、小姑娘、从来不出门问事的人完全行动起来,男子与青年是更不必说,他们提出来的意见,如果适宜,就立时被采纳。这才是真正的民主、平等、自由。

抗美援朝,保家卫国,全世界爱好和平的人民全伸了腰,吐了气!我们现在生为中国人,真觉得有很大的骄傲,无限的光荣!这要不是毛主席和共产党人的领导,我们怎么样能走上这个地位?回想我们这一辈人本身在庚子前后所受的屈辱,再展望现在及将来的光辉,真使人感激涕零,不觉泪涔涔然下了![李文彬编:《我怎样认识了共产党》,文化出版社1951年版,第67—72页]

9月29日

周恩来向北京、天津高校教师作《关于知识分子的改造问题》的报告,勉励知识分子站到人民立场、工人阶级立场,投身新中国的建设。在此前后,知识界开展思想改造运动。[《周恩来选集》(下卷),人民出版社1984年版,第59—71页]

10月7日

参加中国史学会扩大常务理事会,讨论会章及编辑计划,同会者有马衡、陶孟和、陈垣、叶恭绰等。[马思猛整理:《马衡日记:1948—1955》,第396页]

12月2日

与张钫①、傅铜同访马衡(时任故宫博物院院长)。[马思猛整理:《马衡日记:1948—1955》,第430页]

是年

与梁漱溟信,"前日谈甚畅","吾二人有三相似:一、年龄相似;二、对旧东西有很多的留恋相似;三、不甘于故步自封,还想向前走几步相似。但为达到第三项的目的,必须整(郑)重使用批评与自我批评的武器,对对方的不同意,必须切实讨论(并不妨作严厉的驳斥)才行。(不是不妨,并且也是必须——昶后加)如果仍像从前'您说您的,我说我的'的态度,对于向前走,必有妨碍了。此种感觉,想先生当有同感也"。[梁培宽:《梁漱溟往来书信集》,上海人民出版社2017年版,第610页]

发表《老子书为关尹子所著说》《字谊同源说》。[《史学集刊》第7期第1、2分合刊]

---

① 张钫,字伯英,河南新安县人,时任全国政协委员,中央文史馆副馆长。

1952 年 · 64 岁

1 月 16 日

由长沙返京的夏鼐来访于西直门宿舍,在家共进晚餐。[《夏鼐日记》卷四,第 458 页]

1 月 17 日

与王静如①到所访夏鼐,后同到梁思永处。[《夏鼐日记》卷四,第 458 页]

1 月 28 日

农历正月初二,夏鼐到西直门宿舍探访。[《夏鼐日记》卷四,第 458 页]

4 月 24 日

在学习发言中表示,孙中山若能活到现在,则新民主(主义)革命可以顺利得多。与会者多人反对,争论"颇为热闹"。[《夏鼐日记》卷四,第 478 页]

---

① 王静如,时为考古研究所研究员。

4月30日

瑞典退还西北科学考察团文物已运来华。[《夏鼐日记》卷四,第479页]

是月

北京历史博物馆举办宝鸡斗鸡台发掘展览及北京西郊明墓发掘展览。

8月1日

与来访的夏鼐商谈有关所务。参加思想改造小组政治学习会议,继续接受与会者提意见。[《夏鼐日记》卷四,第497页]

8月15日

在全所会议上作自我检讨。次日上午接受与会者提意见。[《夏鼐日记》卷四,第501页]

8月26日

夏鼐、刘桂五到西直门宿舍访王静如,与程溯洛①同时在座。[《夏鼐日记》卷四,第502页]

9月14日

在西直门宿舍与来访的夏鼐谈。[《夏鼐日记》卷四,第506页]

9月18日

在所内见夏鼐,一道至梁思永处。[《夏鼐日记》卷四,第507页]

12月

考古所一部分迁至马市大街办公。

---

① 程溯洛,时为考古研究所研究员。

冬

中国科学院要求各院所开办俄文速成班,考古所组织研究人员学习俄语,并进行阶段性考试。[子仪:《陈梦家先生编年事辑》,中华书局2021年版,第349页]

1953 年 · 65 岁

3月5日

斯大林去世。中国科学院要求北京地区全体工作人员于7日下午到苏联驻华使馆吊唁。9日下午参加"首都各界追悼伟大革命导师斯大林同志大会"。[薛攀皋、季楚卿:《中国科学院史事汇要》(1953年),第36页]

3月12日

参加故宫为陈列商代馆事召集的座谈会,与夏鼐、陈梦家等皆提出意见。[马思猛整理:《马衡日记:1948—1955》,第549页]

3月14日

参加考古所全所会议,所长郑振铎报告五年计划及1953年工作计划,动员全所人员努力完成计划;参加关于考勤考绩草案及反官僚主义的讨论。[《夏鼐日记》卷五,第12页]

7月12日

中国科学院邀请专家召开历史学座谈会,关于考古工作有人提议,随着国家经济建设大规模展开,考古工作在人力方面大大不能满足目前的需要,必须大力举办短期训练班,大批训练能进行发掘的人才;另一方面,要保护古

迹遗址。［薛攀皋、季楚卿：《中国科学院史事汇要》（1953年），第98页］

7月17日

由北戴河休假返京。［《夏鼐日记》卷五，第30页］

10月27日

下午，夏鼐与陈梦家来商谈设立洛阳工作站事。［子仪：《陈梦家先生编年事辑》，第362页］

11月15日

到考古所与夏鼐谈关于丰镐遗址及阿房宫设置问题。［《夏鼐日记》卷五，第59页］

12月

《考古学报》编辑委员会成立，与郑振铎（主任）、尹达、王振铎、向达、范文澜、梁思永、夏鼐、郭宝钧、黄文弼、张政烺、陈梦家、裴文中、翦伯赞、苏秉琦同为委员。

是年

中国科学院要求各院所开展俄文专业书籍阅读速成学习。次年，全院研究人员中90％以上学习俄文。［《当代中国》丛书编辑部：《当代中国·中国科学院卷》（上），当代中国出版社1994年版，第14页］

1954 年·66 岁

1月28日

参加所内会议,做上年工作总结及自我鉴定,并请到会者提意见。[《日记》,《徐旭生文集》第 11 册,第 1529 页]

1月29日

致信杨树达①,介绍相关工作情况。指出科学院对老学者,重在发挥其工作潜力,"绝不拘拘于任何形式"。如自己"每日到所办公,但所中负责人屡劝不必拘泥形式,亦从未见有拘泥学习形式,致令人枯坐的情事"。对于"年衰不便北来之老学者,也将筹划适当的安排,以便其发挥潜力,昌明文教"。[杨逢彬整理:《积微居友朋书札》,湖南教育出版社 1986 年版,第 238 页]

2月1日

参加所内会议,听夏鼐自我鉴定。对所中工作提合理化建议,"讨论广泛,发言普遍,相当成功"。[《日记》,《徐旭生文集》第 11 册,第 1530 页]

---

① 杨树达,字遇夫,号积微,时为湖南师范学院教授。

2月3—7日

春节假期，出访徐侍峰、钱临照、陶孟和、朱广相等；来访者有魏建功、钱临照、王实甫、尚爱松夫妇等。

与同事看视夏鼐，劝其住院治疗。尹达①来所访郭宝钧，同座，并谈颇久。[《日记》,《徐旭生文集》第11册,第1530页]

2月13日

在所内讲整理传说古史的方法问题,17日续讲。[《日记》,《徐旭生文集》第11册,第1531页]

2月14日

整理即将捐献的古物，并作目录。[《日记》,《徐旭生文集》第11册,第1532页]

2月15日

历史博物馆就中国古史提出若干问题，自今日起,19、23、24、25、26、3月1日连续查阅资料并作答。[《日记》,《徐旭生文集》第11册,第1532—1533页]

3月7日

到梁漱溟家一谈。[《日记》,《徐旭生文集》第11册,第1534页]

3月12日

受所中同人所托，与王伯洪、马得志前往人民医院慰问住院治疗的梁思永及夏鼐。[《日记》,《徐旭生文集》第11册,第1535页]

---

① 尹达,时任中国科学院历史研究所第一所副所长。

3月15日

钱临照来所,交谈。[《日记》,《徐旭生文集》第 11 册,第 1535 页]

3月20日

科学院组织到石景山钢铁厂参观,先后看铁汁出炉、炼焦出炉及铸造部。[《日记》,《徐旭生文集》第 11 册,第 1536 页]

3月25日

在所内审阅西安工场交来的考古文件,并写出意见。下午,前往北海公园,参观北京出土文物展览。[《日记》,《徐旭生文集》第 11 册,第 1536 页]

3月28日

与尹达谈,欲调往历史研究所(第一所)工作。[《夏鼐日记》卷五,第 79 页]

3月30日

阅读并为荆三林所著《中国生产工具发展史稿》写意见,4 月 1 日继续。[《日记》,《徐旭生文集》第 11 册,第 1537、1538 页]

4月5日

参加梁思永①追悼会,为治丧委员会成员(共 29 人,考古所与郑振铎、郭宝钧、夏鼐共列 4 人)。[《夏鼐日记》卷五,第 81 页]

4月9日

到医院探望夏鼐,并告知将赴河南参加会议及会后到郑州、洛阳、西安各处考古工地考察的计划等事。[《日记》,《徐旭生文集》第 11 册,第 1538—1539 页]

---

① 梁思永,1954 年 4 月 2 日在北京去世。

4月10—17日

与张仲鲁①同车离京经郑州到开封(时为河南省省会)。11日,参加河南省政府委员暨省协商委员联席会议②,15日闭会。与张一道赴郑州参观棉纺织厂、机器制造厂、电厂,考察二里冈考古工地。[《日记》,《徐旭生文集》第11册,第1539页]

4月20—23日

由郑州到洛阳。由郭宝钧陪同,到王城考古工地,考察新发现的唐城夯土、墓葬及遗址。[《日记》,《徐旭生文集》第11册,第1539页]

4月25日

由洛阳到西安,与石兴邦到旧丰都北一带考察,先后作两次讲演,皆关于西周在推进我国向前方面有何贡献。[《日记》,《徐旭生文集》第11册,第1539页]

5月7日

由洛阳、西安返京,向夏鼐汇报西安队情况。[《夏鼐日记》卷五,第89页]

5月13日

赴北京图书馆,参观马列主义经典著作在中国的传播展览。[《日记》,《徐旭生文集》第11册,第1540页]

---

① 张仲鲁(1895—1968),字广舆,河南巩义人,曾任河南大学校长。新中国成立后任燃料工业部计划司副司长,河南省人民政府委员。

② 1954年4月12—15日,在开封召开河南省首届各界人民代表会议协商委员会第十六次会议,与省人民政府委员会联合召开。会议根据过渡时期总路线和中南军政委员会第二次会议精神,检查和总结河南省1953年的工作,讨论确定了1954年的工作方针和任务。(河南省地方史志编纂委员会编纂:《河南省志》第十五卷《人民政治协商会议志》,河南人民出版社1997年版,第59页)

5月14日

黄文弼、陈梦家等来谈关于汉隋间墓志集释出版事。[《日记》,《徐旭生文集》第11册,第1540页]

5月15日

与陈梦家商议稿件署名问题,提出对于古人,一律只引书名,不提名字,外附引用书目表,名字只出现一次的办法。[《日记》,《徐旭生文集》第11册,第1540页]

5月31日

寄《西游日记》10部与河南省省长吴芝圃。[《日记》,《徐旭生文集》第11册,第1541页]

6月3日

继续学习《辩证唯物主义论》;看陈梦家所著关于夏殷年代问题论文,并提意见。[《日记》,《徐旭生文集》第11册,第1542页]

6月5日

上午在所内会议上,报告去年在陕县(今三门峡市陕州区)、灵宝调查的结果。[《日记》,《徐旭生文集》第11册,第1542页]

6月6日

在西郊公园购买北京风景照片4套,寄给在洛阳协助考察的诸人。[《日记》,《徐旭生文集》第11册,第1542页]

6月9日

与夏鼐等人赴历史博物馆,看建设工程中出土文物展览(汇展)。[《日记》,《徐旭生文集》第11册,第1542页]

6月25日

写《对于考古事业的一个很迫切的希望》一文,26日继续写。7月1日写完,7月20日发往《光明日报》。[《日记》,《徐旭生文集》第11册,第1544、1546页]

6月26日

夏鼐转来《历史学译丛》译稿一份,嘱校阅一次。[《日记》,《徐旭生文集》第11册,第1544页]

7月1日

被《历史研究》编辑委员会聘为《史学译丛》特约编译。[《日记》,《徐旭生文集》第11册,第1544页]

7月3日

人民出版社委托考古所翻译相关图书,约金学山找到原本,并与王仲殊、王伯洪等共同商议翻译事项。[《日记》,《徐旭生文集》第11册,第1544—1545页]

7月5—8日、10日

在科学院参加学习苏联先进科学经验交流座谈会。[《日记》,《徐旭生文集》第11册,第1545页]

7月12日

河南省政府通知,被选为省人民代表大会代表。此事甚出"意外,但才知道很喜。但仔细想后,觉困难甚大,即欲辞,又踌躇不决"。与多人交谈征求意见后,决定接受。[《日记》,《徐旭生文集》第11册,第1545页]

7月13日

夏鼐来商谈明年预算事。[《夏鼐日记》卷五,第101页]

7月15日

为代捐李宗侗、乔大壮书籍、古物拟一份文稿,抄寄郑振铎并请徐森玉、向达①等签字后寄回。

袁复礼、黄文弼来谈撰写西北科学考察团经过简史事。[《日记》,《徐旭生文集》第11册,第1545页]

7月22日

到所与靳尚谦主任(考古所办公室主任,后任支部书记)谈请求入党问题。[《日记》,《徐旭生文集》第11册,第1546页]

8月1—7日

被选为河南省第一届人民代表大会代表(第二、第三届连任)。在开封(时为河南省省会)参加河南省第一届人民代表大会第一次会议。[《日记》,《徐旭生文集》第11册,第1547页]

8月8—15日

旁听中南区各师范学校历史教员在开封河南大学召开的历史教学会议,与会者多人询问《中国古史的传说时代》一书"是否很快就要再版,并且说教历史的人对于这一节急需参考此书,苦于买不到"。始"感觉到修正重印刻不容缓",遂于次年3月开始改写,经过二年多完成修改再版。[徐旭生:《中国古史的传说时代·序言》,广西师范大学出版社2003年版]

---

① 徐森玉,时任上海博物馆馆长;向达,时为北京大学教授,北京大学图书馆馆长。

9月4日

积极要求入党,并为此开始撰写自传。至11月19日完成。[《日记》,《徐旭生文集》第11册,第1547页]

9月6日

接汤仲林信及其所著俄文著作两件,嘱审阅后送高等教育部人事处审查。[《日记》,《徐旭生文集》第11册,第1547页]

9月11日

与冯友兰、曹靖华、张仲鲁等在京河南省人大代表在全聚德晚餐。[《日记》,《徐旭生文集》第11册,第1548页]

9月15日

中华人民共和国第一届全国人民代表大会第一次会议在北京举行,会议制定了《中华人民共和国宪法》。

参加所内研究组会议,讨论为研究实习生帮助提供基本书目问题。[《日记》,《徐旭生文集》第11册,第1548页]

9月17日

观看话剧《万水千山》,感受颇深,"编写真实有力,使先烈艰苦的经过形象化,甚受感动"。[《日记》,《徐旭生文集》第11册,第1548页]

9月19日

在中山公园来今雨轩,与丁道衡、黄文弼、袁复礼午餐,后到丁寓继续商议撰写西北科学考察团史事。[《日记》,《徐旭生文集》第11册,第1549页]

是月

发表《培养考古干部,加强考古工作,开展历史研究》,署名"徐炳昶"。指出"研究人类的历史,一方面要依靠文字记录的史料,另一方面也一定要依靠保存在地上或地下的遗迹和遗物","当我们要研究还没有文字记录的原始社会的时候,找不到文献史料,所可依靠的就仅只有保存在地上或地下的遗迹和遗物了",从事这一种史料工作的人"叫作考古工作者"。文章郑重呼吁加快培养考古人才,建议"首都主持考古事业的机关,应该尽力多开班次,大量让各地逐年选派学生来首都学习。尤其是应该鼓励少数民族地区选派学生前来学习。训练若干时间后派到西安、洛阳、长沙等处有实地工作的区域,参加工作,从田野实习中取得经验","这一项工作,应该早日注意,早日布置,不应该过缓"。[《文物参考资料》1954年第9期]

10月8日

到国际书店购《斯大林全集》一部(13本)。中华书局派人来访,谈该书局准备再印连雅堂先生《台湾通史》事。[《日记》,《徐旭生文集》第11册,第1550页]

10月10日

到黄文弼寓,与黄及丁道衡再谈撰写西北科学考察团史事。[《日记》,《徐旭生文集》第11册,第1550页]

10月11日

阅苏联科学院向本院所提出的关于中国历史分期研究的概述,"彼盖为与本院合作研究的预备"。[《日记》,《徐旭生文集》第11册,第1551页]

10月12日

撰写西北科学考察团史的提纲,发给相关人士交换意见。[《日记》,《徐旭生文集》第11册,第1551页]

10月27日

赴北京图书馆,参加讨论《山海经》中关于矿物史料的会议,以帮助一苏联矿业专家。同会者有顾颉刚、贺昌群、王振铎、侯德榜等人。① [《日记》,《徐旭生文集》第11册,第1552页]

11月5日

到科学院参加庆祝苏联社会主义革命三十七周年纪念与欢迎科学院聘请的苏联高等顾问戈夫达夫妇晚会。[《日记》,《徐旭生文集》第11册,第1553页]

11月19日

将多日所撰写的自传交与靳尚谦,并请转交院党支部。[《日记》,《徐旭生文集》第11册,第1554页]

11月23日

郭沫若来信询问石鼓山②事,即时答复。

参加所内会议,讨论《红楼梦》研究中的错误观点并进行批判。(此后尚有多次会议)[《日记》,《徐旭生文集》第11册,第1555页;《夏鼐日记》卷五,第127页]

11月28日

上午往访梁漱溟。[《日记》,《徐旭生文集》第11册,第1555页]

---

① 据顾颉刚日记载:"北京地质学院教师、苏联矿物学博士托卡列夫作《最早谈到矿物与矿业的书》一文,拟登在列宁格勒出版之《矿物协会报》上,依苏联规定,应由所在地之图书馆出具证明。以其所论者为《山海经》,由北京图书馆参考部刘汝霖君为之讲解,故由馆召集一会,为之解答。"(《顾颉刚日记》第七卷,第607页)

② 石鼓山位于陕西省渭南市,有"小华山"之称。自秦朝以来先后有五个朝代在此修建庙宇,是历代文人骚客和社会名流常常涉足之地。

11月29日

上午,召集俄文小组讨论将来工作计划。下午,与山东博物馆同人开座谈会,对历史部陈列说明提出商讨意见。[《日记》,《徐旭生文集》第11册,第1555页]

12月3日

在图书馆看俄文《苏联大百科全书》中有关考古的文章。[《日记》,《徐旭生文集》第11册,第1556页]

12月21日

与林宰平一道去医院探视因中风住院的孙伏园①。[《日记》,《徐旭生文集》第11册,第1558页]

12月24日

参加《历史研究》杂志社《史学译丛》编辑部会议。[《日记》,《徐旭生文集》第11册,第1558页]

12月27日

与夏鼐等参加中国科学院中国猿人第一头盖骨发现二十五周年纪念会。[《日记》,《徐旭生文集》第11册,第1558页]

12月28日

参观中国科学院古脊椎动物研究室展览。被高等教育出版社聘为编审。[《日记》,《徐旭生文集》第11册,第1559页]

---

① 孙伏园,时任国家出版署版本图书馆馆长。

是年

结合自学俄语,阅读经典著作及相关理论著作并参加集体讨论。阅读内容包括哲学唯物论、历史唯物论、辩证唯物论,阅读经典著作(部分外文版)如《共产党宣言》(马克思、恩格斯)、《资本论》(马克思)、《反杜林论》(恩格斯)、《路德维希·费尔巴哈与德国古典哲学的终结》(恩格斯)、《德国农民战争》(恩格斯)、《家庭、私有制和国家的起源》(恩格斯)、《俄国资本主义的发展》(列宁)、《唯物论与经验批判论》(列宁)、《马克思主义与民族殖民地问题》(斯大林)、《论列宁主义的几个问题》(斯大林)、《毛泽东选集》、刘少奇《论共产党员的修养》、《论党》、《联共(布)党史简明教程》、《苏联大百科全书》中关于考古学的相关内容等。①

---

① 散见于《日记》中。

1955 年·67 岁

1月2日

到国际书店购俄文版《毛泽东选集》第二、三、四本。[《日记》,《徐旭生文集》第 11 册,第 1560 页]

1月5日

看苏联小说《钢与渣》,感觉"很有启发",是继《收获》与《远离莫斯科的地方》之后,在苏联文艺作品中最爱看的一种。[《日记》,《徐旭生文集》第 11 册,第 1561 页]

1月7日

尹达将《中国古史的传说时代》送还,并提一点意见。[《日记》,《徐旭生文集》第 11 册,第 1561 页]

1月19日

经请示批准,暂时保存由陕西转来的陈子怡遗稿。本所研究人员吴汝祚先后借阅陈著《长安水道变迁考》《汉长安街道考》。[《日记》,《徐旭生文集》第 11 册,第 1563 页]

1月20日

参加中国科学院关于胡适的《中国哲学史》观点批判讨论会。21日下午继续。[《日记》,《徐旭生文集》第11册,第1563页]

1月26日

与冯友兰、曹靖华同车离京,29日—2月4日在郑州参加河南省第一届人民代表大会第二次会议。6日,返京。[《日记》,《徐旭生文集》第11册,第1563—1564页]

是月

陈梦家在《殷虚卜辞综述》前言中,对"郑振铎、尹达、梁思永、夏鼐、徐炳昶、郭宝钧、张政烺、唐兰、于省吾,或者审定了本计划的进行,或者审阅了本书的一部分,提供了宝贵意见"表示感谢。[子仪:《陈梦家先生编年事辑》,第381页]

2月5日

在郑州参观治淮及基建工程展览会。[《日记》,《徐旭生文集》第11册,第1563页]

2月10日

开始撰写《1955年年度研究题目计划》。[《日记》,《徐旭生文集》第11册,第1564页]

2月17日

与顾颉刚、黄文弼、陈梦家、苏秉琦等参加中国科学院反对使用原子武器签名大会,到会者约千人。[《日记》,《徐旭生文集》第11册,第1565页;《顾颉刚日记》第七卷,第657页]

2月20日

梁漱溟来谈,表示"近日对于政治方面从前看法的错误,已完全明白,而对于哲学方面,从前思想并无改变"。对梁表示:"我的思想在加紧研讨辩证惟物主义,肃清自己思想中惟心主义残余阶段。"[《日记》,《徐旭生文集》第11册,第1566页]

3月1日

撰写对《汉字简化方案草案》的意见。[《日记》,《徐旭生文集》第11册,第1567页]

3月3日

人民出版社来函,询问俄文中22个关于中国古代文化名字的译文是否正确。与夏鼐商议,共确认19个译文正确。[《日记》,《徐旭生文集》第11册,第1567页]

3月7日

开始写《何谓传说时代？我们怎么样来治传说时代的历史？》。9、11、14、15、17、18、19、21、23、24日续写,28日完成,送交副所长尹达审阅。[《日记》,《徐旭生文集》第11册,第1568—1570页]

3月8日

下午到科学院,参加胡适思想批判讨论会。"发言的预备比较充分,讨论比较集中",比前次会议"讨论散漫、几乎毫无归宿好多了"。[《日记》,《徐旭生文集》第11册,第1568页]

3月29日

到嘉应寺参加马衡公祭会。① [《日记》,《徐旭生文集》第11册,第1571页]

---

① 马衡,1955年3月26日去世。

4月10日

赴北京大学访冯友兰,商议乡间春荒事,决定一方面给河南省委统战部写信反映,另一方面由冯写信与唐河县周县长,并请其注意。[《日记》,《徐旭生文集》第11册,第1572页]

5月28日

参加科学院会议,讨论冯友兰等对梁漱溟的批评文章。梁亦到会并有发言。[《日记》,《徐旭生文集》第11册,第1574页]

6月1—10日

在北京饭店参加中国科学院学部成立大会。① [《日记》,《徐旭生文集》第11册,第1571—1572页]

6月11日

人民出版社转来对考古所提供译稿的意见,向参与的同志传达,认为"有些地方可以不必太认真的态度,实在是对读者不负责任的,因而是绝对要不得的态度"。[《日记》,《徐旭生文集》第11册,第1572页]

6月14日

开始写《我国古代部族三集团考》。[《日记》,《徐旭生文集》第11册,第1575—1576页]

6月21日

参加所内会议,讨论与夏鼐所作的两篇关于反对胡风集团的文章,改去不适宜的字句多处,补入《考古通讯》第4期。[《夏鼐日记》卷五,第164页]

---

① 中国科学院设物理学数学化学部、生物学地学部、技术科学部和哲学社会科学部。哲学社会科学部主任郭沫若,副主任潘梓年。

6月22日

方信芳来所,借去洛阳(铲?)铸作模型,请铁匠试作。[《日记》,《徐旭生文集》第11册,第1576页]

7月8日

看苏秉琦对北大考古组讨论《在考古工作中的胡适思想》(夏鼐作)一文的记录,提几条意见。[《日记》,《徐旭生文集》第11册,第1578页]

7月10日

与陈梦家应靳尚谦主任约,到所中谈开批判胡风会议布置事。(连续开会数日)[《日记》,《徐旭生文集》第11册,第1579页]

7月20日

体检结果表明,肺病又有所发展,医嘱休养三个月后复查。[《日记》,《徐旭生文集》第11册,第1580页]

8月

在家医治肺病,休养。其间,修改相关译文多篇,看《俄语语法》第三本,参加所中有关会议。有所好转后,自11月1日起,每日上午上班。[《日记》,《徐旭生文集》第11册,第1580页]

是月

发表《〈山海经〉的地理意义》,署名"徐旭生"。对质疑《山海经》"多杂以神怪""道里山川率难考据"的观点进行了分析,肯定此书"为全世界所保存的古地理书之一,内容实极丰富,我们应该好好地研究它,整理它"。[《地理知识》第6卷第8期]

9月3日

接郭沫若信,"炳昶同志:据办公厅报告,本院同人肺部检查结果,发现您的肺部左侧有较前稍扩大现象,殊为念之!此种现象,虽非严重,惟不应令其继续发展。为您的健康计,希望您完全休养半年,以期早日痊愈。原应趋访,但因公忙未能实现,特致函达意。并祝健康"。①

11月7—8日

先后为人民教育出版社审阅高级中学历史课本、初中中国历史教学参考书。[《日记》,《徐旭生文集》第11册,第1581页]

11月12日

为《苏联大百科全书》翻译"小屯"词条。[《日记》,《徐旭生文集》第11册,第1581页]

12月9日

参加所内会议,谈自己修养及明年工作计划。[《夏鼐日记》卷五,第195页]

12月25日

与夫人同行观看黄河水利图片展。[《日记》,《徐旭生文集》第11册,第1586页]

12月26日

为人民出版社审读《高级中学中国历史教学大纲说明》。[《日记》,《徐旭生文集》第11册,第1586页]

---

① 信函原件存二里头夏都遗址博物馆。

12 月 29 日

参加所内会议,研究培养新到所内干部事。[《日记》,《徐旭生文集》第 11 册,第 1586 页]

1956年·68岁

1月14日

周恩来在中共中央关于知识分子问题的会议上作《关于知识分子问题的报告》,指出旧时代的知识分子,"他们中间的绝大部分已经成为国家工作人员,已经为社会主义服务,已经是工人阶级的一部分",应该给知识分子以必要的工作条件和适当的待遇,并要继续帮助他们进行自我改造,发展他们中间的进步力量,做好在知识分子中的建党工作。[《周恩来选集》(下卷),第162页]

1月16日

为哲学及历史科学二部近十二年远景计划提意见数条。[《日记》,《徐旭生文集》第11册,第1589页]

1月20日

上午,在政治协商会议大礼堂参加科学院传达农业发展纲要报告的会议。下午,在科学院院长办公室讨论《1956—1967年全国农业发展纲要草案》,并提意见。[《日记》,《徐旭生文集》第11册,第1589页]

1月23日

与夏鼐、靳尚谦谈,希望找一助手,帮助抄写卡片工作。次日,所派王其腾来,首先开始传说时代史料的卡片抄写工作。[《日记》,《徐旭生文集》第11册,第1589页]

1月28日

考古所第一届学术委员会①成立,与尹达、李文信、陈梦家、夏鼐、徐森玉、黄文弼、郭宝钧、曾昭燏、裴文中、郑振铎等11人为委员。召开第一次会议,讨论1956年研究工作计划及远景规划。[《日记》,《徐旭生文集》第11册,第1590页;《夏鼐日记》卷五,第204页]

是月

根据中宣部、中国科学院哲学社会科学学部要求,组成考古学十二年工作规划专家小组,共51人。与同所的郑振铎、钟凤年从考古类专家名单移出,列入史学类。[常怀颖:《深猷远计:〈考古学研究工作十二年远景规划草案〉的制定——中国考古学发展规划研究之二》,《南方文物》2022年第3期]

2月9—16日

在考古所参加考古学发展(十二年)远景规划的讨论。[《日记》,《徐旭生文集》第11册,第1591—1592页]

2月21—27日

在北京饭店参加中国科学院与文化部联合召开的第一次全国考古工作

---

① 学术委员会在所长领导下进行工作,主要任务包括:讨论研究所科学工作的基本方向,审查研究计划与科学干部培养计划并督促其执行,审查研究所科学工作报告与总结,评定所内研究人员重要科学论文与著作,检查科研成果推广应用并向有关部门建议,审查通过研究生论文、研究人员升级定级,审查对科学工作者优秀奖励等。(樊洪业主编:《中国科学院编年史:1949~1999》,第52页)

会议,18 日参加预备会,19 日,同全体与会人员参观周口店。27 日晚,应邀参加郭沫若、郑振铎在萃华楼的宴请。[《日记》,《徐旭生文集》第 11 册,第 1592—1593 页]

2月28日

写信与郭沫若,随寄《字谜同源说》一文。

赠张圣奘①《西游日记》一部。[《日记》,《徐旭生文集》第 11 册,第 1593 页]

2月29日

参加考古所学术委员会会议,讨论"全国考古工作十二年远景规划",次日继续。[《日记》,《徐旭生文集》第 11 册,第 1593 页]

3月12—18日

在郑州出席河南省第一届人民代表大会第四次会议,被推选为主席团成员。16 日,在大会上发言。② 会后,参观白沙水库、石漫滩水库,途中到访阎寨西地及谷水河北岗遗址,27 日返回。[《日记》,《徐旭生文集》第 11 册,第 1594—1595 页]

3月31日

在所内填写入党志愿书,购中国共产党党章、党章学习资料等,读刘少奇《论党》。[《日记》,《徐旭生文集》第 11 册,第 1595 页]

---

① 张圣奘,时任四川省文物管理委员会主任。
② 大会发言中,转达全国考古工作会议向全国青年突击队员的三项号召:1. 要在工地上和农村里宣传,凡是埋藏在地下的古代文物,像铜器、玉器、瓷碗、金银首饰等,和散在偏僻村落的古庙、古坟、名胜古迹等,都是属于国家的财产,任何人不得加以侵占或破坏;2. 在发现古墓葬、古文化遗址时,要及时地和各级文化部门取得联系;3. 散在各乡村、各区镇的,还有从地主那里交出的线装的古书,从古庙里发现的铜铁铸的佛像、大钟、香炉等,不能作为废铜废铁处理,应立即报告各级文化部门加以集中、鉴别、处理。指出河南地方在地下所藏古物"异常丰富",所以任务尤为重大。(《河南日报》1956 年 3 月 18 日)

是月

先后收到人民教育出版社送来高中历史教科书稿本二份、初中历史教科书一份,人民出版社送来《中国历史图集》秦汉部分稿本,高教部送来《高级中学中国历史教学大纲草案》意见综合材料和座谈提纲各一份,故宫博物院送来阎文儒所著《中国雕塑艺术纲要》一本等,均请审阅或提意见。

4月1日

看电影《南岛风云》,"深感想作一个好共产党员,真非容易。不怕吃苦,不怕牺牲,全是要而不足的条件,此外不对任何艰难困苦低头,尽全力去完成任务,却是更困难得多的事情"。[《日记》,《徐旭生文集》第11册,第1596页]

4月3日

在政协礼堂参加世界科学工作者协会成立十周年纪念大会。[《日记》,《徐旭生文集》第11册,第1597页]

4月5日

写《社会经历中数重要问题的说明》,及写一信为改名备案(不再用"炳昶",仅用"旭生"),交所党组织及所长。

对于中国历史分期问题有新体会,与郭宝钧长谈讨论。[《日记》,《徐旭生文集》第11册,第1597页]

4月11日

与林寿晋谈本所高级研究人员学习计划的意见。[《日记》,《徐旭生文集》第11册,第1598页]

4月13日

故宫博物院来信,希望对于雕塑馆的建立提出意见及建议。[《日记》,《徐旭生文集》第11册,第1598页]

4月21日

上午,到北京大学,听埃及古代史专家阿·费克里讲《埃及古代史大纲》。晚,应邀参加科学院(机关党委)接收新党员入党大会。[《日记》,《徐旭生文集》第11册,第1599页]

4月22日

到梁漱溟处一谈。[《日记》,《徐旭生文集》第11册,第1600页]

4月26日

与夫人等参观官亭水库。[《日记》,《徐旭生文集》第11册,第1601页]

5月1日

五一国际劳动节,在天安门广场观礼。[《日记》,《徐旭生文集》第11册,第1601页]

5月5日

应邀到故宫保和殿,审看文化部文物局举办的"五省出土重要文物展览"。① [《日记》,《徐旭生文集》第11册,第1602页]

5月23日

晚,郭沫若在北京饭店宴请埃及教授费克里,与历史所、考古所相关研究员作陪。[《日记》,《徐旭生文集》第11册,第1605页]

6月1日

到北京大学,听费克里讲《中国文化与埃及文化的比较》。参加北大师生的欢送会并到车站相送。[《日记》,《徐旭生文集》第11册,第1606—

---

① 陕西、江苏、安徽、山西、热河五省配合基建、农业生产而发掘出土文物1500余件。

1607页]

6月5日

将《何谓传说时代》一文打印稿给郭宝钧、陈梦家、夏鼐、王明、苏秉琦、黄文弼等提意见;又给王仲殊、陈公柔、许道龄等寄出。[《日记》,《徐旭生文集》第11册,第1607页]

6月11日

在西苑大旅社开会,讨论中国科学院《1956—1967哲学社会科学规划草案(初稿)》《考古学研究工作十二年远景规划草案(初稿)》。12日,继续讨论"百家争鸣"问题,"(陈)梦家发言,有再建立清规戒律的嫌疑,(苏)秉琦发言反对,我声援秉琦,郑所长发言偏向梦家,争论颇热烈"。[《日记》,《徐旭生文集》第11册,第1608页]

6月20日

与靳尚谦谈申请入党问题。

见徐森玉,建议其到沈尹默处,可寻得乔大壮的诗一二十首。[《日记》,《徐旭生文集》第11册,第1609页]

6月28日

参加所内讨论中国历史奴隶社会及封建社会分期问题的会议。[《日记》,《徐旭生文集》第11册,第1611页]

7月1日

接郭沫若请柬,在北京饭店参加关于编写《中国历史》及《中国哲学史》教科书问题会议,到会者40余人。[《日记》,《徐旭生文集》第11册,第1611页]

7月6日

陈梦家建议将《何谓传说时代》一文送到《新建设》杂志登出,以供大家商榷。[《日记》,《徐旭生文集》第11册,第1612页]

7月7日

按照组织要求,将当年加入国民党事写一详细经过,交靳尚谦。[《日记》,《徐旭生文集》第11册,第1612页]

7月11日

参加所内研究小组会议,讨论争取各国留学生回国问题。决定组织一个小组推动此事,包括靳尚谦、陈梦家、王明、黎晨等人,被委为召集人。次日,在全所会议上,"向全体同人说明国家争取在资本主义国家留学生回国事"。[《日记》,《徐旭生文集》第11册,第1613页]

7月16日

与郭宝钧、陈梦家接待智利来访客人。参加研究员会议,讨论助理研究员及研究实习员升级事。[《日记》,《徐旭生文集》第11册,第1614页]

7月23日

托人了解李书华父子通讯地址,以便与其联系并争取其回国。[《日记》,《徐旭生文集》第11册,第1615页]

8月2日

审读三联书店送来的《中国古代神话之研究》书稿。阅后认为参考资料过少,对古代神话,"毫无别择","所以不能得到像样的结果"。[《日记》,《徐旭生文集》第11册,第1616页]

8月13日

夏鼐来,谈关于考古所图书委员会改选事。[《夏鼐日记》卷五,第244页]

8月16日

应钟凤年①之请,在森隆饭店与译学馆数位同学聚餐。[《日记》,《徐旭生文集》第11册,第1618页]

9月8日

与靳尚谦谈入党问题,出访林宰平。[《日记》,《徐旭生文集》第11册,第1618页]

9月9日

往访翁文灏②,返回时路过白米斜街旧宅。[《日记》,《徐旭生文集》第11册,第1618页]

9月12日

与苏秉琦接待奥地利两位研究古代建筑的学者到所参观。[《日记》,《徐旭生文集》第11册,第1619页]

9月15日

中国共产党第八次全国代表大会在北京召开。

9月24日

夏鼐、尹达来谈。看望即将往温泉疗养院疗养的郭宝钧。[《日记》,《徐

---

① 钟凤年,字云父、云甫,安徽桐城人,1911年毕业于京师译学馆,毕生从事《水经注》校勘和春秋战国地理研究。先后在北平研究院史学研究所、中国科学院考古研究所工作。

② 翁文灏,时任全国政协委员。

旭生文集》第 11 册,第 1620 页]

是月

发表《禹治洪水考》,署名"徐旭生"。对禹的年代及家世、洪水以前的概况、洪水的本义、洪水传说的真实意义、洪水发生的区域、鲧的治水、禹的治水、洪水传说的扩大、禹治洪水的影响等问题进行了较为全面的分析,同时强调"传说流传既久,掺杂不少夸张失实的地方,这也是一切传说公有的性质,不足为怪。我们现在如果能分析出来哪些是夸张失实的部分,哪些是原有历史的核心,那么,当日的真正历史的经过大约还是可以找到的"。[《新建设》1956 年 9 月号]

发表《考古学能从哪一方面为历史研究服务》,署名"徐旭生"。文章强调,"历史资料主要来源之一固有赖于文献的记录,而另外一个主要来源也就是地上与地下的物质资料","今日考古学者最基础的认识——其实也是一切科学工作者最基础的认识——是认识劳动大众是推动社会前进的真正发动力",考古学对于历史研究有极大的重要性,无论是在没有文字记录历史的时代,还是有文字记录历史却还简单的时代,或者历史记录已经详明的时代,考古都可以发挥补足、正误、解释和证明古书等方面的协助作用,有时甚至会起到关键作用。因此,"历史工作者对于考古工作有极迫切的要求,而考古工作也是历史科学的整体中所万不可少的部分"。[《历史教学》1956 年 9 月号]

10 月 5 日

参加所内讨论明年工作计划的会议。许景元来言将赴西安调查和发掘汉长安城,嘱其注意在附近调查秦宫遗址。[《日记》,《徐旭生文集》第 11 册,第 1621—1622 页]

10 月 7 日

参加北京市基层人大代表选举投票。[《日记》,《徐旭生文集》第 11 册,第 1622 页]

10月8日

《北京日报》文化生活版编辑李同志来问鲁迅办《国民新报副刊》的经过。[《日记》,《徐旭生文集》第11册,第1622页]

10月14日

与赵铨、林寿晋等同车,去温泉疗养院探视养病的郭宝钧,并与之谈。[《日记》,《徐旭生文集》第11册,第1622页]

10月21日

与所中同事共游香山,在双清别墅遇朱德副主席。[《日记》,《徐旭生文集》第11册,第1623页]

10月22日

张钫夫妇来谈。[《日记》,《徐旭生文集》第11册,第1623页]

11月11日

与夫人一道参观鲁迅纪念馆。[《日记》,《徐旭生文集》第11册,第1625页]

11月21—28日

在郑州出席河南省第一届人民代表大会第五次会议,发言谈郑州市的考古问题。发言肯定了郑州商代遗址,"是一个很重要的遗址",反映了当年相当发达的工商业和城市建设规模,"将来新发现的希望还很伟大"。希望全体市民"对于这些遗址,尤其是对于古城内的遗址,应该竭力保护,不要破坏,等待将来科学家的发掘与研究"。[徐旭生:《谈谈郑州市的考古问题》,《河南日报》1956年11月30日;《日记》,《徐旭生文集》第11册,第1625页]

12月19日

发表《应该怎样正确地处理传说时代的史料》,署名"徐旭生"。文章首先指出,"一切古民族(用广义的含义)的历史开头差不多全是由传说组成",同时,"由于当日社会发展仍在原始阶段","所以当日所遗留的历史传说没有不混杂很多的神话的"。研究远古时代的历史,"轻信神话为历史和完全排斥混杂神话的历史传说这两种极端的偏向,全是很不适宜的","把掺杂的神话误认为历史固然是太天真,可是因为不信任神话就连被神话包围的历史因素也抛弃掉,那也是要泼脏水连小孩也泼掉的办法"。关于远古历史研究与考古工作的关系,文章认为,"古传说固然需要考古工作的证明或否定,而考古工作也很需要古传说的指引"。在传说时代的研究中,"简单的称引'正经'或'正史'的说法是不适宜的",因为"正经""正史"都是"经过后儒系统化了的","这种系统化的材料经过综合删改,就逐渐失真,其可靠性的程度要比保存在《左传》《国语》、先秦诸子以及其他先秦古书中的零金碎玉、不成系统的材料的可靠性差得多"。文章主张,研究传说的史料,"要把先秦的材料和秦汉以后的材料分别清楚。前一种是主要的,可作标识的,后一种仅可作辅助的","在先秦材料中必须分别综合材料和未经系统化的材料。综合整理后一种材料,拿他作标准,来审查前一种材料内那一部分可靠,那一部分不可靠","秦汉以后的材料去古还不远,或有不传于今而当时还能见到的材料,只要他们还未受前期综合材料错误部分的影响,也还可以采用"。[《人民日报》1956年12月19日]

12月21日

《农村青年》杂志社的陈开臻、张学敏来访,谈中国古代史的宣传问题。[《日记》,《徐旭生文集》第11册,第1627页]

12月27日

应钟凤年之约,在森隆饭店与周伯符等译学馆同学相聚。[《日记》,《徐旭生文集》第11册,第1627页]

12月31日

在王实甫家午餐,同席的有张钫、刘盼遂等。[《日记》,《徐旭生文集》第11册,第1628页]

1957年·69岁

1月2日

与李子魁①到夏鼐处,谈《水经注》的整理问题。[《夏鼐日记》卷五,第284页]

1月13日

到北京大学访冯友兰,商谈反映家乡(唐河县)统购工作偏差问题。又访汤用彤、李达三、魏建功等人。[《日记》,《徐旭生文集》第11册,第1630页]

1月22日

与傅铜同往北京大学哲学系,参加有关中国哲学史的座谈会。[《日记》,《徐旭生文集》第11册,第1631页]

1月24日

下午,与黄文弼、陈梦家、靳尚谦被尹达召集开会,决定下星期讨论本所研究实习员培养计划草案。[《日记》,《徐旭生文集》第11册,第1631页]

---

① 李子魁,时为华中师范学院教师,《水经注》研究专家。

1957 年·69 岁

1月28日

参加考古所研究实习员培养计划草案讨论会。[《日记》,《徐旭生文集》第 11 册,第 1632 页]

2月4日

与夏鼐谈与苏联考古学者合作,在新疆及中亚细亚考古事。6 日再谈。[《日记》,《徐旭生文集》第 11 册,第 1632—1633 页]

2月27日

受陈梦家委托,审读欧阳凡海所著《从商代的"兄终弟及"谈到夏启杀益》稿。[《日记》,《徐旭生文集》第 11 册,第 1635 页]

3月5日

科学出版社的一位同志来联系再版《欧洲哲学史》,对此表示异议,因为"这是一部用惟心主义观点写的哲学史……不需要再印,请社中再斟酌"。[《日记》,《徐旭生文集》第 11 册,第 1636 页]

3月9日

参加考古所见习员训练班结业典礼,与苏秉琦、尹达、陈梦家先后讲话。[《日记》,《徐旭生文集》第 11 册,第 1636 页;《夏鼐日记》卷五,第 295—296 页]

3月13日

参加考古所学术委员会会议。[《日记》,《徐旭生文集》第 11 册,第 1637 页]

3月15日

助手周振华来工作。[《日记》,《徐旭生文集》第 11 册,第 1637 页]

3月21日

写信与徐森玉,请其鉴定乔大壮诗、唐寅旧画一幅及其中文字的识别。[《日记》,《徐旭生文集》第11册,第1638页]

4月8日

与夏鼐、苏秉琦等参加在台基厂国际俱乐部的意大利学者参观团宴会。散会后,冯友兰夫妇到家一谈。[《日记》,《徐旭生文集》第11册,第1640页]

4月10日

写给河南省省长吴芝圃信一封。[《日记》,《徐旭生文集》第11册,第1640页]

4月19日

《考古通讯》编辑部转来荆三林稿件①一份,对在河南省人大会议上提出的"郑州旧城内包有商代古城"的观点提出异议。略看一遍,感觉文章"大致还好"。[《日记》,《徐旭生文集》第11册,第1641页]

4月24日

参加考古所高级研究员总结会,讨论接待日本考古代表团及增产节约事。[《日记》,《徐旭生文集》第11册,第1641页]

5月1日

中共中央发布《关于整风运动的指示》。

五一国际劳动节,到天安门广场观礼,称赞节目"简短,精彩整齐"。[《日记》,《徐旭生文集》第11册,第1642页]

---

① 荆三林《郑州故城址时代问题商榷》,后发表于《郑州大学学报》1980年第1期。

5月2日

在颐和园听鹂馆参加欢迎日本考古团宴会,饭后泛舟昆明湖。[《日记》,《徐旭生文集》第 11 册,第 1642 页]

5月11日

《人民日报》记者前来采访对整风的意见。[《日记》,《徐旭生文集》第 11 册,第 1643 页]

5月14日

为再版《中国古史的传说时代》对原著序言作了部分修订,并表示"我现在确信马克思列宁主义为一切科学的指导,无论有什么样的天才,如果对于它无修养,却想把历史科学研究得有像样的成绩是绝不可能的"。[徐旭生:《中国古史的传说时代》,广西师范大学出版社 2003 年版,第 21 页]

5月17日

在北京饭店应邀参加农工民主党所召开关于帮助共产党人整风的谈话会,因此"知道在各学校中各种歪风相当地严重"。[《日记》,《徐旭生文集》第 11 册,第 1643—1644 页]

5月18日

参加所内召开的高级研究员帮助共产党人整风座谈会,与苏秉琦、陈梦家、黄文弼等皆提出一些意见。25 日继续。[《夏鼐日记》卷五,第 307 页]

5月22日

靳尚谦通知入党申请已被批准。日记中写道:"我的入党请求,已被批准,我也很感愧。到这样年纪,却得到无产阶级的先锋战士的光荣称号,怎么样工作,才能使我对于这个称号少一点羞愧呢?"[《日记》,《徐旭生文集》第 11 册,第 1644 页]

5月23日

复信给刘伦①,婉拒其"指导学习哲学"的请求,表示正在学习辩证唯物论和历史唯物论等马列主义著作。又表示,"看到全国人民轰轰烈烈,建设社会主义大厦,却也不愿袖手旁观。不能作工程师,能添上两兜泥两个砖,也是好的。并且相信:如果我的能力还能提两兜泥,却托懒提一兜泥或一兜半,那就是对不起人民。如果能争取提两兜泥,或三兜泥才更好"。②

5月25日

参加所内整风会议,与陈梦家、黄文弼、安志敏等发言。6月1日继续。[《日记》,《徐旭生文集》第11册,第1645、1646页;《夏鼐日记》卷五,第309页]

6月2日

邀冯友兰夫妇、樊粹庭③来家午餐。下午,同至积水潭一游。[《日记》,《徐旭生文集》第11册,第1646页]

6月6日

与夏鼐参加科学院党组召集的整风座谈会。[《夏鼐日记》卷五,第311页]

6月9日

与所中各同志到十三陵参观。[《日记》,《徐旭生文集》第11册,第1646页]

6月20日

到历史博物馆做学术报告。[《日记》,《徐旭生文集》第11册,第1647页]

---

① 刘伦,河南邓县(今河南邓州市)人,曾听过先生演讲。时任教于天津纺织工业学院。
② 信函原件存二里头夏都遗址博物馆。
③ 樊粹庭,河南遂平县人,时任西安市政协常委,西安市文联副主席。

6月29日

法国埃利塞夫(又译叶理夫)教授来所讲演,题目为《石器时代中国与亚欧的关系》,为其报告做现场翻译。[《日记》,《徐旭生文集》第11册,第1648页;《夏鼐日记》卷五,第314、315页]

7月6日

靳尚谦来谈,所中要开展反右派运动,建议推迟青岛休假。当即表示可在家休假,有会议随时参加。[《日记》,《徐旭生文集》第11册,第1648页]

7月9日

与夏鼐参加科学院院部积极分子动员会。[《日记》,《徐旭生文集》第11册,第1649页;《夏鼐日记》卷五,第316页]

7月22日

到北京饭店参加科学院批判右派及科学规划会。23、24日继续。[《日记》,《徐旭生文集》第11册,第1650页]

7月27日

根据科学院安排,对科学院反右派会议"写出一点意见"。与夏鼐商谈,意见大致相同。执笔联名写出对反右派座谈会的感想。[《日记》,《徐旭生文集》第11册,第1650页;《夏鼐日记》卷五,第319页]

8月1日

下午,往北京饭店参加国防部举办的庆祝八一建军节酒会。[《日记》,《徐旭生文集》第11册,第1651页]

8月5日

陈梦家致信文物出版社编辑室,对再版《中国古史的传说时代》全部文稿并图版一块、封面题字和内容提要、排版格式、字体、开本要求等作出说明。包括不用"徐炳昶"之名,因为已经废除旧名。[子仪:《陈梦家先生编年事辑》,第443页]

8月10日

继续参加昨日开始的对陈梦家反社会主义路线批评会。12、13日继续。[《日记》,《徐旭生文集》第11册,第1651页]

8月19日

与冯友兰同车赴郑州,参加河南省第一届人大第六次会议(会期23—31日)。"此次(会议)主要议程为反右派斗争,开会热烈紧张,中间星期日亦未休会。"[《日记》,《徐旭生文集》第11册,第1652页]

9月1—4日

与冯友兰等人赴三门峡参观。2日,参观水库建设工程,会见王化云(黄河水利委员会)局长。3日,参观虢国太子墓出土文物及车马坑。4日返京。[《日记》,《徐旭生文集》第11册,第1652页]

9月7日

参加考古所会议,讨论第二个五年计划中全国及本所的考古计划。[《日记》,《徐旭生文集》第11册,第1653页]

9月12日

王冶秋①来,谈下周文物界反击右派会议事。

检查从前所写的《西游日记》。[《日记》,《徐旭生文集》第11册,第1653页]

---

① 王冶秋,时任文化部文物局副局长。

9月15日

参加科学院组织的工作人员游八达岭,与前几次游八达岭相比,"现在有很好的公路,汽车可以直达,中外游人很多"。[《日记》,《徐旭生文集》第11册,第1653—1654页]

9月16日

到文化部参加文物界反右派会议。21日有一段发言。[《日记》,《徐旭生文集》第11册,第1654页]

10月4日

与夏鼐、郭宝钧同往故宫奉先殿,看山西永济永乐宫复制壁画展览。[《日记》,《徐旭生文集》第11册,第1655页]

10月7日

借到登封、偃师县志,开始搜集关于夏代的材料。[《日记》,《徐旭生文集》第11册,第1655—1656页]

10月11日

与贺昌群、郭宝钧、夏鼐到西郊宾馆,参加科学院学部召集的史学界反右派分子座谈会。12、14日继续。[《日记》,《徐旭生文集》第11册,第1656页]

10月15日

看到五教授(曾昭抡、华罗庚、钱伟长、童第周、千家驹)《对于有关我国科学体制问题的几点意见》一文,初,"不很感觉它的反对性",也许是"自己感觉的迟钝"之故。[《日记》,《徐旭生文集》第11册,第1656页]

11月17日

访尹达,请其对《中国古史的传说时代》提意见。[《日记》,《徐旭生文集》

第 11 册,第 1659 页]

11月22日

参加所内会议,所方宣布下放干部名单,与郭宝钧皆有发言。下放干部周振华、邓先嬿先后与谈,均对其勖勉一番。[《日记》,《徐旭生文集》第 11 册,第 1660 页]

12月3日

参加考古所第一批上山下乡干部(共 41 人)欢送会,并有讲话。[《日记》,《徐旭生文集》第 11 册,第 1661 页]

12月4日

翻阅有关县志及关于夏墟史料,10、11、14、17、19、25、26 日继续。[《日记》,《徐旭生文集》第 11 册,第 1662—1663 页]

12月16日

晚,参加考古所党支部会议,被与会者表决通过入党,待呈报批准。[《日记》,《徐旭生文集》第 11 册,第 1662 页]

1958 年·70 岁

1月11日

参加扩大的所务会议,讨论与苏联合作、修改十二年远景规划、1958年计划草案等。会后看考古所内大字报。[《日记》,《徐旭生文集》第11册,第1665页]

1月17日

与夏鼐谈春后考察计划问题,希望有见习员陪同。[《日记》,《徐旭生文集》第11册,第1666页;《夏鼐日记》卷五,第348页]

1月28日

写给考古所下乡干部慰问信一封。[《日记》,《徐旭生文集》第11册,第1667页]

2月6日

与郭宝钧作为老科学家应约与夏鼐谈话。[《夏鼐日记》卷五,第351页]

2月9日

在政协礼堂参加国务院科学规划委员会古籍整理和出版规划小组成立

会。12日,参加历史组会议。与于省吾、吴晗、周谷城、周予同、范文澜、陈垣、顾颉刚、徐森玉等30人为第一届古籍整理出版规划小组历史组成员。[《日记》,《徐旭生文集》第11册,第1669页;《顾颉刚日记》第八卷,第380—381、382页]

2月16日

与下乡同志欢叙,"谈甚畅,颇惊绝大部分同志思想进步已很显著"。[《日记》,《徐旭生文集》第11册,第1669页]

2月19日

与夫人同往中关村访魏建功,共进午餐。[《日记》,《徐旭生文集》第11册,第1670页]

2月24日

考古所召开整风大会,与郭宝钧、苏秉琦先后作检查。[《夏鼐日记》卷五,第355页]

2月26日

参加所内大会。会场气氛热烈,"大家都提出挑战书。青年干部已经被农工大众的'大跃进'冲动了。中年及老年干部也纷纷应战,我当然也只好跟着应战"。[《日记》,《徐旭生文集》第11册,第1670页]

2月28日

参加所内整风小组研究员小组会,决定建议废除稿费,贴大字报声明,响应上海17位教授及院领导方面的号召。[《日记》,《徐旭生文集》第11册,第1671页]

3月10日

上午看大字报,下午写大字报七条。[《日记》,《徐旭生文集》第11册,第

1672 页］

3 月 14 日
考古所内大字报已达 15000 张，超过认额。［《日记》，《徐旭生文集》第 11 册，第 1672 页；《夏鼐日记》卷五，第 358 页］

3 月 29 日
所内召开大会，对尹达、靳尚谦提出批评意见。［《日记》，《徐旭生文集》第 11 册，第 1673—1674 页］

3 月 31 日
所内会议上，有人提出《考古学能从哪一方面为历史研究服务》一文"重心摆错"。对此意见，表示应当仔细想想，"如果真错，即当再写一篇，一方面作自我检讨，一方面作更正和补充，以免谬种流传"。［《日记》，《徐旭生文集》第 11 册，第 1674 页］

4 月 5 日
在南河沿文化俱乐部参加北京历史学、考古学两界"跃进"座谈会，发言者所谈均为厚今薄古问题。［《日记》，《徐旭生文集》第 11 册，第 1674 页］

4 月 9 日
与苏秉琦同往北京大学，作关于夏代历史的报告。［《日记》，《徐旭生文集》第 11 册，第 1675 页］

4 月 16 日
参加所内关于组织考古调查发掘队规程的讨论会。参加所内整风小组会，夏鼐作检讨。次日继续。［《日记》，《徐旭生文集》第 11 册，第 1675 页］

4月21日

学习党章和邓小平《关于修改党的章程的报告》，次日继续。[《日记》，《徐旭生文集》第11册，第1676页]

5月3日

与郑振铎、尹达、夏鼐、郭宝钧、裴文中、贾兰坡、苏秉琦等联名发文《决心作左派，力争红与专》，表示"在中央文物政策下，大力展开田野考古工作，并迅速地发表考古资料"。指出"任何事业离开了党的领导是不可想象的"，"我们要在工作、学习、生活各方面受得起考验，使我们自己锻炼成又红又专、更红更专的考古工作者"。[《考古通讯》1958年3月10日]

5月12—16日

参加中国科学院高级研究人员参观团赴天津参观。13日，参观团泊洼土地改良、抽水机站及秧田等项。14日，参观杨柳青水利设施、农具、沼气发电、工业等。15日，在武清县所属杨村，参观秧田及小发电站。[《日记》，《徐旭生文集》第11册，第1679页]

5月18日

参加北京市人大代表选举投票。[《日记》，《徐旭生文集》第11册，第1679页]

5月29日

金学山将出发到西安，行前想多学些法文，因此"将法文动词八种时间的分别用我的画线表示法教给他"。[《日记》，《徐旭生文集》第11册，第1681页]

6月3日

到政协礼堂参加科学院"大跃进"会议。5日继续。[《日记》，《徐旭生文集》第11册，第1681页]

6月8日

上午到北豁子外,参加挖人工湖的义务劳动。买一把铁锹,以备劳动时使用。15日、29日、8月10日、8月31日多次前往劳动。[《日记》,《徐旭生文集》第11册,第1682页]

6月9—14日

连续数日抄录相关县志中的夏代史料。[《日记》,《徐旭生文集》第11册,第1682页]

6月11日

开始练习太极拳。[《日记》,《徐旭生文集》第11册,第1682页]

6月21日

开始写《考古工作怎样才能达到多快好省的目标?》。28日完成。[《日记》,《徐旭生文集》第11册,第1683、1684页]

6月27日

接河南省选举委员会通知,被泌阳县推举为省人民代表大会代表。[《日记》,《徐旭生文集》第11册,第1684页]

7月1日

"七一"建党纪念日,列席中国科学院机关党委召开的第二届党代表大会。[《日记》,《徐旭生文集》第11册,第1684页]

7月18日

参加考古所交心大会,听大家提意见。[《日记》,《徐旭生文集》第11册,第1686页]

7月23日

与苏秉琦到文化俱乐部(原欧美同学会会址)开文化科技界声讨美英干涉中东会议,发言后递交一份抗议书,与会者签名。[《日记》,《徐旭生文集》第11册,第1687页]

8月3日

参加科学院组织的座谈会,讨论中苏联合公报的意义。[《日记》,《徐旭生文集》第11册,第1688页]

8月10日

到豁子外参加义务劳动。[《日记》,《徐旭生文集》第11册,第1689页]

8月20日

参加所内会议,研究写整风总结事。个人"觉得这些天写交心材料、思想总结,又要作整风总结,真是重重叠叠,不知道怎样写才好。一定要写,那真像作八股、填词,浮泛陈词,苦不可言。……也想不出好办法!"[《日记》,《徐旭生文集》第11册,第1691页]

8月25日

写成夏墟考查计划交给相关人员。[《日记》,《徐旭生文集》第11册,第1691页]

9月1日

看书后悟到,"马列主义的世界观是世界是什么样子就还它什么样子,一毫不能增损。必须这样,才可以不左不右,应付裕如"。[《日记》,《徐旭生文集》第11册,第1692页]

9月12日

所内会议上,参与讨论《关于建立中国考古学体系的重要学术任务草案》。[《日记》,《徐旭生文集》第11册,第1694页]

9月13日

从工作通讯中看到,河南禹县自办文物保护人员训练班,每期三天半时间,效果很好。认为"这是一个很好的开头,希望各县仿办,并逐渐改正缺点,可以使保护文物工作遍地开花"。[《日记》,《徐旭生文集》第11册,第1694页]

9月18日

撰写《考古及保护文物工作都必须走群众路线》一文。19日续写。20日写完,送给《新建设》杂志社。[《日记》,《徐旭生文集》第11册,第1695页]

10月3日

上午工间操后,黄文弼与张寅自新疆归来谈。下午看《和平和社会主义问题》。[《日记》,《徐旭生文集》第11册,第1697页]

10月15—16日

参加科学院组织的参观团,赴河北省徐水县(今河北保定市徐水区)参观。15日,参观徐水大学。16日,参观谢坊公社。[《日记》,《徐旭生文集》第11册,第1698—1699页]

10月26日

下午,到对门教堂看本所人在那边炼钢,帮忙拉几下风箱,被劝止。[《日记》,《徐旭生文集》第11册,第1701页]

10月27—28日

参加所内会议,讨论本所五年工作规划草案及开展对资产阶级考古学术

批判等问题。[《日记》,《徐旭生文集》第 11 册,第 1701 页]

10 月 31 日

上午,参加在首都剧场举行的郑振铎等 16 人追悼会,全所同志同往八宝山送葬。① [《日记》,《徐旭生文集》第 11 册,第 1701—1702 页]

11 月 17 日

看相关地方志中关于夏代的史料,此工作一直持续进行。[《日记》,《徐旭生文集》第 11 册,第 1704 页]

12 月 4 日

上午,把《夏墟在什么地方》写完并交出去,看报。下午看《政治经济学》。[《日记》,《徐旭生文集》第 11 册,第 1706—1707 页]

12 月 13 日

与全所同志到朝阳公社的东坝工作站参观,后到楼梓庄参观农田及手工业。[《日记》,《徐旭生文集》第 11 册,第 1708 页]

12 月 14 日

家人聚餐,预祝七十整寿。[《日记》,《徐旭生文集》第 11 册,第 1708 页]

12 月 17 日

晚,参加党小组会,"因意见不同,争论颇剧,但感觉亲切"。[《日记》,《徐旭生文集》第 11 册,第 1708 页]

---

① 郑振铎,时任文化部副部长,考古所所长。10 月 18 日,出访途中因飞机失事遇难殉职。

12 月 21 日

这两天思想很乱,"有点感觉入党同业务有矛盾,而我努力业务或能对于人民有贡献,在党中却不见得能有贡献",遂想终止转正的请求。但"又觉这种想法未必正确","当再仔细考虑,看矛盾是否能解决"。[《日记》,《徐旭生文集》第 11 册,第 1709 页]

12 月 23 日

与夏鼐、牛兆勋谈助手及印书等问题。与林泽敏谈转正申请延期一年事。[《日记》,《徐旭生文集》第 11 册,第 1709 页]

12 月 25 日

坐车离京到郑州参加河南省第二届人民代表大会第一次会议。28 日正式开会,31 日上午闭会。[《日记》,《徐旭生文集》第 11 册,第 1710 页]

1959年·71岁

1月1日

上午,游览郑州东风渠、花园口,后参观古荥镇人民公社及沟赵村大队。[《日记》,《徐旭生文集》第11册,第1711页]

1月2日

到郑州文物工作队,看新石器时代陶器,座谈关于夏墟的文献材料。后,往访吴芝圃省长,赵文甫①来谈并共进晚餐。[《日记》,《徐旭生文集》第11册,第1711页]

1月10日

写信给考古所党支部书记,请求把入党预备期限延长一年。下午到首都剧场听党课,题目为《党的纪律监察工作》。[《日记》,《徐旭生文集》第11册,第1712页]

1月19—26日

参加考古所与文化部文物局组织的编写《新中国十年考古》座谈会,各省

---

① 赵文甫,时任中共河南省委书记处书记。

市代表报告 10 年来考古工作成就,讨论建立考古学体系及各省协作问题。[《日记》,《徐旭生文集》第 11 册,第 1714 页;《夏鼐日记》卷六,第 5、6 页]

1 月 27 日

开会讨论参加编写《中国通史》原始社会部分的问题,与石兴邦共同负责,北京大学王文清帮助。[《日记》,《徐旭生文集》第 11 册,第 1714 页]

2 月 7 日

与夏鼐、尹达谈《中国原始社会史》提纲问题,涉及传说时代,与尹达发生争论。[《夏鼐日记》卷六,第 9 页]

2 月 8 日

与前来贺年的夏鼐、牛兆勋、靳尚谦谈。[《夏鼐日记》卷六,第 9 页]

2 月 13 日

参加考古所研究小组会议,讨论《中国通史》原始社会部分的编写。下午看王文清所拟提纲并提意见。[《日记》,《徐旭生文集》第 11 册,第 1716 页]

2 月 19 日

在所内参加讨论建立考古学体系问题的会议。[《日记》,《徐旭生文集》第 11 册,第 1717 页]

2 月 24 日

对石兴邦所拟的原始社会部分纲要提出意见,并开始撰写传说部分的提纲。[《日记》,《徐旭生文集》第 11 册,第 1718 页]

3 月 16 日

晚,参加考古所党支部召开的会议,提出延长预备党员期限的请求并进

行讨论。[《日记》,《徐旭生文集》第 11 册,第 1720 页]

3 月 18 日

参加所内的老科学家会议,商讨今年工作。[《日记》,《徐旭生文集》第 11 册,第 1721 页]

3 月 21 日

与夏鼐等到故宫参加座谈会,反对美帝企图劫夺盗运存在台湾的文物。[《日记》,《徐旭生文集》第 11 册,第 1721 页;《夏鼐日记》卷六,第 18 页]

3 月 26 日

与夏鼐谈关于调查豫西颍水流域及晋西南部,以探索夏墟的工作计划。31 日,续谈田野工作计划。[《日记》,《徐旭生文集》第 11 册,第 1722 页;《夏鼐日记》卷六,第 19 页]

4 月 1 日

尹达来谈,陈毅副总理需要关于轩辕及蚩尤的材料,科学院安排历史一所及考古所收集整理。答应负责收集汉代以前的材料。14 日上午,将所收集资料卡片转交尹达。[《日记》,《徐旭生文集》第 11 册,第 1722 页]

4 月 8 日

刘文典、罗庸①的夫人同来,知刘、罗二人"全作古人,不胜感慨"。[《日记》,《徐旭生文集》第 11 册,第 1723 页]

---

① 刘文典,西南联大教授,新中国成立后为云南大学教授,1958 年去世;罗庸,西南联大教授,新中国成立后为昆明师范学院教授,1950 年去世。

4月14日

与助手周振华等离开北京,前往河南登封、禹县、巩县、偃师、洛阳等地进行夏代遗址调查。[《日记》,《徐旭生文集》第11册,第1723页]

4月15—16日

在郑州,与文物工作队队长许顺湛会面,参观文物工作队陈列室文物。16日下午,到洛阳,住考古所洛阳工作站。[《日记》,《徐旭生文集》第11册,第1724页]

4月17—20日

在洛阳,参观工地、出土陶片及其他文物。与工作站同志座谈夏墟考察问题。与在城郊劳动锻炼的同志及陈梦家等座谈。20日返郑州。[《日记》,《徐旭生文集》第11册,第1724—1725页]

4月21日

坐车前往登封,"风大,且微雨数点,所坐卡车,无棚,很冷"。住县人委会招待所,与文化馆同志谈将来工作及请帮忙事。[《日记》,《徐旭生文集》第11册,第1725页]

4月22—23日

将随行人员分为三组进行考察,一组往宋家沟五渡河北岸,获龙山时期陶片。

23日继续,考察一处战国时期遗址、一处仰韶时期遗址。[《日记》,《徐旭生文集》第11册,第1726—1727页]

4月24日—5月3日

到登封卢店乡告成镇。25日,在颍水南考察,观星台附近登封第四中学教员反映曾在田中发现石斧(实为石锛)等物。此后,先后分组考察萧家沟、八方、五渡河西、石羊关等处,"收获累累","使人引起更大的希望"。30日,应邀到登封四中,与师生讲文献资料的问题,方酉生讲陶器、石器等问题。后赠县文化馆陶片若干,残石器数件;赠四中陶片若干,考古资料一本。[《日记》,《徐旭生文集》第11册,第1727—1732页]

在登封告成镇八方调查时,应镇领导邀请,在遗址现场对全镇干部、群众和学校师生作演讲,宣传调查夏文化的意义和重要性,用捡到的文物作实物标本,讲解文物知识。[张立东、任非:《手铲释天书》,大象出版社2001年版,第162页]

5月4—8日

骑马、其他人步行至禹县花石。在闫寨生产队队部见龙山时期陶片及石斧数件,建议应向上级反映,作厨柜存储展览。应邀到第十一中作报告。坐牛车到顺店,考察谷水河遗址;与第三中学教师座谈。[《日记》,《徐旭生文集》第11册,第1732—1734页]

5月9—11日

雇一辆架子车前往禹县县城,住县委招待所。参观古钧台、天宁寺及文物展览。11日往许昌,夜宿一茶馆。[《日记》,《徐旭生文集》第11册,第1734—1736页]

5月12—15日

坐火车到巩县。13日过洛河,看刘镇华旧居、石窟寺。14日到回郭镇,考察罗庄。15日,坐火车往偃师。[《日记》,《徐旭生文集》第11册,第1736—1738页]

5月16日

在偃师,参观出土文物。到高庄,在村中坑内发现一鼎足。到二里头村,村南殷代早期陶片极多。"路极难走。泥黏鞋,不能拔,遂脱鞋赤脚踏泥前

行。"[《日记》,《徐旭生文集》第 11 册,第 1738—1739 页]

到偃师二里头探寻商汤都西亳遗址。看陶片介于河南龙山及郑州二里冈之间,遗址广大,为一都会,为西亳遗址可能性很大。这一天来回步行约 40 里。回来路过喂羊庄时,遇雨。虽避过,雨也停下,而离住所四五里时,泥大,鞋拔不出,只好赤脚走,又颇滑,幸有手杖扶持,未曾跌倒。路虽只四五里,可是比走十里还要累得多。到寓所洗濯后,不妨眠食。次日仍能继续工作。[《徐旭生自传》,《河南文史资料》第 14 辑,第 117 页]

5 月 17—25 日

到洛阳,22 日坐火车到陕县,先后看庙底沟、三里桥遗址、七里堡遗址;到菜园乡考察雁翎关。[《日记》,《徐旭生文集》第 11 册,第 1739—1741 页]

5 月 26—31 日

坐火车经潼关到山西省运城,住考古所工作队,谈夏墟考察问题,参加此间的学习讨论。[《日记》,《徐旭生文集》第 11 册,第 1741—1743 页]

6 月 1—2 日

坐火车到侯马,住山西文管会工作站。[《日记》,《徐旭生文集》第 11 册,第 1743—1745 页]

6 月 3—6 日

坐火车到太原,住宾馆。看博物馆、文管会所藏文物;在文管会,谈山西与夏代文化的关系。6 日晚,坐车返京。[《日记》,《徐旭生文集》第 11 册,第 1745—1747 页]

6 月 8 日

先后与夏鼐、靳尚谦等人谈在河南调查夏代遗址经过情况。[《夏鼐日记》卷六,第 32 页]

6月10日

往北京医院,探访因病住院的包尔汉①及黄文弼。[《日记》,《徐旭生文集》第11册,第1748页]

6月12日

写《河南、山西调查工作简报》,次日完成。看《和平和社会主义问题》一篇。[《日记》,《徐旭生文集》第11册,第1748页]

6月15日

与尹达谈此次河南考察经过。[《日记》,《徐旭生文集》第11册,第1748页]

6月18日

往访范文澜,问能否搜出《中国古史的传说时代》,言不容易。请曹联璞暂时将此书借给山西队看一个(段)时间(先去信请他们同意只出借一月后再寄出)。[《日记》,《徐旭生文集》第11册,第1748页]

6月19日

人民大学新闻系报刊史教研室副主任黄河来访,询问民国初年和"五四"前后的报刊情况,并借去《猛进》合订本(上册)。

与周振华谈夏代都城问题。[《日记》,《徐旭生文集》第11册,第1749页]

6月27日

参加科学院社会科学学部高级研究人员座谈会,讨论关于市场供应紧张的问题。同会者有夏鼐、顾颉刚、吕叔湘、郭宝钧、胡厚宣、黄文弼、俞平伯等。[《日记》,《徐旭生文集》第11册,第1750页;《夏鼐日记》卷六,第35页]

---

① 包尔汉,时任全国政协副主席,新疆维吾尔自治区政协主席。

7月7日

下午,与夏鼐察看由河南考察带回的陶片。[《日记》,《徐旭生文集》第11册,第1751页;《夏鼐日记》卷六,第37页]

7月16日

黄河同志归还《猛进》杂志。把杂志所载当年自己所写的文字重读一遍,"看看当日所见如何浅薄,想想受病在哪些地方,也是有兴趣,并应该作的事"。

开始写《本年第二季度调查夏虚(墟)的初步报告》。[《日记》,《徐旭生文集》第11册,第1752页]

7月17日

续写《调查夏虚(墟)报告》,请夏鼐帮助选择应发表的陶片。[《日记》,《徐旭生文集》第11册,第1752页]

7月24日

看郭沫若所写《洪波曲》,回忆当年在武汉情形。

续写《调查夏虚(墟)报告》。[《日记》,《徐旭生文集》第11册,第1753页]

8月1日

参加所内研究小组会议,讨论如何保证六分之五工作时间问题。[《日记》,《徐旭生文集》第11册,第1754页]

8月8日

下午,参加所内党小组会议,讨论转正问题,听取大家所提的意见。12日,写转正申请。[《日记》,《徐旭生文集》第11册,第1755、1756页]

8月9日

儿女今日全聚于北京,下午全家到大华照相馆合影。[《日记》,《徐旭生文集》第11册,第1755页]

8月10日

写完《调查夏虚(墟)报告》。[《日记》,《徐旭生文集》第11册,第1755—1756页]

8月22日

苏秉琦来看河南考察带回的陶片,24、28日再来。[《日记》,《徐旭生文集》第11册,第1757、1758页]

8月25日

参加所内欢迎16位北京大学毕业来所工作的同志会议,并发言。[《日记》,《徐旭生文集》第11册,第1757页]

8月26—27日

参加所内会议,讨论1960—1962年研究工作计划草案。[《日记》,《徐旭生文集》第11册,第1757页]

9月1日

为所内黑板报写稿:《为什么帝国主义分子痛恨我们的总路线、大跃进、人民公社?》。[《日记》,《徐旭生文集》第11册,第1758页]

9月5日

参加科学院学部会议,讨论中国共产党八届八中全会公报。[《日记》,《徐旭生文集》第11册,第1759页]

9月7日

考古所召开队长会议,与赵芝荃先后报告洛阳发掘及夏代遗址探寻调查。[《夏鼐日记》卷六,第47页]

9月15日

与夏鼐、安志敏到历史博物馆参观。[《日记》,《徐旭生文集》第11册,第1760页]

9月19日

考古所召开党内小组会,与卢兆荫先后作检查,大家提了一些意见。"尤其是对于徐老的打退堂思想,意见更多。"21日继续。[《日记》,《徐旭生文集》第11册,第1761页;《夏鼐日记》卷六,第49页]

10月1日

到天安门广场,参加国庆十周年观礼。[《日记》,《徐旭生文集》第11册,第1762页]

10月4日

李霁野①与黄文弼来谈。[《日记》,《徐旭生文集》第11册,第1763页]

10月8日

修改技术室所草绘的登封、偃师、禹县三县图。[《日记》,《徐旭生文集》第11册,第1763页]

10月12日

下午,参加学部组织的保卫总路线誓师大会。此后至19日,参加所内会

---

① 李霁野,时为南开大学外语系教授。

议,讨论如何从落后的情况下追赶先进单位的问题。[《日记》,《徐旭生文集》第 11 册,第 1764—1765 页]

10 月 19 日

写《辑录传说时代的文献中的史料计划草案》,21 日完成。[《日记》,《徐旭生文集》第 11 册,第 1765 页]

11 月 8 日

北京师范大学杨钊持白寿彝介绍信来,谈批评钱穆的《先秦诸子系年》一事,欲请帮助。[《日记》,《徐旭生文集》第 11 册,第 1768 页]

11 月 9 日

参加所内会议,尹达动员为党内整风(反右倾运动)写大字报,决定明后两日一切工作全停,每日写大字报至少 20 张。[《日记》,《徐旭生文集》第 11 册,第 1768—1769 页]

11 月 27 日

苏联学者吉谢列夫来所访问,与其他高级研究人员参与接待并座谈。[《日记》,《徐旭生文集》第 11 册,第 1771 页;《夏鼐日记》卷六,第 63 页]

是月

在《考古》发表《1959 年夏豫西调查"夏墟"的初步报告》,署名"徐旭生"。文章提出,对于夏代的存在问题并没有人怀疑过,但在考古研究方面,夏代还是一个空白点,"这岂是应该有的现象?"近代考古工作已经有了三四十年,不能说对于夏代的器物完全没有遇到过。认为学术界关于龙山文化与夏文化关系的看法虽有一定道理,但在二者之间画一个等号是"很不妥的"。文章界定了"夏代的文化"与"夏文化"概念的联系与区别,对实地考察的经过及几处重要遗址作了介绍。重点主张特别注意在两个区域寻找"夏墟":第一是"河南中部的洛阳平原及其附近,尤其是颍水谷的上游登封、禹县地带",第二是"山西西南部汾水下游(大约自霍山以南)一带"。认为"此后对此河南偏西部、山西西南部两重点应当作较大规模的调查或复查,以便能早日订定科学的发掘计划"。[《考古》1959年第11期]

12月1日

晚,在支部会上作自我检查。[《日记》,《徐旭生文集》第11册,第1771页;《夏鼐日记》卷六,第64页]

12月26日

参加所内会议,下放干部报告工作情况,"他们得到公社方面的称赞表扬,听到很兴奋"。[《日记》,《徐旭生文集》第11册,第1774页]

1960 年 · 72 岁

1月3日

把《世界历史》勘误表的举例写完,并写信给三联书店,请他们停止售卖此书。[《日记》,《徐旭生文集》第11册,第1776—1777页]

1月4—7日

参加所内研究小组会议,分组讨论今后三年研究计划,先后参加殷周组、新石器时代组。[《日记》,《徐旭生文集》第11册,第1777页]

1月19日

参加所内1959年"跃进"奖金授奖大会,荣获二等奖。[《日记》,《徐旭生文集》第11册,第1778页]

2月3日

参加所内研究组会议,讨论八年规划、三年规划及1960年工作安排。[《日记》,《徐旭生文集》第11册,第1780页]

2月6日

与传说时代资料组同志谈下周开始工作计划。8日,开始工作,共12人

参加。[《日记》,《徐旭生文集》第 11 册,第 1781 页]

2 月 13 日

看二里头发掘及研究工作报告。[《日记》,《徐旭生文集》第 11 册,第 1782 页]

2 月 16 日

到天桥剧场参加学部整风总结大会。17 日继续,代表老科学家发言。[《日记》,《徐旭生文集》第 11 册,第 1782 页]

2 月 20 日

与顾颉刚、苏秉琦、郭宝钧、黄文弼等在政协礼堂参加文化教育组会议,抗议美国阴谋劫夺我国(台湾)文物。[《日记》,《徐旭生文集》第 11 册,第 1783 页;《顾颉刚日记》第九卷,第 32 页]

2 月 22—29 日

在郑州参加河南省第二届人民代表大会第二次会议。[《日记》,《徐旭生文集》第 11 册,第 1783 页]

2 月 27 日

考古所党组织开会,讨论"关于徐旭生同志转正"及介绍接收新党员事。[《夏鼐日记》卷六,第 83 页]

3 月 1 日

在郑州,参观治理黄河展览会及农业展览会。在文物工作队见队长许顺湛。晚返京。[《日记》,《徐旭生文集》第 11 册,第 1783 页]

3月10日

上午,参加学部组织的高级研究人员座谈会,谈对整风运动的感想。下午,在所内开会,总结此次"跃进"以来的收获。[《日记》,《徐旭生文集》第11册,第1784页]

3月14日

把《中国古史的传说时代》校对完毕,交还科学出版社,并嘱其印一勘误表。[《日记》,《徐旭生文集》第11册,第1785页]

3月17日

写《我为什么要坚持作工间操?》,19日写完。[《日记》,《徐旭生文集》第11册,第1785页]

3月28日

郑州文物工作队队长许顺湛来谈,送其一本《中国古史的传说时代》。[《日记》,《徐旭生文集》第11册,第1786页]

是月

在《新建设》发表《略谈研究夏文化的问题》,署名"徐旭生"。文章提出夏文化包括两种含义,一是指夏代文化,二是指夏族文化。前者地域范围较广,而时间则起自禹,终于桀。如果是指后者,地域范围有限,而时间则在禹以前,桀以后。中原地区有两个地域与夏的关系特别密切,一是豫西地区的伊、洛、颍水流域,二是晋南地区的汾、浍、涑水流域。[《新建设》1960年第3期]

4月15日

找出1947年邵力子、朱家骅劝阻不要离开国民参政会和退出国民党的信件,交给考古所党组织负责人。[《日记》,《徐旭生文集》第11册,第1788页]

4月20日

接到科学出版社送来《中国古史的传说时代》的稿费2197.8元。认为"此款不能受(因系工作自身已得薪金,不能再受报酬)",但应考虑其用途。(后依据党组织意见,单独存于银行)[《日记》,《徐旭生文集》第11册,第1789页]

4月28日

上午,在中山公园中山堂参加公祭陶孟和①,祭毕送灵至八宝山革命公墓。[《日记》,《徐旭生文集》第11册,第1790页]

5月9日

北京百余万人在天安门集会,反对复活日本军国主义。前往参加。[《日记》,《徐旭生文集》第11册,第1792页]

5月10日

历史博物馆派人来访,谈关于原始社会及传说时代的历史资料如何陈列和说明,才能更好地突出主题。[《日记》,《徐旭生文集》第11册,第1792页]

6月19—21日

列席科学院学部党代会。[《日记》,《徐旭生文集》第11册,第1793页]

是月

与尹达、夏鼐、郭宝钧、黄文弼发表声明,反对美国政府企图劫夺我国在台湾的文物。指出我国在台湾的文物,是我国文物的精华,具有高度的历史研究价值和艺术价值,是我国古代劳动人民智慧的结晶,"我们曾经参加过这些古物发掘的人,听到它们被劫盗的消息,更是令人发指",感到万分愤怒。

---

① 陶孟和,时任中国科学院副院长,1960年4月17日去世。

表示这批文物无论运到哪里，誓必全数追回。[《考古》1960 年第 3 期]

7月4日

参加所务会议，讨论下半年工作计划。[《日记》，《徐旭生文集》第 11 册，第 1795 页]

7月19日

审阅北京大学学生集体编写的《中国考古学》讲义商周部分。22 日，看完商周部分，又审阅石器时代部分。27 日，参加包括北大师生在内的交流讨论座谈会。[《日记》，《徐旭生文集》第 11 册，第 1797、1798 页]

8月6日

下午，参加党团活动，"对徐旭老提意见"。因在河南人民代表大会发言稿上，在赞成首长前面加上"基本上"三个字，遂引起相当严重的误会。[《日记》，《徐旭生文集》第 11 册，第 1799 页；《夏鼐日记》卷六，第 113 页]

8月10日

检查 1958 年《考古通讯》中的文章，看是否有与马克思列宁主义不合的地方。次日，汇报检查结果。[《日记》，《徐旭生文集》第 11 册，第 1799—1800 页]

8月19日

集体轮流审读《十年考古》稿。负责西周铜器群、夏代的探索等部分。[《日记》，《徐旭生文集》第 11 册，第 1801 页]

8月23日

参加所内组织的参观中国革命军事博物馆活动。[《日记》，《徐旭生文集》第 11 册，第 1801 页]

9月6日

中山大学教授、古文字学家、考古学家商承祚在京参加民盟会议结束,来所由夏鼐陪同一谈。[《日记》,《徐旭生文集》第11册,第1803页;《夏鼐日记》卷六,第118页]

9月13日

到历史博物馆参观,提意见数条。遇张政烺、胡厚宣两人。[《日记》,《徐旭生文集》第11册,第1804页]

9月26日

开会讨论前日学习测验结果,与同事相比,感觉自己答题简略、笼统、不明确。经此次评比,"获益不少"。[《日记》,《徐旭生文集》第11册,第1805页]

9月27日

与夏鼐参加学部会议,听传达北京市委关于节约粮食的报告。[《日记》,《徐旭生文集》第11册,第1805页;《夏鼐日记》卷六,第123页]

10月1日

国庆日,到天安门广场观礼。[《日记》,《徐旭生文集》第11册,第1806页]

10月11日

响应节约粮食号召,自报每月在供应标准上再减3斤。后所方建议减去2斤,每月得粮食供应25斤。[《日记》,《徐旭生文集》第11册,第1807页]

10月27日

向中国书店售卖所存旧书,包括法文书及一部分中文图书。[《日记》,《徐旭生文集》第11册,第1810页]

11月8日

与石兴邦、吴汝祚、阳吉昌谈原始社会史稿编纂大纲。[《日记》,《徐旭生文集》第11册,第1812页]

11月9日

到学部参加老科学家座谈会。[《日记》,《徐旭生文集》第11册,第1812页]

11月10日

参加北京大学学生与考古所人员商讨原始社会史稿写法的座谈讨论会。[《日记》,《徐旭生文集》第11册,第1812页]

11月16日

在政协礼堂参加学部欢送赴农业第一线干部大会。[《日记》,《徐旭生文集》第11册,第1813页]

12月3日

参加所内党组织会议,讨论转正问题。小组内同意转正,并要求将大家提的意见归纳后作更详细的检查。[《日记》,《徐旭生文集》第11册,第1815页;《夏鼐日记》卷六,第136页]

12月5—12日

参加中国科学院哲学社会科学学部委员会第三次扩大会议。[《日记》,《徐旭生文集》第11册,第1816—1817页]

12月15日

参加所务会议,为"高级研究人员的政治协商会议,谈谈研究所的方针任务及明年后年的工作安排"。[《日记》,《徐旭生文集》第11册,第1817页;《夏

鼐日记》卷六,第138页]

12月27日

考古所党支部通过转为正式党员,时年72岁。一起讨论被接受转正的,还有夏鼐及化验室杜荓运。会中个人提出申请,党委宣读审查意见,到会26人,提意见后,全体通过。[《日记》,《徐旭生文集》第11册,第1819页;《夏鼐日记》卷六,第140页]

1961 年·73 岁

1月5日

与黄文弼谈,并将近日与钟凤年、郭宝钧、苏秉琦等人节约粮食后的情况向组织报告。[《日记》,《徐旭生文集》第 11 册,第 1820 页]

1月17日

《光明日报》记者丘挺来谈,希望就"古代传说或神话为该报写一点文章"。20 日再来谈。[《日记》,《徐旭生文集》第 11 册,第 1822 页]

1月22日

在电车上遇一乘客与售票员口角,并故意阻挠开车,遂出面对其无理行为进行斥责。[《日记》,《徐旭生文集》第 11 册,第 1823 页]

1月27日

所内开会,动员参加农业第一线。小组会讨论,表示决心,很想报名去农村。[《日记》,《徐旭生文集》第 11 册,第 1823 页]

1月31日

下午赴政协礼堂,参加为抗议美国派军舰劫运我国存台湾珍贵文物赴美

罪行的座谈会。[《日记》,《徐旭生文集》第 11 册,第 1824 页]

2月3日

杨锡璋来谈关于撰写原始社会史时如何处理传说时代资料事。[《日记》,《徐旭生文集》第 11 册,第 1825 页]

2月14日

考古所除夕联欢,并欢送第二批下放农村支援农业的干部,与夏鼐、黄文弼、郭宝钧先后发言。[《日记》,《徐旭生文集》第 11 册,第 1826 页;《夏鼐日记》卷六,第 152 页]

2月23日

上午,到革命军事博物馆参观,结合《毛泽东选集》第四卷的学习,对解放战争部分重点观看。[《日记》,《徐旭生文集》第 11 册,第 1827—1828 页]

3月1日

光明日报社送来《漫谈》印样并请校对,希望用"漫谈古代传说"这个大题,并每段加一小题,继续写下去。[《日记》,《徐旭生文集》第 11 册,第 1828 页]

3月3日

尹玮璋来谈二里头发掘情形。[《日记》,《徐旭生文集》第 11 册,第 1829 页]

3月17日

上午,林泽敏转告转正一事已被批准。下午,与黄文弼、郭宝钧、苏秉琦座谈陈毅副总理的报告。[《日记》,《徐旭生文集》第 11 册,第 1831 页]

3月18日

参加哲学社会科学部会议,讨论百家争鸣等问题。会议决定,每两星期周六上午在学部开学习会一次,自愿参加;如不能参加,仍在本所学习。[《日记》,《徐旭生文集》第11册,第1831页;《顾颉刚日记》第九卷,第230页]

3月26日

将此次《光明日报》文章所得稿酬另折存三年定期。[《日记》,《徐旭生文集》第11册,第1832页]

3月30日

考古所全体会议,作题为《夏文化的探索》的学术报告。

与夏鼐谈自己上半年的工作计划。[《日记》,《徐旭生文集》第11册,第1833页;《夏鼐日记》卷六,第162页]

3月31日

上午,参加所务会议,夏鼐谈所中今年工作安排,因配合山西侯马的工作,"二里头不开工","对夏墟调查工作暂停"。

下午,在政协礼堂参加《文史资料》为收集北京大学史料而召开的会议,同会者有顾颉刚、梁漱溟、周炳琳、冯友兰、杨钟健、魏建功等。[《日记》,《徐旭生文集》第11册,第1833页;《顾颉刚日记》第九卷,第236页]

4月1日

在北海庆霄楼参加中国科学院哲学社会科学部召集的老科学家中心小组座谈会,与贺麟、陆志韦等先后发言,谈对"双百"方针的体会以及对"中国封建社会何以比西方长"的普遍说法提出疑问并略陈看法。[《日记》,《徐旭生文集》第11册,第1833页;《夏鼐日记》卷六,第162页]

4月5日

翻阅丁山所著《中国古代宗教与神话考》,"材料殊丰富,很可利用"。丘挺、尹玮璋先后来谈。[《日记》,《徐旭生文集》第11册,第1834页]

4月9日

全家观看第二十六届世界乒乓球锦标赛电视转播。[《日记》,《徐旭生文集》第11册,第1835页]

4月11日

到历史博物馆,看西藏谷格王国遗迹影片,遇韩儒林。[《日记》,《徐旭生文集》第11册,第1835页]

4月15日

参加学部座谈会。接《历史研究》编辑部信,希望把"中国封建社会长期停滞原因"的看法写出来,以便大家讨论。[《日记》,《徐旭生文集》第11册,第1836页]

4月20日

与黄石林讨论中国封建社会特别长的原因,嘱其对此问题也思考一番。[《日记》,《徐旭生文集》第11册,第1836—1837页]

4月29日

在史学研究所,听姜君辰传达周扬、陆定一所作报告。[《日记》,《徐旭生文集》第11册,第1838页;《顾颉刚日记》第九卷,第250页]

5月1日

晚,与夏鼐等在天安门广场观礼台观看晚会。[《日记》,《徐旭生文集》第11册,第1838页]

5月4日

开始写《井田新解并论周前期士农不分的含义》。24日写完。[《日记》,《徐旭生文集》第11册,第1839页]

5月6日

参加科学院哲学社会科学部中心学习小组学习座谈会。[《顾颉刚日记》第九卷,第254页]

5月10日

上午,为《中国历史》初稿已看过部分提意见,由黄石林写出。下午,参加有北京大学同志在内的关于《中国考古学导言》座谈会。[《日记》,《徐旭生文集》第11册,第1839页]

5月27日

在南河沿文化俱乐部参加学部学习会,同会者有侯外庐、顾颉刚等。[《日记》,《徐旭生文集》第11册,第1841页]

5月30日

将《井田新解并论周前期士农不分的含义》一文送尹达审查改正,并送《历史研究》编辑部发表,以便大家讨论。[《日记》,《徐旭生文集》第11册,第1841页]

6月5日

邵友诚①来,请代译沙畹②的敦煌简书的若干条内的解释,下午译完。[《日记》,《徐旭生文集》第11册,第1842页]

---

① 邵友诚,时为考古所《考古学报》编辑。
② 埃玛纽埃尔·爱德华·沙畹(1865—1918),简称沙畹,法国著名汉学家,最早整理研究敦煌与新疆文物的学者之一。

6月10日

参加科学院哲学社会科学部中心学习小组学习座谈会,讨论培养干部问题。[《日记》,《徐旭生文集》第11册,第1843页;《顾颉刚日记》第九卷,第270页]

6月15日

开始写《从另一个角度看我国封建社会长期迟滞问题》。7月7日写完。[《日记》,《徐旭生文集》第11册,第1844、1847页]

6月20日

孙作楫及《人民日报》理论部曹纪瑞来谈。[《日记》,《徐旭生文集》第11册,第1844页]

6月23日

《历史研究》杂志社胡构立来联系稿子。28日,将《井田新解并论周前期士农不分的含义》交给胡,并请转交黎澍(主编)。[《日记》,《徐旭生文集》第11册,第1845页]

7月2日

《思维史研究》丛刊编辑王方名来访。[《日记》,《徐旭生文集》第11册,第1846页]

7月15日

在北京饭店参加学部学习会,讨论的主要问题是培养干部问题,特别是学习外语的问题。[《日记》,《徐旭生文集》第11册,第1847页]

7月18日

接民族学院研究所来信,商议《辞海》中徐夷、徐偃王两个条目的撰写问

题。28 日,复信提出自己意见。[《日记》,《徐旭生文集》第 11 册,第 1848、1849 页]

7月28日—8月29日

与夏鼐等人前往山东济南、烟台、蓬莱、威海等地休假,后由海路经天津返京。[《日记》,《徐旭生文集》第 11 册,第 1849—1858 页;《夏鼐日记》卷六,第 188—195 页]

8月

发表《井田新解并论周朝前期士农不分的含意》,署名"徐旭生"。文章认为,井田制是孟子为滕国设计。它不过是西周及春秋初期在鲁国一国内所用的不同田制而已,孟子本是鲁人,虽未亲见而传闻所及,所以在滕国称述。孟子并没有说这是三代或周代的通用法式。通览历史可以得出一条公例,凡设计的制度必有所本,否则设计的人就无法设想;另一方面是凡设计的制度对于它所本的制度必有所损益,否则即为恢复或抄袭,不成其为新设计了。希望学术界对此展开讨论。文章同时指出,"我国的奴隶制度没有发达到希腊和罗马的高度已经溃烂","周人已经用他们的氏族制度的精神阻止着它再向前发展","到春秋战国之交,社会才达到质变的阶段,而且全新"。[《历史研究》第 4 期]

9月6日

与夏鼐谈钟凤年著作及工作问题。[《日记》,《徐旭生文集》第 11 册,第 1859 页;《夏鼐日记》卷六,第 200 页]

9月7日

下午,审看《中国通史》奴隶社会部分稿。陈梦家来谈对《井田新解并论周朝前期士农不分的含义》一文的意见。[《日记》,《徐旭生文集》第 11 册,第 1860 页]

9月9日

在南河沿参加学部中心学习小组学习,同会者有顾颉刚、王伯祥、俞平伯等6人。[《夏鼐日记》卷六,第200页]

9月14日

把《从另一个角度看我国封建社会长期迟滞问题》的打印稿找出,改正错字,并送给《历史研究》编辑部,请他们照改。[《日记》,《徐旭生文集》第11册,第1860页]

9月26日

应《历史研究》杂志要求,托王俊名、莫荣先代译《从另一个角度看我国封建社会长期迟滞问题》为俄文,并送编辑部。(前托夏鼐翻译为英文)[《日记》,《徐旭生文集》第11册,第1862页]

10月1日

赴天安门广场参加国庆观礼。[《日记》,《徐旭生文集》第11册,第1863页]

10月4日

与夏鼐、黄石林谈变更将来工作计划事。[《日记》,《徐旭生文集》第11册,第1863页]

10月9日

应纪念辛亥革命五十周年筹备委员会邀请,到人民大会堂参加纪念辛亥革命五十周年晚会。[《日记》,《徐旭生文集》第11册,第1864页]

10月11日

《历史研究》编辑部把《从另一个角度看我国封建社会长期迟滞问题》转

到人民日报社,建议压缩一部分,来电话征求意见。经同意后把打样送来,请校对。[《日记》,《徐旭生文集》第 11 册,第 1864 页]

10 月 14 日

在《人民日报》发表《对我国封建社会长期迟滞问题的看法》,署名"徐旭生"。文章提出,"重农抑商或作重本轻末,在秦汉以后以至清末海通,不但成为制度,并且学说繁多","这种学说对于封建社会向资本主义社会的发展,只能起抑制作用,不能起推进作用"。

10 月 29 日

到中国革命博物馆参观辛亥革命文献展览。[《日记》,《徐旭生文集》第 11 册,第 1867 页]

11 月 8 日

检查传说时代资料卡片。商承祚来谈。[《日记》,《徐旭生文集》第 11 册,第 1868 页]

11 月 18 日

到民族文化宫参加学部学习会,主要讨论苏共第二十二次大会的各问题。[《日记》,《徐旭生文集》第 11 册,第 1869 页]

11 月 27 日

考古所图书室送来《阿尔巴尼亚考古发掘最近的成果》,请代为翻译。[《日记》,《徐旭生文集》第 11 册,第 1870 页]

12 月 5 日

中华书局何炳然来约稿,内容为中国传说及神话的研究,允诺明年交付,写"尧舜及夏禹",约 4 万字。

译完《阿尔巴尼亚考古发掘最近的成果》。[《日记》,《徐旭生文集》第 11 册,第 1871 页]

12 月 15 日

陈梦家来谈。[《日记》,《徐旭生文集》第 11 册,第 1872 页]

12 月 21 日

《哲学研究》编辑部来人谈,希望为明年王船山逝世二百七十周年纪念写文章。[《日记》,《徐旭生文集》第 11 册,第 1873 页]

12 月 22 日

与陈梦家谈。

听苏秉琦关于王湾二期文化的报告。根据苏的观点,认为"或可名之曰中原区域的发展:西以陕县为界,南可至信阳,东过郑州,北抵黄河"。[《日记》,《徐旭生文集》第 11 册,第 1873 页]

12 月 24 日

访老朋友黎锦熙,畅谈。[《日记》,《徐旭生文集》第 11 册,第 1874 页]

12 月 26 日

傅振伦来谈,现在中华书局工作,已摘右派分子帽。[《日记》,《徐旭生文集》第 11 册,第 1874 页]

1962 年 · 74 岁

1月17日

北京师范大学林、王二同志来谈,了解北平女子师范大学及北平师范大学历史上的若干问题。[《日记》,《徐旭生文集》第12册,第1877页]

1月18日

赵芝荃来谈二里头发掘情况。[《日记》,《徐旭生文集》第12册,第1877页]

1月19日

参加所务会议,讨论筹备队长会议事,漫谈发掘遗址方面的各种问题。[《日记》,《徐旭生文集》第12册,第1877页]

1月27日

依学部指示,与夏鼐讨论中宣部的学位与学衔条例草案,由卢兆萌做记录,汇报学部。[《日记》,《徐旭生文集》第12册,第1878—1879页;《夏鼐日记》卷六,第233页]

1月30日

科学出版社决定把《中国古史的传说时代》再印500本,遵嘱对错误之处

进行改正。[《日记》,《徐旭生文集》第 12 册,第 1879 页]

2月2日

四川大学二同志来访,谈要以外人掠夺中国文物为题创作一电影事。[《日记》,《徐旭生文集》第 12 册,第 1880 页]

2月19日

参加所内研究组会议,讨论洛阳偃师二里头工作具体计划。[《日记》,《徐旭生文集》第 12 册,第 1882 页;《夏鼐日记》卷六,第 239 页]

2月22日

上午,与夏鼐、袁复礼、黄文弼、李宪之等在新街口新闻制片厂观看纪录片《斯文·赫定中瑞西北科学考察团》,由包头至乌鲁木齐途中,共七本。放映后约袁复礼、李宪之来家吃便饭。下午,参加所务会议。[《日记》,《徐旭生文集》第 12 册,第 1882 页;《夏鼐日记》卷六,第 239 页]

3月10日

到和平宾馆参加学部学习会。[《日记》,《徐旭生文集》第 12 册,第 1884 页]

3月13日

参观科学院图书馆的善本书展览,并将自己所收藏的徐恭士、宋牧仲、刘山蔚遗墨及旧钞本三种借给他们展览。[《日记》,《徐旭生文集》第 12 册,第 1885 页]

3月23日

内蒙李同志来谈,秋季欲往额济纳河一带考古,来京访问曾在那边工作过的同志了解情况,以作预备工作。[《日记》,《徐旭生文集》第 12 册,第 1886 页]

4月2日

开始写《我国在殷周之际所发现的朴素民本主义》。陈梦家来谈。[《日记》,《徐旭生文集》第12册,第1887页]

4月5日

到近代史所,听周恩来、陈毅在广州会议上关于知识分子问题报告的传达。[《日记》,《徐旭生文集》第12册,第1887页]

4月16日

北京师范大学送来《北京师范大学简史》初稿,征求意见。[《日记》,《徐旭生文集》第12册,第1888页]

4月19日

与夏鼐一道,同钟凤年谈其工作问题。[《夏鼐日记》卷六,第251页]

5月5日

参加北京师范大学六十周年校庆活动。[《日记》,《徐旭生文集》第12册,第1891页]

5月7日

《历史研究》编辑部转来一份对"井田新解"观点质疑的稿件,并请审查。看后认为"有讨论的价值",但应由更高一级的人审查,自认"还不应该自命为高一级"。[《日记》,《徐旭生文集》第12册,第1891页]

5月19日

与顾颉刚、夏鼐等参加中国科学院学部会议,讨论《哲学社会科学研究所试行工作条例》。[《日记》,《徐旭生文集》第12册,第1892—1893页;《顾颉刚日记》第九卷,第468页]

5月30日

代夏鼐到国家科委参加学位条例起草小组会,讨论学位分一级或二级的问题。[《日记》,《徐旭生文集》第12册,第1894页]

5月31日

对许顺湛所写《夏代文化探索》提审查意见,转《文物》月刊社。[《日记》,《徐旭生文集》第12册,第1894页]

6月2日

上午,到南河沿政协文化俱乐部参加学部学习会,听传达陈毅副总理在全国话剧歌剧创作座谈会上的报告。[《日记》,《徐旭生文集》第12册,第1894页]

6月14日

连日审阅研究生考试卷,写成审查意见。[《日记》,《徐旭生文集》第12册,第1895页]

6月15日

与夏鼐、靳尚谦、李筠、王世民等商议关于研究生录取的建议等事宜。[《日记》,《徐旭生文集》第12册,第1895页]

6月16日

与夏鼐、顾颉刚等参加学部中心学习小组会议,讨论各研究所招收研究生等问题。[《日记》,《徐旭生文集》第12册,第1895页;《顾颉刚日记》第九卷,第488页]

6月28日

检查关于夏文化的资料,看二里头春季工作简报。[《日记》,《徐旭生文

集》第 12 册,第 1896 页]

7月1日

出访李麟玉。[《日记》,《徐旭生文集》第 12 册,第 1897 页]

7月12—22日

由北京到郑州,参加河南省第二届人民代表大会第三次会议,为大会主席团成员。其间,见嵇文甫、张遂青、罗绳武等老友。吴芝圃等领导来谈。[《日记》,《徐旭生文集》第 12 册,第 1898—1899 页]

7月23—27日

到洛阳,同赵芝荃、邹恒等看龙门石窟、香山墓、稍柴遗址。26 日,到偃师二里头。[《日记》,《徐旭生文集》第 12 册,第 1900—1901 页]

7月30日

到所与夏鼐、郭宝钧谈,向夏转达洛阳工作站意见。[《日记》,《徐旭生文集》第 12 册,第 1901 页;《夏鼐日记》卷六,第 270 页]

8月6日

与王振铎一道到夏鼐处,谈陆式熏退休事。[《日记》,《徐旭生文集》第 12 册,第 1903 页;《夏鼐日记》卷六,第 271 页]

8月27日

夏鼐来谈关于钟凤年所写《再谈逍遥园等问题》一文的处理问题,请看后再提意见。[《日记》,《徐旭生文集》第 12 册,第 1906 页;《夏鼐日记》卷六,第 275 页]

9月2日

到新街口新华书店购书，所购书目：《革命生涯》、《战斗在南泥湾》、《1960年的短篇小说欣赏》、《毛主席在重庆》、《千里跃进逐鹿中原》、《蒋家王朝的覆灭》、《佤瓦人》、《伟大的战略决战》、《红旗飘飘》第16期、《星火燎原》第6期。又到路南旧书部购得《中国农村的社会主义高潮》三本。[《日记》，《徐旭生文集》第12册，第1906页]

9月7日

邵望平托翻译一篇载在《苏维埃的考古学》中的文章的脚注中法文若干段，遂口译请黄石林代记。[《日记》，《徐旭生文集》第12册，第1907页]

9月22日

参加学部讨论1962年研究生培养工作座谈会。[《日记》，《徐旭生文集》第12册，第1909页]

9月24日

与夏鼐谈指导研究生事宜。[《日记》，《徐旭生文集》第12册，第1910页]

9月26日

所内新招研究生三人来见，谈本年研究工作计划大略。[《日记》，《徐旭生文集》第12册，第1910页]

10月1日

参加天安门广场国庆观礼活动。[《日记》，《徐旭生文集》第12册，第1910页]

10月5日

夏鼐来谈为研究生补习俄语的具体措施。[《日记》，《徐旭生文集》第12

册,第1911页;《夏鼐日记》卷六,第283页]

10月18日

与研究生谈工作计划及应注意事项。[《日记》,《徐旭生文集》第12册,第1913页]

10月19日

接王船山逝世二百七十周年学术讨论会请柬。[《日记》,《徐旭生文集》第12册,第1913页]

10月21日

苏秉琦带杜增瑞(北师大生物系毕业,时为长春医学院教授)来谈。[《日记》,《徐旭生文集》第12册,第1913页]

10月23日

审看《第二批全国重点文物保护名单(草案)》并提意见。12月14日,参加会议讨论。[《日记》,《徐旭生文集》第12册,第1913页]

10月25日

经斟酌,将研究生应读书目整理成初稿。[《日记》,《徐旭生文集》第12册,第1913页]

10月29日

苏秉琦带北大一同志来谈整理南北响堂材料事。[《日记》,《徐旭生文集》第12册,第1914页]

11月18日

应邀参加在湖南长沙举行的纪念王船山逝世二百七十周年学术讨论会

开幕式。会后,与冯友兰小谈。[《日记》,《徐旭生文集》第 12 册,第 1918 页]

11 月 19 日

参加第二小组学术讨论。对冯友兰提出的王船山在心与理关系方面不成功等观点表示反对,"有相当剧烈的争论"。认为"船山的惟物主义相当彻底,而对于主观能动性则又非常强调"。[《日记》,《徐旭生文集》第 12 册,第 1918 页]

11 月 20 日

下午,与湖南省博物馆、省图书馆、湖南师范学院等六团体的历史工作人员座谈,对他们提出的 13 个问题进行讨论。[《日记》,《徐旭生文集》第 12 册,第 1919 页]

11 月 21 日

大会发言,称王船山是本人最推崇的学者之一,在思想上也深受其影响。指出船山超过了朱熹,他把张载的思想发扬光大。船山朴素的辩证法和唯物论思想,绝非《老子》和《易经》所能比拟。船山有很多光辉命题,特别是强调与天争胜,发挥主观能动性的思想,这在古代中国与西方均无人超过他。船山十分注重研究自然,强调亲眼所见,耳闻不如目见。同时强调,判断一个大思想家的阶级立场,应用阶级分析法是千该万该的,否则就会陷入混乱。可是不赞成简单地说他"代表某某阶级的利益"或说他是"某某阶级的代言人"。阶级的圈子是可以跳出来的。赞成带有"阶级烙印"的提法。[湖南哲学社会科学联合会印:《纪念王船山逝世二百七十周年学术讨论会发言文件汇集》(内部资料),1962 年 12 月]

11 月 22 日

在湖南师范学院作关于我国传说时代与考古所得材料的关系的学术报告。[《日记》,《徐旭生文集》第 12 册,第 1919 页]

11月25日

会议安排参观韶山毛泽东故居。作诗一首:"高山仰止来韶山,苍松翠柏插云间。甘霖蔚为天下雨,沾濡众生遍大千。"[《日记》,《徐旭生文集》第12册,第1919页]

11月27日—12月3日

先后参观湖南省博物馆、清水塘船山学社、船山纪念馆、船山故居、衡山、长沙第一师范学校等。[《日记》,《徐旭生文集》第12册,第1920—1923页]

12月11日

下午,赴学部讨论研究生招考工作。被聘为1963年招考研究生委员会委员。[《日记》,《徐旭生文集》第12册,第1924页]

12月13日

夏鼐来,商谈关于研究生培养事。[《夏鼐日记》卷六,第298页]

12月14日

在政协礼堂参加讨论第二批全国重点文物保护名单问题的会议。[《日记》,《徐旭生文集》第12册,第1924页]

12月27日

23日,被一自行车撞伤,住院休养。夏鼐、牛兆勋前来探视。[《夏鼐日记》卷六,第301页]

1963年·75岁

1月2日

晚,赴人民大会堂,与部分科学家被刘少奇和其他领导人接见。[《日记》,《徐旭生文集》第12册,第1927页]

2月9日

到夏鼐处,询问其疗养情况,并商议研究生工作计划。[《日记》,《徐旭生文集》第12册,第1928页]

3月7日

为研究生讲对于历史分期的看法。[《日记》,《徐旭生文集》第12册,第1931页]

3月14日

参加《考古学十年规划(草案)》讨论会议。收到学部送来的《研究生考核登记表》,并请提意见。[《日记》,《徐旭生文集》第12册,第1932页]

3月18日

与郭宝钧等去北京医院探视夏鼐及刚做完手术的嵇文甫(时为学部委

3月22日

参加所内讨论研究生问题的会议。审看孙作云所著《饕餮形象与饕餮传说的综合研究》,认为"总算持之有故,言之成理"。[《日记》,《徐旭生文集》第12册,第1933页]

3月29日—4月3日

到郑州参加河南省第二届人民代表大会第四次会议,被选为大会主席团成员,29日为大会执行主席。3月30日—4月2日因病住院治疗。6日返京。

其间会见张邃青、杜孟模等老友。[《日记》,《徐旭生文集》第12册,第1933—1935页]

4月11日

看研究生所作读书笔记,并对照所阅原书。[《日记》,《徐旭生文集》第12册,第1937页]

4月24日

应邀到北京大学讲演,题目为《治传说时代的历史工作人所应注意的几点》。[《日记》,《徐旭生文集》第12册,第1938页]

5月14日

参加所内会议,讨论本年、明年和十年内所内应招收研究生的名额问题。[《日记》,《徐旭生文集》第12册,第1941页]

5月16日

与研究生谈,关于讲解某些书等问题。[《日记》,《徐旭生文集》第12册,第1941页]

5月21日

方国瑜、谭其骧、韩儒林来谈。[《日记》,《徐旭生文集》第12册,第1941页]

5月25日

收到北师大送来《中国史学史资料》,所著《读〈山海经〉札记》收入其内。[《日记》,《徐旭生文集》第12册,第1943页]

6月17日

参与接待来所参观及洽谈合作的朝鲜学者。21日,参加与朝鲜学者的座谈。[《日记》,《徐旭生文集》第12册,第1946页]

6月18日

陈梦家来,交谈。[《日记》,《徐旭生文集》第12册,第1946页]

6月19日

夏鼐来谈。[《日记》,《徐旭生文集》第12册,第1946页]

6月24日

为研究生讲《左传》昭公三年"齐侯使晏婴求婚于晋"节大义。[《日记》,《徐旭生文集》第12册,第1946页]

7月9日

在所内研究组会议上作自我批评。[《日记》,《徐旭生文集》第12册,第1949页]

7月27日

参加学部学习会,有发言。[《日记》,《徐旭生文集》第12册,第1951页]

7月28日

往北京医院,看望因病住院的郭宝钧。[《日记》,《徐旭生文集》第12册,第1951页]

8月7日

夏鼐来访,谈《十年考古》修改事。[《日记》,《徐旭生文集》第12册,第1953页;《夏鼐日记》卷六,第357页]

8月20日—9月15日

与魏建功夫妇、黄石林等离京赴敦煌等地考察。

28日前在兰州、敦煌等地参观考察。9月4日,在甘肃省政协礼堂,为兰州师院师生讲近些年来本所对于夏代文化所作考古研究和概略。9月7日,到西安,参观半坡遗址。11日,到洛阳。13日,到二里头。15日,返京。[《日记》,《徐旭生文集》第12册,第1954—1963页]

9月20日

陈梦家来,谈对"洪水"一文①的不同看法。[《日记》,《徐旭生文集》第12册,第1964页]

9月25日

在西郊友谊宾馆,参加世界科学工作者协会北京中心成立大会。[《日记》,《徐旭生文集》第12册,第1964页]

9月30日

为《历史研究》编辑部代审陈占郎所作《三皇、五帝的时代内容》一文。[《日记》,《徐旭生文集》第12册,第1965—1966页]

---

① 指徐旭生所著《禹治洪水考》一文,发表于《新建设》1956年9月号。

10月1日

参加天安门广场国庆观礼活动。[《日记》,《徐旭生文集》第12册,第1966页]

10月11日

复电河南省政府,对嵇文甫逝世致哀,并向其家属致吊慰之意。

与夏鼐、冯友兰、曹靖华等为嵇文甫同志治丧委员会委员。[《日记》,《徐旭生文集》第12册,第1967页]

10月12日

夏鼐来,谈嵇文甫逝世事,"扼腕伤叹"。[《夏鼐日记》卷六,第372页]

10月20日

为出版王海帆翻译古尔萨①数学书事,到中关村访熊庆来②。熊因血压高已住院数日,未见。[《日记》,《徐旭生文集》第12册,第1969页]

10月24日

人民大学尹明、王俊义来所,商定到学校对王船山学术作一报告。11月27日上午,到校报告。[《日记》,《徐旭生文集》第12册,第1969、1973页]

10月28日

参加学部扩大会议小组会(历史3组,有夏鼐、黄文弼、郭宝钧、吕叔湘、顾颉刚等)。[《顾颉刚日记》第九卷,第756页]

---

① 古尔萨,法国数学家。
② 熊庆来,时任中国科学院数学研究所研究员。

11月16日

参加学部委员扩大会议闭幕式。午饭后,与会者乘车到中南海怀仁堂,毛泽东、刘少奇、董必武、彭真等中央领导人接见并合影留念。[《日记》,《徐旭生文集》第12册,第1972页;《夏鼐日记》卷六,第378页]

11月22日

河南省委赵文甫(时任书记处书记)、刘鸿文(省政协副主席)因开会来京,顺便来访谈。[《日记》,《徐旭生文集》第12册,第1972页]

12月16日

方酉生来,谈二里头发掘情况,"现在二里头为在安阳、郑州以前的遗址,已无疑义;为一大都会也因此发现无疑义。虽还有不少问题须待继续工作解决,但它的重要性已可奠定。非常喜悦"。[《日记》,《徐旭生文集》第12册,第1975页]

12月17日

嵇文甫著作编辑小组陈怀德、郭玉堂来谈。[《日记》,《徐旭生文集》第12册,第1976页]

12月26日

参加所内研究小组会议,谈夏文化探索问题。27日,继续讨论近九年对夏文化探索问题的细节,并草拟研究计划。[《日记》,《徐旭生文集》第12册,第1976—1977页]

1964 年·76 岁

1月1日

与牛照(兆)勋①等乘车赴西郊,参加科学会馆开幕典礼。[《日记》,《徐旭生文集》第12册,第1978页]

1月13日

在所内做《关于尧舜禹历史的初步试探》的报告。[《日记》,《徐旭生文集》第12册,第1980页]

2月2日

搬家,从西直门大街搬到建国门外永安里科学院专家楼。[《日记》,《徐旭生文集》第12册,第1982页]

2月6日

参加所内研究小组会议,讨论探讨夏文化的具体做法。[《日记》,《徐旭生文集》第12册,第1983页]

---

① 牛兆勋,1958—1982年为考古所副所长。"照勋"为笔误。

2月7日

晚,夏鼐来宿舍,一道乘车赴政协礼堂,参加学部举办的老专家叙餐及新年晚会,郭宝钧、黄文弼同行。[《日记》,《徐旭生文集》第12册,第1983页;《夏鼐日记》卷七,第9页]

2月12日

与苏秉琦一道往访尹达。[《日记》,《徐旭生文集》第12册,第1983—1984页]

2月25日

与夏鼐、牛兆勋、颜訚等赴人民大会堂,观看欢迎阿尔巴尼亚地拉那大学代表团的文艺晚会。[《日记》,《徐旭生文集》第12册,第1986页;《夏鼐日记》卷七,第13页]

2月29日

收到包尔汉来信,并维吾尔文课本数本。[《日记》,《徐旭生文集》第12册,第1987页]

3月23日

参加所务会议,讨论筹备考古会议及人员提升问题。[《日记》,《徐旭生文集》第12册,第1991页]

3月25日

由夏鼐陪同,与郭宝钧、黄文弼等赴北京展览馆,参观新工业产品展览。[《日记》,《徐旭生文集》第12册,第1992页;《夏鼐日记》卷七,第18页]

3月27日

下午,到中国美术馆,看1963年新书展览,购《上海的早晨》《晋阳秋》二

书。[《日记》,《徐旭生文集》第 12 册,第 1992 页]

4月17日
与夏鼐谈赴洛阳考察计划,所方决定派卢兆荫陪同前往。[《日记》,《徐旭生文集》第 12 册,第 1995 页;《夏鼐日记》卷七,第 23 页]

4月20—21日
从北京到洛阳,住考古所洛阳工作站。[《日记》,《徐旭生文集》第 12 册,第 1996 页]

4月22—24日
坐汽车去二里头,至洛河,因水涨,无法通行,被迫返回。参观洛阳拖拉机厂。[《日记》,《徐旭生文集》第 12 册,第 1996—1997 页]

4月25日
坐汽车去二里头,至洛河,车返,坐船过河,到四角楼(村)考古所工作站,与诸同事见。午饭后,到工地,看出土物。[《日记》,《徐旭生文集》第 12 册,第 1997—1998 页]

4月26日—5月26日
每日到工地,看出土物,发现问题及时提出改进建议;到骨科医院,看望因伤住院治疗的同事颜訚;参加工作站的学习及生活会议;思考相关问题的研究,特别是古代各地的不同处,不强求其同一。[《日记》,《徐旭生文集》第 12 册,第 1998—2005 页]

5月27日
离二里头过洛河,船发生故障。被拉架子车送行之人背过河,汽车往接,到考古所洛阳工作站。[《日记》,《徐旭生文集》第 12 册,第 2005—2006 页]

5月30日

在北京,向夏鼐汇报二里头工地发掘情况。[《夏鼐日记》卷七,第32页]

6月13日

与夏鼐、黄文弼、郭宝钧等参加学部中心学习小组学习。[《日记》,《徐旭生文集》第12册,第2009页;《夏鼐日记》卷七,第32页]

6月27日

上午,与夏鼐、黄文弼、苏秉琦、陈梦家、佟柱臣参加考古所政治学习。与夏鼐商谈指导研究生问题。夏答以请王伯洪或他人帮助指导考古部分。下午,与夏鼐、林泽敏、黎晨参加考古所党内学习,学习中央会议精神。[《日记》,《徐旭生文集》第12册,第2012页;《夏鼐日记》卷七,第36—37页(记入26日)]

6月29日—8月6日

离京赴庐山等地疗养。7月3日,到庐山疗养院。7月18日,到南昌。看八一起义纪念馆、贺龙旧居。23日,赴井冈山。25日,参观黄洋界,沿红军当年背粮下山的小路探查,"时已隐隐闻雷,张、黄(陪同人员)均力阻下山,我因不上下一节,无法理解当日实际的困难,遂坚决前进",虽遇雨淋透,而兴致不减;参观茅坪、龙市、茨坪等。8月2日,到南京。看博物院、中山陵、雨花台等。6日返回北京。[《日记》,《徐旭生文集》第12册,第2012—2030页]

8月21日

赴人民大会堂,参加北京科学讨论会开幕式。[《日记》,《徐旭生文集》第12册,第2032页]

9月2日

与王伯洪商议指导研究生事宜。[《日记》,《徐旭生文集》第12册,第

2035 页]

9月9日
研究生来谈,他们将到东北参加"四清"工作,不能作研究工作。[《日记》,《徐旭生文集》第12册,第2036页]

9月10日
与夏鼐赴国务院礼堂,听关于杨献珍问题的录音报告。[《日记》,《徐旭生文集》第12册,第2036页;《夏鼐日记》卷七,第57页]

9月16日
借夏鼐《文史资料选辑》,翻阅有关别廷芳[①]的资料。[《日记》,《徐旭生文集》第12册,第2037页]

9月22日
河南省第三届人民代表大会第一次会议在郑州闭幕,被选为第三届全国人民代表大会代表。[《日记》,《徐旭生文集》第12册,第2038页]

10月1日
在天安门广场参加观礼活动。[《日记》,《徐旭生文集》第12册,第2039页]

10月9日
日本小野胜年博士来所讲演,讲演题目为《隋唐时代中国对日本文化的影响》。下午,与郭宝钧、黄文弼、苏秉琦参加座谈会。[《日记》,《徐旭生文集》第12册,第2040页;《夏鼐日记》卷七,第64页]

---

① 别廷芳,字香斋,河南内乡人,20世纪30—40年代在豫西南地区搞自治活动。

10 月 14 日

日本教授森鹿三、北山康夫到所访问,与夏鼐、郭宝钧、黄文弼、苏秉琦接待。[《夏鼐日记》卷七,第 65 页]

10 月 15 日

与黄文弼、郭宝钧、陈梦家到人民大会堂,观看歌舞剧《东方红》。[《日记》,《徐旭生文集》第 12 册,第 2042 页]

11 月 4 日

上午,赴北京展览馆,参观英国工业机械展览。下午,参加所内党小组会,学习刘少奇写给江渭清的信。[《日记》,《徐旭生文集》第 12 册,第 2045 页;《夏鼐日记》卷七,第 70 页]

11 月 12 日

中国农业机械化科学研究院陈恒力来,谈中国古代农具问题,他对于古史有不同意见,特别是对传说部分不够注意。[《日记》,《徐旭生文集》第 12 册,第 2047 页]

11 月 25 日

参加所内小组会,应约谈参观井冈山的情况。[《日记》,《徐旭生文集》第 12 册,第 2049 页]

12 月 5 日

与夏鼐、顾颉刚等在北京饭店参加学部中心小组学习会议,听关于世界形势的报告。讨论我国爆炸原子弹、赫鲁晓夫下台、美国侵略刚果(利)等各事。[《日记》,《徐旭生文集》第 12 册,第 2051 页;《顾颉刚日记》第十卷,第 174 页;《夏鼐日记》卷七,第 76 页]

12月6日

探视因病在家休养的郭宝钧,获赠其所著《浚县辛村》。[《日记》,《徐旭生文集》第12册,第2051页]

12月18日

考古所召开学习《毛泽东选集》典型报告,与其他三人先后发言。[《夏鼐日记》卷七,第78页]

12月19日

与夏鼐等到人大礼堂,参加人大、政协党组大会,听取彭真报告。下午,与尹达一道参加河南组会议,被分到第二组。见曹靖华、秉农山、杜孟模、刘鸿文等老友。[《日记》,《徐旭生文集》第12册,第2054页;《夏鼐日记》卷七,第78页]

12月21日

到人民大会堂,参加第三届全国人民代表大会第一次会议开幕式。[《日记》,《徐旭生文集》第12册,第2055页]

12月23日

在小组会上发言,谈计划生育问题。[《日记》,《徐旭生文集》第12册,第2055页]

是年

应唐河县政协之约,撰写自传。1985年经夏鼐、王世民等校阅,发表于河南省政协文史馆主办的《河南文史资料》第14辑,题目为《徐旭生自传》。

1965年·77岁

1月11日

参加所内高级研究组年终思想总结会,作自我检查并听取大家的意见。[《日记》,《徐旭生文集》第12册,第2060页;《夏鼐日记》卷七,第83页]

1月14日

参加所内会议,与黄文弼、郭宝钧先后谈人大、政协会议经过情况及参加会议的感想。[《日记》,《徐旭生文集》第12册,第2061页]

1月21日

中华书局来人谈《尧、舜、禹》稿件问题,建议对考据部分进行修改,文章将大大压缩。① 双方最终未达成统一意见。[《日记》,《徐旭生文集》第12册,第2062页]

1月23日

与夏鼐、郭宝钧、顾颉刚等参加学部中心小组学习会议,讨论周总理报告

---

① 《文史》杂志1994年第2、3辑发表此遗作,其中所引近时考古资料,均为中国社会科学院考古研究所黄石林研究员补充。

中资产阶级知识分子改造问题。[《日记》,《徐旭生文集》第 12 册,第 2063 页;《顾颉刚日记》第十卷,第 202 页]

1 月 25 日

在所内与牛兆勋、夏鼐、王仲殊等讨论"二十三条"(即《中共中央关于农村社会主义教育运动中目前提出的一些问题》)。27 日,继续。[《日记》,《徐旭生文集》第 12 册,第 2063 页]

1 月 30 日

与黄文弼、郭宝钧、夏鼐到政协礼堂参加学部中心小组扩大会议,听取有关"四清"的报告。认为"我们此次社教工作的创造,可为将来要走社会主义路国家可取法的先例"。[《日记》,《徐旭生文集》第 12 册,第 2064 页]

2 月 1 日

夏鼐、牛兆勋来家中小坐。[《日记》,《徐旭生文集》第 12 册,第 2064 页]

2 月 11 日

晚,到人民大会堂看电影《雷锋》。"看过电影,想想自己的行动,真是惭愧无地! 如不自勉励,真要糊涂一辈子,无醒时了!"[《日记》,《徐旭生文集》第 12 册,第 2066 页]

2 月 20 日

与夏鼐、郭宝钧、黄文弼参加学部座谈会,讨论《政府工作报告》及"二十三条"。[《日记》,《徐旭生文集》第 12 册,第 2068 页]

2月25日

为参加公祭秉农山①,到嘉兴寺租花圈。[《日记》,《徐旭生文集》第12册,第2069页]

2月27日

参加所内党组织生活会,对各组提出的工作意见,有较长发言。[《日记》,《徐旭生文集》第12册,第2069页]

3月1日

看书报后,感觉"凡科学成果想见实行时,必须就实在情形再细摸一番,万不可把外国书上的硬搬过来;就是我们自己试验室内所取得的经验,推广之前,也需要再摸索一番"。[《日记》,《徐旭生文集》第12册,第2070页]

3月6日

与郭宝钧、顾颉刚等参加学部中心小组学习会议,讨论"学术上两条道路"问题。[《日记》,《徐旭生文集》第12册,第2071页;《顾颉刚日记》第十卷,第234页]

3月10日

参加扩大的所务会议。[《日记》,《徐旭生文集》第12册,第2071页]

3月17日

科学院组织到北京郊区徐辛庄公社平家疃大队,参观和听取工作队开展"四清"运动情况。[《日记》,《徐旭生文集》第12册,第2073页]

---

① 秉农山,中国科学院学部委员,动物研究所研究员。

3月20日

参加所内党组织会议,讨论所中应兴革之事,有发言。[《日记》,《徐旭生文集》第12册,第2074页]

3月26日

参加所内高级研究组会议,相互交流学习《矛盾论》的心得体会。[《日记》,《徐旭生文集》第12册,第2075页]

3月27日

上午,与郭宝钧、黄文弼到政协俱乐部,参加学部召开的座谈会,有发言。下午,参加所内研究组会议,讨论所内兴革事项,又同人学唱《国际歌》。[《日记》,《徐旭生文集》第12册,第2075页]

4月3日

在所内参加党组织会议,讨论在所中工作革命化时,党员如何起带头作用问题,有较长发言。[《日记》,《徐旭生文集》第12册,第2077页]

4月11日

乘所中卡车往游长城。"初登时,觉由自力可以上下,后渐觉上时或能对付,但是否能达到高处,颇成问题;尤其下时,如无人扶持,似不可能。"[《日记》,《徐旭生文集》第12册,第2079页]

4月12日

与夏鼐在民族文化宫,听传达彭真在全国设计会议上关于国际形势和设计工作经验的报告。[《日记》,《徐旭生文集》第12册,第2079—2080页;《夏鼐日记》卷七,第102页]

4月13日

与所内同志到军事博物馆,参观被解放军击落的美国无人驾驶机残骸。[《日记》,《徐旭生文集》第12册,第2080页]

4月24日

上午,参加学部中心小组学习,讨论越南战事问题,谈自己的看法。下午,参加考古所时事研究会会议,仍谈越南战事。[《日记》,《徐旭生文集》第12册,第2082页]

5月10日

与黄文弼、郭宝钧、牛兆勋到午门,看华北社会主义教育运动展览。[《日记》,《徐旭生文集》第12册,第2086页]

5月14日

中共中央发出《农村社会主义教育运动中目前提出的一些问题》,简称"二十三条"。

5月19日

与牛兆勋、靳尚谦、王仲殊到公安部,观看我国第一颗原子弹爆炸成功的内部电影。[《日记》,《徐旭生文集》第12册,第2088页]

5月29日

参加学部中心小组学习,谈参观"社会主义教育运动展览会"的体会。[《日记》,《徐旭生文集》第12册,第2090页;《夏鼐日记》卷七,第133页]

5月31日

到科学会堂,听蓝田猿人初步研究成果学术报告,后参观猿人头骨陈列。[《日记》,《徐旭生文集》第12册,第2090页]

6月5日

参加考古所政治学习,学习彭真在阿尔巴尼亚社科院的讲话。讨论发言时,指出当前的主要矛盾是帝国主义与社会主义国家的矛盾,大家都不同意,以为应以亚非拉反对以美帝为首的帝国主义为主要矛盾,争论得很热闹。[《日记》,《徐旭生文集》第12册,第2091—2092页;《夏鼐日记》卷七,第135页]

6月23日

尚爱松来,谈对郭沫若否定《兰亭序》真实性的不同看法。[《日记》,《徐旭生文集》第12册,第2095页]

7月10日

参加学部中心学习小组学习,听取相关人员参加"四清"工作的体会。[《日记》,《徐旭生文集》第12册,第2098页]

7月30—31日

参加所内高级研究组会议,讨论陆定一、周扬的报告。[《日记》,《徐旭生文集》第12册,第2102页]

8月4日

出访钟凤年,为解决"襄阳、南阳争论隆中何属问题"。[《日记》,《徐旭生文集》第12册,第2103页]

8月6日

与尹达到科学礼堂参加《新建设》杂志社召开的历史研究会议,与唐兰、郑天挺、方国瑜等先后发言。[《日记》,《徐旭生文集》第12册,第2103页]

8月8日

出访唐兰、朱广相未遇。见李麟玉并交谈。[《日记》,《徐旭生文集》第12册,第2104页]

8月15日

方国瑜、韩儒林来谈。

向夏康农借得所译《实验科学方法论》,此后数日阅读。[《日记》,《徐旭生文集》第12册,第2105页]

8月21日

参加所内高级研究组会议,另有夏鼐、陈梦家、佟柱臣参加。到西郊民族学院,见夏康农并还书。[《日记》,《徐旭生文集》第12册,第2106页]

8月25日

与研究生商谈继续工作问题,等他们考虑后,才能决定题目及如何工作。[《日记》,《徐旭生文集》第12册,第2107页]

8月28日

参加学部第六十五次座谈会,钱三强报告社会科学研究工作如何面向农村,为五亿农民服务的问题。有简短发言。[《日记》,《徐旭生文集》第12册,第2107—2108页]

9月11日

参加学部中心学习小组学习,刘导生谈社会科学如何为农村服务。[《日记》,《徐旭生文集》第12册,第2110页;《夏鼐日记》卷七,第155页]

9月22日

到所,与研究生交谈。[《日记》,《徐旭生文集》第12册,第2112页]

9月24日

借阅《虞城县志》《开州①志》。[《日记》,《徐旭生文集》第12册,第2112页]

10月1日

与夏鼐、郭宝钧、黄文弼同车赴天安门广场参加观礼活动。[《日记》,《徐旭生文集》第12册,第2113页]

10月13日

与研究生谈,他们研究题目已定,一为研究铁的最初历史,另一为研究东周时代考古材料的分期。[《日记》,《徐旭生文集》第12册,第2116页]

10月15日

由学部组织,到昌平东关,参观北京手表厂。[《日记》,《徐旭生文集》第12册,第2116页]

10月19日

与夏鼐等赴近代史所,参加讨论中央工作会议精神的会议。[《日记》,《徐旭生文集》第12册,第2118页;《夏鼐日记》卷七,第162页]

10月23日

学部中心学习小组组织参观石景山钢铁厂,与夏鼐、黄文弼、佟柱臣等前往。[《日记》,《徐旭生文集》第12册,第2119页;《夏鼐日记》卷七,第163页]

10月28日

所中研究组讨论重点项目问题,并附带谈明年工作计划。"大家皆有工作项目,独我无有,心很不安。"[《日记》,《徐旭生文集》第12册,第2120页]

---

① 开州,今河南省濮阳市。

11月19日—12月8日

参加郭沫若率领的中国科学院参观团,赴山西参观晋南地区"四清"运动,并游览名胜古迹。[《日记》,《徐旭生文集》第12册,第2126—2144页]

12月13日

先后与郭宝钧、佟柱臣及研究生交谈。[《日记》,《徐旭生文集》第12册,第2144页]

12月15日

与夏鼐到新街口电影制片厂观看山西考察"四清"运动的新闻片。[《日记》,《徐旭生文集》第12册,第2145页]

12月18日

参加学部中心学习小组座谈会,讨论《关于〈海瑞罢官〉的讨论》。有预备,但未发言,"我同吴晗有相当的交情,对于他思想的分析,总向宽恕一方面偏,这也还得相当大的努力才能克服"。[《日记》,《徐旭生文集》第12册,第2145页]

12月21日

考古所全体大会,与夏鼐先后报告参加中国科学院社会主义教育运动(又称"四清"运动)参观团(简称"科学院社教团")的所见、所闻及感想等。[《日记》,《徐旭生文集》第12册,第2146—2147页;《夏鼐日记》卷七,第181页]

12月22日

阅荆三林寄来他所著的论文《中世纪郑州历史物质资料三种释考》。[《日记》,《徐旭生文集》第12册,第2147页]

12 月 27 日

为《现代汉语辞典》试用本提意见。[《日记》,《徐旭生文集》第 12 册,第 2148 页]

12 月 31 日

参加考古所新年联欢会,有发言。[《日记》,《徐旭生文集》第 12 册,第 2149 页]

1966 年・78 岁

1 月 7 日

接到郭沫若赠所著《武威"王杖十简"商兑》。[《日记》,《徐旭生文集》第 12 册,第 2151—2152 页]

1 月 15 日

所藏沁阳出土战国玉简在考古所编辑室展出(拟交所内保存),夏鼐等参观并约陈梦家写稿介绍。[《日记》,《徐旭生文集》第 12 册,第 2154 页;《夏鼐日记》卷七,第 187 页]

1 月 19 日

与夏鼐、黄文弼、牛兆勋赴民族文化宫,参加郭沫若接见中国科学院哲学社会科学学部高级研究人员会议。[《日记》,《徐旭生文集》第 12 册,第 2155 页;《夏鼐日记》卷七,第 187 页]

1 月 20 日

与黄石林谈将来工作计划,拟将主持编写的传说时代史料索引的工作交给他。[《日记》,《徐旭生文集》第 12 册,第 2155 页]

1月23日

颜闿、钱临照、尚爱松先后来家一谈。[《日记》,《徐旭生文集》第12册,第2156页]

1月28日

到所与夏鼐谈工作问题,拟转交索引工作与黄石林;欲前往河南虞城、濮阳等处考察,希望能派一名懂陶片的同志做助手。[《日记》,《徐旭生文集》第12册,第2157页]

2月2日

看田汉所写《谢瑶环》,认为其宣扬武则天"过分际"。不过说其借古讽今,暗中有所指斥,"也未必然"。[《日记》,《徐旭生文集》第12册,第2159页]

2月10日

中午,到全聚德烤鸭店,参加译学馆丁级班同学聚餐。[《日记》,《徐旭生文集》第12册,第2162页]

2月12日

上午,参加所内高级研究组会议,与夏鼐再谈赴河南考察事。[《日记》,《徐旭生文集》第12册,第2162页]

2月16日

下午,到民族学院礼堂,听介绍焦裕禄事迹的录音报告。[《日记》,《徐旭生文集》第12册,第2163页]

2月19日

在中山公园参加陈叔通①公祭仪式,周恩来主持,刘宁一致悼词。下午,参加学部会议,谈有关"援助越南的联合行动"文件签名事。[《日记》,《徐旭生文集》第12册,第2164页;《夏鼐日记》卷七,第193页]

3月5日

参加所内会议,将以前写的《字谊同源说》(抽印)分赠给与会的郭宝钧、陈梦家、王伯诤、佟柱臣等。[《日记》,《徐旭生文集》第12册,第2167页]

3月16日

上午,参加所内党小组会议,讨论突出政治问题,与安阳工作站同志讨论将来工作。下午,参加高级研究小组会议,讨论"亦耕亦研"简章。[《日记》,《徐旭生文集》第12册,第2169页]

3月26日

参加所内高级研究组会议,催促夏鼐早日决定赴河南考察一事。[《日记》,《徐旭生文集》第12册,第2172页]

4月8日

到历史所礼堂,听关于突出政治的报告。遇韩儒林,谈吴晗、田汉等人的问题。[《日记》,《徐旭生文集》第12册,第2175页]

4月16日

参加所内高级研究组会议,议论《北京日报》批判邓拓《燕山夜话》及《三家村札记》中的思想。觉得没什么问题,"批评人似神经过敏"。[《日记》,《徐

---

① 陈叔通,新中国成立后,曾任全国人大常委会副委员长、政协全国委员会副主席等职。1966年2月17日在北京病逝。

旭生文集》第 12 册,第 2177 页]

4 月 18 日

到大华影院看电影《兵临城下》。此片近很受批评,"斥为毒草","我却不觉得有多大问题"。[《日记》,《徐旭生文集》第 12 册,第 2178 页]

4 月 25 日

将研究生论文交所存档。见夏鼐,再次请求到河南工作,仍未决定。[《日记》,《徐旭生文集》第 12 册,第 2179 页]

4 月 27 日

与郭宝钧、夏鼐等赴公安部礼堂观看《桃花扇》《舞台姐妹》两部"有问题"的影片,"不能提出什么意见"。[《日记》,《徐旭生文集》第 12 册,第 2180 页]

4 月 30 日

再与夏鼐谈赴河南考察一事,答复:因现时无人陪同,需等到六七月份后再说。遂决定不去。[《日记》,《徐旭生文集》第 12 册,第 2181 页]

5 月 3 日

审看完高中课本《中国历史》第一本。"对于中国历史和中国文化从前所有支节,不能连贯的若干看法,似有所悟,可以连贯起来。但兹事体大,仍应继续钻研,继续解决矛盾,才可以希望得较稳妥的总看法。"[《日记》,《徐旭生文集》第 12 册,第 2182 页]

5 月 23 日

到所内参加党组织会议,讨论"反党"分子的问题。[《日记》,《徐旭生文集》第 12 册,第 2187 页]

5月26日

学部决定一切工作均暂停,继续开展反对"反党反社会主义"分子活动。看材料,对杨述所写的《青春漫语》进行批判。[《日记》,《徐旭生文集》第12册,第2188页]

5月31日

下午,参加所内党组织会议,学习有关"文化革命运动"的文件。[《日记》,《徐旭生文集》第12册,第2190页]

6月3日

与夏鼐参加科学院院部党内报告会,传达中央政治局扩大会议精神及北京新市委指示。[《日记》,《徐旭生文集》第12册,第2191页;《夏鼐日记》卷七,第218页]

6月8日

与郭宝钧、陈梦家到近代史所看大字报。[《日记》,《徐旭生文集》第12册,第2193页]

6月9日

中午,到全聚德,钟凤年请客,被叫去陪客,客人为浦友梧(彭德怀岳父)。[《日记》,《徐旭生文集》第12册,第2193页]

6月30日

上午,参加全所大会,传达选文化革命小组组员标准四条。晚,参加党组织会议,酝酿支委人选。[《日记》,《徐旭生文集》第12册,第2200页]

7月6日

按地域被分到考古所洛阳小组,参加小组会议,"因事多未明白,尽力听,

未发言"。[《日记》,《徐旭生文集》第 12 册,第 2202 页]

7月16日
上午,所内召开批判牛兆勋大会。与苏秉琦、陈梦家等被列为受到其包庇的反动权威并要求站起来示众。[《日记》,《徐旭生文集》第 12 册,第 2204 页;《夏鼐日记》卷七,第 230 页]

7月22日
看被人批评的大字报,内容主要是"不去开会,不写大字报"。[《日记》,《徐旭生文集》第 12 册,第 2206 页]

7月28日
被要求写出解放后从南阳来访人的姓名、年龄、性别、出身成分、工作单位等。[《日记》,《徐旭生文集》第 12 册,第 2208 页]

8月12日
在首都剧场,参加学部文化革命领导小组组织的"斗争三反分子侯外庐大会",在场的考古所领导也被波及。与夫人谈开会情形,"疑惑带高帽子的办法有挫伤知识分子积极性的危险"。[《日记》,《徐旭生文集》第 12 册,第 2213 页]

8月24日
考古所召开大会,被批斗且被"处处挑眼"。因不同意将考古所领导称为"走资派"("走资本主义道路的当权派")而被"拉到院内,戴高帽子,挂牌子",因拒不低头,"被击数拳",并被迫作两次检查。[《日记》,《徐旭生文集》第 12 册,第 2217 页]

8月25日

被要求参加劳动,与夏鼐、牛兆勋等分在一组。召开大会,把十几个人挂牌子,列站前边。讨论陈梦家自杀未遂事。[《日记》,《徐旭生文集》第12册,第2217页]

是月

因1963年12月在纪念王船山逝世二百七十周年学术讨论会上的发言而再一次受到批判,被诬为"宣扬封建主义糟粕",是"地主阶级的代言人"等。被押着站立在摞在一张桌子上的椅子上,并被扇耳光。[徐桂伦:《徐旭生传略》,《徐旭生文集》第12册,第2254页]

9月9—10日

考古所召开"批判斗争"夏鼐大会,与20余人被强迫"陪斗"。一度被责令站在凳子上,被严斥"自己站不住"说法,会后在院内游斗。[王世民:《夏鼐传稿》,第192页]

10月5日

顾颉刚日记载,"徐旭生先生,年七十九矣。考古研究所斗得最亟,令跪在凳上,及晕而踣,则曰:'令他死!'虽未死而亦酷矣"。[《顾颉刚日记》第十卷,第542页]

1967年·79岁

2月12日

顾颉刚日记载,"徐旭生则殊坦然,年已八十,仍每日到考古所工作八小时,何其健康乃尔,真可羡也"。[《顾颉刚日记》第十卷,第619页]

是月

得尚爱松词《西江月·春节书怀并以奉慰徐旭生老师、顾颉刚姻丈》:"昔日门庭若市,今年运道蹉跎。登高表里望山河,一样风轮转磨。　月子高高依旧,九州处处嚎歌。繁华百代付沧波,莫是空悲故我。"[《尚爱松文集》,山东美术出版社2011年版,第217页]

春

不理解对刘少奇《论共产党员的修养》的批判,认为"要是能做到那个修养,起码不是一个坏人","人是要有修养的。如果说这本书是'黑'的,焦裕禄临终前,为什么床头就放着这本书呢!"[徐桂伦:《徐旭生传略》,《徐旭生文集》第12册,第2254—2255页]

秋

在家养病,苏秉琦长子代表全家探望。介绍在井冈山休养时对当年行军路线的考订,并转交1947年苏秉琦所写的工作汇报原稿。[苏恺之:《我的父亲苏秉琦:一个考古学家和他的时代》,第214页]

1968 年·80 岁

身体状况每况愈下,经常晕倒于单位、路旁等。[徐桂伦:《徐旭生传略》,《徐旭生文集》第 12 册,第 2255 页]

1969 年 · 81 岁

3月7日

与夏鼐、仇士华等被编入群众学习班一班。[《夏鼐日记》卷七,第247页]

夏

大病入院治疗,此后神志不清醒。[徐桂伦:《徐旭生传略》,《徐旭生文集》第12册,第2256页]

1975 年·87 岁

9 月 29 日

考古所领导夏鼐、靳尚谦前来探视,仍卧床,健忘,说话不多。[《夏鼐日记》卷七,第 520 页]

1976 年·88 岁

1 月 4 日

去世。

1 月 17 日

上午,在八宝山召开先生追悼会,林修德主祭,夏鼐致悼词。[《夏鼐日记》卷八,第 4 页]

人名索引目录

说明

1. 本索引收录年谱正文中谱主主要师友的人名,未及确证的笔名、字、号等暂不收录;附录中除第22—25页同学录所载人名,其他一般不收录。

2. 以汉字(简化字)姓氏笔画次序排列,笔画数相同的,以书写习惯横、竖、撇、点、折的次序排列。

3. 外国人名以汉译名第一字的笔画次序纳入同笔画中,在人名后括号内注明国籍。

4. 为便于检索,在姓名后括号内注明字、号、别名、笔名或原名。

二画

丁

三画

于、小、卫、马

四画

丰、王、韦、牛、毛、仇、文、方、尹、孔、邓

五画

艾、石、卢、叶、田、丘、白、包、冯、皮、台

六画

吉、老、达、成、毕、师、吕、朱、乔、任、全、向、庄、庆、刘、齐、关、江、汤、安、许、孙、阳、阴

七画

严、劳、苏、杜、李、杨、连、吴、别、邱、何、佟、余、谷、岛、邹、汪、沙、沈、张、陆、阿、陈、邵

八画

范、茅、林、杭、郁、尚、易、罗、竺、秉、金、周、郑、单、宗、宓、屈、孟

九画

赵、荆、胡、查、钟、段、侯、俞、饶、闻、姜、洪、费、姚、贺

十画

袁、埃、贾、夏、顾、钱、铎、徐、翁、高、郭、席、唐、涂、容、朗、陶

十一画

黄、萧、梅、曹、龚、常、商、章、梁、屠、续

十二画

彭、斯、葛、董、蒋、韩、嵇、程、傅、舒、鲁、童、曾、谢

十三画

靳、蓝、楚、裘、雷、路、詹、鲍、滨、褚

十四画
蔡、裴、谭、翟、熊、缪

十五画
樊、暴、黎、滕、颜、蔺、潘

十六画
薛、穆

十七画
戴、魏

十八画
瞿

人名索引

二画

丁山(增熙)
    381

丁瓒
    296

丁文江(在君、在均)
    61、97、128

丁道衡(仲良)
    98、100、103、105、120、195、
    316、317

三画

于右任
    241、252

于邦华(泽远)
    13

于省吾
    322、350

于毅夫
    198、225

小林(日本)
    89

小野胜年(日本)
    407

卫立煌
    211

卫礼贤(德国)
    63

卫惠林
    183、184

卫聚贤
    126、241、243

马丰
    157

马廉(隅卿)
    113、116、119、120

人名索引

马衡(叔平)
　　61、63、65、66、67、71、74、81、95、
　　96、98、99、105、115、116、119、
　　132、135、150、153、154、155、
　　156、157、193、282、285、286、
　　288、289、293、295、296、300、
　　302、303、323

马其昶
　　71

马松亭
　　161、163、170、171

马叙伦
　　159

马得志
　　310

马寅初
　　79、82

马裕藻(幼渔)
　　67、71、81、85、86、89、137、152

四画

丰子恺
　　188

王明(则诚)
　　224、225、333、334

王真(王日蔚、受真)
　　161、163、184、187、215

王庸
　　160

王谟
　　114

王义宏(孟宽)
　　23

王义铨
　　113

王云五
　　237、254

王友梅
　　177

王化云
　　346

王文培
　　117

王文清
　　359

王方名
　　383

王正廷
　　271

王世民
　　391、409

王世杰(雪艇)
　　78、79、82、150

王可亭
　　138

王仲殊
　　314、333、411、414

王聿修
  290
王伯洪
  310、314、406
王伯祥
  385
王冶秋
  293、346
王尚济(海帆)
  22、32、65、80、81、90、102、107、
  132、401
王昌基(铁十)
  22
王宗旦
  91
王实甫
  310、339
王树勋
  266
王星拱(抚五)
  62、71、77、79、95、114
王复初
  171
王宪钧
  210
王振铎(天木)
  205、209、294、296、308、318、392

王振鹏
  231
王桐龄
  117
王晓籁
  237
王铁崖
  290
王海涵
  212
王海震
  61
王捷三
  286
王培筠
  61
王梦扬
  163
王隐三
  226
王景瑞
  269
王曾思(念劬)
  23
王慎徽(季芳)
  48、100、104
王殿臣
  101

人名索引

王静如
　296、304、305

王静涵
　155

韦奋鹰
　66

韦素园
　80

牛兆勋
　357、359、396、403、404、411、
　414、420、425、426

毛准(子水)
　193、285

毛乃应(君同)
　22

毛北屏
　203

仇士华
　430

文元模
　85、86

方成邠(镐叔)
　22

方国瑜
　201、399、415、416

方信芳
　325

方酉生
　362、402

方祖宝(振东)
　22

方振武
　180

方臞仙
　201

尹达(刘燿)
　167、300、308、310、311、321、
　322、323、329、335、340、341、
　347、351、352、359、360、364、
　368、373、382、404、409、415

尹玮璋
　379、381

孔祥柯(则君)
　18、20

孔静庵
　267

邓之诚
　300

邓以蛰
　71

邓先嬿
　348

邓维林
　196

五画

艾弘毅
189

艾宜栽
163、170、171

石兴邦
312、359、376、

石璋如
148、205、206

卢兆荫
367、388、405

卢锡荣
150、157

叶瀚
66

叶心汉(友聪、则庵)
24

叶石荪
191

叶企孙
128、129、193、262、289

叶恭绰
150、157、158、210、302

叶镜沅(崧生)
24

田汉
180、421、422

田培林(伯苍)
114、121、124、127

丘挺
378、381

白万玉
143

白子瑜
172

白寿彝
161、163、171、197、203、368

白启明
62

白眉初
116、121

白涤洲
113、120、140

白鹏飞(经天)
128、170

包(鲍)尔汉
105、364、404

冯至
273

冯友兰(芝生)
50、114、115、129、133、136、153、159、163、164、166、168、193、203、210、211、213、214、223、224、228、230、231、233、236、242、248、249、250、262、285、

人名索引

286、298、300、316、322、324、340、342、344、346、380、395、401

冯仲翔
172

冯沅君(德馥)
97、124

冯承钧
267

冯祖荀
85

冯家昇(伯平)
160、277、296

冯紫岗
182

皮宗石
61、71、82

台静农
80、217

六画

吉谢列夫(苏联)
368

老向(王焕斗、向辰)
181、188、192

老舍
180、181、186、188、192、223、224

达理
163

成舍我
137、269

毕修勺
183、184

师贤
227

吕叔湘
364、401

吕振羽
300

朱广相
310、416

朱光潜
159、273、285、287、289

朱自清(佩弦)
113、195、201、240、273、274

朱玖莹
176、177

朱希祖(遏先)
62、67、74、79、81、89、90、119、127、150、156、157

朱学章(足三、重宾)
23

朱经农
56、262

朱保雄
113

朱恒璧
　　211
朱家骅(骝先)
　　79、105、200、220、228、258、275、
　　277、372
朱舜水
　　33
乔无忝
　　208
乔无遏
　　208、261
乔曾佑(信孙)
　　24
乔曾劬(大壮)
　　24、27、58、192、216、240、254、
　　256、261、315、333、342
任鸿隽
　　137
全仲侣
　　149
向达(觉明)
　　215、260、274、289、300、308、315
庄子毅
　　266
庄永成
　　101
庄(尚)严(慕陵)
　　97、102、119、120

庆汝廉
　　203
刘节
　　196、198
刘伦
　　344
刘拓
　　127
刘杰
　　75
刘复(半农)
　　90、94、95、96、97、99、104、105、
　　106、110、113、116、117、118、
　　119、122、124、134、143、152、289
刘焜(治襄)
　　18
刘子书
　　120
刘文典(叔雅)
　　160、161、360
刘导生
　　416
刘佐成(质卿、鹰公)
　　19
刘泽民
　　273
刘春门
　　8

刘厚滋
　164
刘盼遂
　124、285、339
刘衍淮(春舫)
　91
刘桂五
　305
刘海粟
　65
刘梦成
　204
刘鸿文
　402、409
刘朝阳
　194
刘鹏荪
　227
刘慎谔(士林)
　116、165、289
刘毓珣(东有)
　25
刘镇华(雪亚)
　62、115、189、362
刘熹亭
　172
齐翼(勋侯)
　25

齐竺山
　34
关伯(百)益
　138、162
关朝彦
　54
江庸
　152
江瀚
　134、152
江绍原
　71、80
汤用彤(锡予)
　193、203、210、225、236、250、
　262、274、288、300、340
汤仲林
　316
安志敏
　344、367
许世英(俊人)
　241
许寿裳(季黻、季茀)
　81、85、86、90、174、188、199、
　190、284
许顺湛
　361、371、372、391
许修直
　156、157

许祖佽(伟臣)
　　24
许鼎霖
　　13
许景元
　　336
许道龄
　　197、333
许德珩
　　137、274、287
孙文青
　　162、198、299、300
孙幼铭
　　163
孙伏园
　　319
孙作楫
　　383
孙尚容
　　141
孙金镇(静山)
　　23
孙宝琦
　　90
孙蕴璞
　　136
阳吉昌
　　376

阴法鲁
　　273

七画

严济慈(慕光)
　　161、193、198、206、209、213、
　　214、248、252、287、294、296
严智开(季冲、季聪)
　　63
劳干
　　283、289
苏秉琦
　　152、155、160、163、197、206、
　　209、213、215、221、234、239、
　　240、253、259、261、271、277、
　　280、294、296、308、322、325、
　　333、335、341、342、343、350、
　　351、352、354、366、371、378、
　　379、387、394、404、406、407、
　　408、425、427、428
苏演存
　　114
杜秀升
　　226
杜莆运
　　377
杜国庠
　　300

杜孟模
　398、409
杜增瑞
　394
李俨
　288
李济(济之)
　91、96、105、107、137、150、155、
　157、158、193、206、216、221、
　243、254、288
李筠
　391
李燕
　119
李一非
　151、173、187
李大钊
　65、84、87
李子魁
　340
李公朴
　182、247、248、268
李文信
　329
李书华(润章)
　77、80、81、90、91、102、108、111、
　114、116、119、122、141、147、
　152、159、161、163、165、166、

　170、178、196、197、198、206、
　207、208、213、214、223、224、
　248、258、268、283、288、289、
　291、292、293、297、298、334
李石曾(煜瀛)
　40、65、66、77、78、81、105、107、
　108、114、116、131、181、225、266、
　268、269、271、289、293
李四光(仲揆)
　78、89、96、98、105、131、133、294
李仪祉
　160
李永清
　203
李亚农
　300
李约瑟(英国)
　239、267
李时灿(敏修)
　13、115
李宝煦(焜甫)
　19
李宗仁
　268、269、286
李宗侗(玄伯)
　40、41、46、63、66、68、69、71、72、
　74、75、77、79、80、81、84、90、95、
　105、115、116、119、133、135、

167、224、269、272、315

李宗侃(叔陶)

46

李建勋

121、127

李钢侯

8

李顺卿

127

李宪之(达三)

240、340、389

李泰棻

85

李振郑

97

李逸生

212

李景桢(子如)

23

李嗣聪

286

李煜章(宪卿)

23

李霁野

80、367

李麟玉(圣章)

42、80、81、111、117、128、129、
153、161、170、392、416

杨钊

368

杨廉

136

杨人梗

274

杨少山

17

杨世清

63

杨成志

199

杨光弼

292

杨仲子

152

杨杏佛

111

杨虎城

138、146、165、166

杨荫庆

117、123

杨树达(遇夫、积微)

71、309

杨钟健

161、171、380

杨振声

71、270

杨锡璋
　　379
杨增新(鼎臣)
　　106、107
杨震文
　　57、81、119、270
杨鹤汀
　　176
连震东(定一)
　　138、139、156、254
连横(雅堂)
　　139、156、256、317
吴晗
　　254、287、300、350、418、422
吴之椿
　　274
吴文潞(弻刚)
　　132、229、262、264
吴文藻
　　172、199
吴玉章
　　301
吴世昌(子臧)
　　159、190、197
吴芝圃
　　313、342、358、392
吴有训(正之)
　　198、202、210

吴兆熊
　　105
吴汝祚
　　321、376
吴金鼎(禹铭)
　　197
吴法鼎(新吾)
　　8、10、28、30、32、33、34、48、62、
　　63、66
吴葆三
　　216
吴敬之
　　171
吴敬恒(稚晖)
　　115、116、131、217、254、271
吴景超
　　140
吴曾勤(潜甫)
　　23
吴雷川
　　128、129
别廷芳(香斋)
　　176、407
邱椿
　　127
邱大年
　　193

何士骥(乐夫)
　　102、132、143、145、155、158、
　　159、163、164、173、174、190、
　　197、253、299、300
何日章
　　54
何国祥
　　148
何炳然
　　386
何基鸿
　　258
何联奎(子星)
　　181、183、184、187
何霁峰(岫斋)
　　11、19
佟柱臣
　　406、416、417、418、422
余文灿
　　94
余同甲(仲衡)
　　23、128
余彭龄(术芳)
　　14
谷秉澄(练如)
　　23
岛村孝三郎(日本)
　　89

邹恒
　　392
汪申(申伯)
　　46、116
汪世瑞(子年)
　　23
汪志华
　　295、296
汪荣宝(衮甫)
　　13
汪奠基
　　159
沙瓦(法国)
　　39
沈彬(滨孙)
　　23
沈士远
　　79、81、90
沈少芳
　　8
沈从文
　　270、273、285、287
沈尹默
　　59、62、71、81、89、90、113、122、
　　128、129、153、254、333
沈权善(宝衡)
　　23

人名索引

沈有鼎
  210
沈仲章
  155、169、289
沈兼士
  59、62、63、65、66、67、71、74、78、81、88、89、95、97、98、99、105、115、116、133、153、154、159、169、254、271、272
沈觐寅(汝秩、贻玫)
  23
张钫(伯英)
  303、337、339
张玺(尔玉)
  269
张继(溥泉)
  105、116、141、142、160、278
张黄
  61
张寅
  297、355
张锐
  157
张颐(真如、唯识)
  71、114、117、285
张乃藩
  91

张天骥
  159
张东荪
  159
张申府(崧年)
  181
张圣奘
  330
张仲鲁(广舆)
  312、316
张扶万(鹏一)
  147、160、165、171、172、174
张伯驹
  269、270
张希鲁(西楼)
  221
张含清
  181、183
张君劢
  61、62
张国宜(旭初)
  24
张岱年
  153
张学良
  137、165、166
张学敏
  338

张宗麟
　　293
张定璜（凤举）
　　63、67、80、89、113
张政烺
　　285、308、322、375
张荫梧
　　171
张星烺
　　159、163、170、288
张钟麟（趾蕃）
　　24
张起钧
　　290
张奚若
　　77、205、274
张竞生
　　40、42、56、62
张培光
　　203
张维华
　　197、199
张道藩
　　157、182、192
张寒杉
　　171
张静华
　　247

张静江
　　105
张嘉栋
　　203
张嘉谋（中孚）
　　20、64、115、199、223
张嘉懿
　　145
张遂青
　　228、233、392、398
张耀翔
　　86
陆式熏
　　392
陆志韦
　　380
陆侃如
　　211
陆鼎恒（惟一）
　　208
陆肇曾
　　85
陆懋德
　　127、190
阿旺坚赞（平纷）
　　199
阿特丽（英国）
　　188

陈达
　　274
陈诚
　　181、182、183、188
陈垣（援庵）
　　66、74、89、115、119、135、153、
　　159、163、170、286、288、300、
　　302、350
陈康
　　278
陈大齐（百年）
　　62、71、76、88、91、95、98、114、
　　116、119
陈万里
　　66、89
陈子怡
　　115、161、188、277、278、321
陈开臻
　　338
陈公柔
　　333
陈布雷
　　122、242
陈立夫
　　204、205、242
陈西滢
　　75

陈纪滢
　　272
陈寿琦
　　290
陈伯达
　　294、295
陈序经
　　140
陈启明
　　138、141
陈启修
　　82、83、85、86
陈国宾（与休）
　　24
陈受颐
　　154
陈绍珍（儒卿、道生）
　　24
陈独秀（仲甫）
　　218、220、227、229、231、232
陈炳武（允中）
　　24
陈祖同（公望、啸虎）
　　24
陈梦家
　　208、212、214、233、240、307、
　　308、313、322、325、329、333、
　　334、340、341、343、344、345、

346、361、384、387、390、399、400、406、408、416、420、422、424、425、426

陈继承

286

陈继善

107

陈清枢(敬存)

24

陈寅恪(鹤寿)

34、94、105、114、193、197、203、237、249、259、272、274、278、287、288、300

陈博生

137

陈鼎恒

116

陈衡恪(师曾)

63

邵力子

144、150、155、160、165、188、258、275、372

邵友诚

382

八画

范九峰

196

范文澜

151、301、308、350、364

范鸿劼

84

范静生

83

茅盾

195

茅以升

114

林寿晋

331、337

林志钧(宰平)

62、285、286、319、335

林泽敏

357、379、406

林修德

432

林语堂(玉堂)

71、72、86

杭立武

187、192、198

郁达夫

71、185

尚钺(健庵)

182

尚爱松

236、246、310、415、421、427

易培基(寅村)

　　105、125

罗庸

　　89、250、360

罗曾

　　269

罗则琦(仪韩)

　　25

罗树梧(峻崖)

　　25

罗家伦

　　116

罗常培(莘田)

　　193、203、215、223、228

罗绳武

　　392

罗喜闻

　　234

竺可桢(藕舫)

　　111、294、296、298

秉志(农山)

　　153、298、409、412

金仲衡

　　8

金岳霖(龙荪)

　　210、274、300

金学山

　　314、352

金树仁(德庵)

　　106、107、108

金锡如

　　166

周一良

　　287

周子扬

　　74

周予同

　　350

周发之

　　231

周光午

　　218

周作人

　　62、67、71、76、80、81、94、95、
　　113、117、119、120

周伯符

　　338

周谷城

　　350

周叔迦

　　159

周炳琳(枚荪)

　　128、257、258、268、380

周振华

　　341、348、361、364

周振鹤
　　113
周恩来
　　182、302、328、390、422
周锡名（实夫）
　　23
周新民
　　247
周肇祥（嵩灵）
　　95、97、152
周鲠生（览）
　　77、78、82、94、258
周豫才（树人、鲁迅）
　　59、61、72、74、75、79、80、81、82、
　　85、86、87、90、113、118、123、
　　191、219、337
周霖华（卓如）
　　23
郑昕（秉璧）
　　210、250
郑奠
　　85、86
郑士彦
　　141、147
郑天挺（毅生）
　　152、193、203、215、242、270、
　　273、285、415

郑振铎
　　288、298、299、300、301、307、
　　308、311、315、322、329、330、
　　352、356
单不庵
　　61、67、74
单化普
　　161、163
宗俊心（葆初）
　　23
宗俊瑄（仲玫）
　　23
宗真甫
　　123
宓贤璋
　　197
屈疆（伯刚）
　　12、14、20、22
孟森
　　159

九画

赵铨
　　337
赵文甫
　　358、402
赵尔谦
　　159

赵芝荃
　367、388、392
赵芝庭
　176
赵廷炳
　85
赵全嘏(赵纯)
　173、282
赵纪彬
　184
赵振武
　161、163
赵璞华
　163
荆三林
　198、212、213、229、311、342、418
胡风
　188、324、325
胡适(适之)
　55、56、59、65、67、70、71、73、74、
　75、76、77、82、88、89、98、105、
　111、114、120、127、128、131、
　134、137、140、152、159、168、
　169、232、267、269、270、272、
　277、278、279、282、285、289、
　322、323、325
胡绳
　187

胡公著(浚泉)
　23
胡文玉
　69
胡石青
　187、198
胡汝麟
　90
胡构立
　383
胡厚宣
　364、375
胡庶华
　78
胡睦臣
　270
查尔炽(卓丞)
　23
查良钊
　203、262
查阜西
　215
钟凤年(云父、云甫)
　25、296、329、335、338、378、384、
　390、392、415、424
钟荣光
　123

钟德昌
　173
钟鹤年(鸣皋、云巢)
　25
段绳武
　181、183、187
段憩棠
　119
侯外庐
　300、382、425
侯德榜
　318
侯曙苍
　210
俞平伯
　75、274、287、364、385
饶渊(惕先)
　25
饶贻泰
　211
闻一多
　201、240、267、268
闻在宥
　199
姜龙(益平)
　23
姜亮夫
　247

洪业
　159
费孝通
　270、287、290
费克里(埃及)
　332
姚从吾
　163、203、215、228、231、237、
　242、245、249、259、262、271、
　272、275、288
姚蓬子
　192
贺麟(自昭)
　250、262、264、285、380
贺昌群
　289、318、347

十画

袁同礼(守和)
　128、129、154、155、157、278、
　285、288
袁拱宸(尊三)
　24
袁复礼(希渊)
　57、96、98、100、102、104、105、
　106、108、109、154、161、169、
　272、278、282、285、288、289、
　295、296、297、299、315、316、389

人名索引

埃利塞夫(法国)

　345

贾兰坡

　352

夏鼐(作铭)

　215、219、298、299、300、301、304、305、307、308、309、310、311、312、313、314、315、319、322、323、324、325、329、333、335、340、341、342、344、345、347、349、351、352、357、359、360、363、364、365、367、373、375、377、379、380、381、384、385、388、389、390、391、392、393、396、397、399、400、401、404、405、406、407、408、409、410、411、413、416、417、418、420、421、422、423、424、426、430、431、432

夏玮瑛

　139

夏康农

　229、264、296、416

顾功叙

　292

顾孟余

　77、81、82

顾维钧(少川)

　241

顾颉刚

　67、69、75、89、105、112、113、114、115、119、133、135、141、143、151、157、158、159、160、161、162、163、164、165、166、168、170、171、172、173、174、190、193、194、195、197、199、201、219、241、242、243、258、267、288、293、318、322、350、364、371、380、382、385、390、391、401、408、410、412、426、427

钱穆(宾四)

　160、166、196、222、231、368

钱三强

　292、294、416

钱玄同

　62、71、74、76、81、83、94、95、113、117、120、121、124、125、127、132、153、164、266、267、277

钱伟长

　287、347

钱阶平

　241

钱克新

　290

钱临照
　　193、206、213、252、261、266、
　　310、311、421
钱端升
　　216、258、269、272、274
铎尔孟(法国)
　　66
徐纲
　　2
徐谦
　　87
徐乃谦(季占)
　　23
徐中舒
　　151
徐玉诺
　　298
徐幼峰(金源)
　　134
徐协贞
　　95
徐廷瑚(海帆)
　　255
徐沛泽
　　18
徐侍峰
　　136、282、298、310

徐继祖
　　203
徐森玉(鸿宝)
　　119、169、193、194、196、208、
　　210、288、315、329、333、342、350
徐悲鸿
　　286
徐德馨(明斋)
　　17
翁文灏(咏霓)
　　89、97、105、119、133、147、153、
　　208、242、335
高鲁
　　105
高一涵
　　94
高仁山
　　95
高本汉(瑞典)
　　62、284
高步瀛
　　117、127
郭玉堂
　　402
郭立山(复初)
　　18、20
郭则沄
　　270

郭仲廆(燕生)
　226、237、239、241、242、244、
　251、252
郭沫若
　294、295、296、301、318、326、
　330、332、333、365、415、418、420
郭宝钧(子衡)
　138、167、205、206、207、209、
　299、301、308、310、311、312、
　322、329、331、333、334、335、
　337、347、348、349、350、352、
　364、371、373、378、379、392、
　397、400、401、404、406、407、
　408、409、410、411、412、413、
　414、417、418、422、423、424
席世锽
　234
唐兰(立庵)
　160、208、225、285、322、415、416
唐在礼
　44
唐柯三
　163、171
唐祖培
　190
唐筱蓂
　247

涂尔干(法国)
　30
容庚
　66、151
容媛
　153
朗森(法国)
　32
陶东秩
　176、177
陶希圣
　163、166
陶孟和
　71、77、114、141、153、216、254、
　294、295、296、298、299、302、
　310、373

十一画
黄河
　364、365
黄文弼(仲良)
　89、98、100、102、104、109、120、
　132、150、156、157、169、171、
　172、274、275、277、278、279、
　282、293、295、296、297、299、
　308、313、315、316、317、322、
　329、333、340、343、344、355、
　364、367、371、373、378、379、
　389、401、404、406、407、408、

410、411、413、414、417、420

黄石林

381、382、385、393、400、420、421

黄国聪

193

黄琪翔

186

萧瑜(子升)

77、90、116

萧一山

181、269、272、286

萧家霖(迪忱)

211

梅贻宝

187

梅贻琦(月涵)

154、208、268、270、278

曹禺

201

曹敏

270

曹天钦

265、266、267

曹纪瑞

383

曹钟瑶(棣生)

24

曹联璞

364

曹棣森

8

曹靖华

298、316、322、401、409

龚玮(吾讼)

25

龚元忠(狮醒)

157

龚贤明

160、165

常惠(维钧)

119、135、138、140、142、153、159

常子萱

163、171

商承祚

151、243、375、386

章乃器

235

章士钊

80、81、258

章太炎

30

梁希

294

梁午峰

171、277、278

梁仁杰(云山)
  24
梁思永
  205、206、219、221、298、300、304、305、308、310、311、322
梁思成
  209、254、287、288
梁漱溟
  63、71、76、92、114、217、303、310、318、323、324、332、380
屠孝实
  62、63、71
续博泉(启东)
  25

十二画

彭祉卿
  215
彭基相
  159
斯文·赫定(瑞典)
  95、96、100、102、104、105、106、108、109、110、111、112、116、127、130、135、145、389
葛毅卿
  113
董作宾(彦堂)
  64、66、107、141、142、148、150、151、156、157、162、193、197、198、199、205、206、209、219、288
蒋廷黻
  216
蒋复璁
  150、156、157、158、217
蒋梦麟
  61、65、67、77、78、111、119、127、128、129、130、137、152、208
蒋鼎文(铭三)
  175、242
蒋锡金
  180
韩道之
  136
韩儒林(鸿庵)
  124、161、162、197、202、206、381、399、416、422
嵇文甫(嵇明)
  51、136、198、225、227、228、230、268、275、392、397、401、402
程金源
  120
程济波
  172
程溯洛
  249、305
程耀芳
  285

傅铜(佩青)

55、57、62、71、114、127、159、270、303、340

傅汝霖

150

傅安华

173

傅作义

170

傅振伦

289、387

傅斯年(孟真)

92、105、114、128、131、139、150、155、196、197、198、203、206、208、209、210、213、216、220、241、242、243、254、262、269、288

舒楚石

150、156、157

鲁荡平

249

童德乾(用九)

24

童德颐(筠叔)

24

童德禧

132

曾向午

165

曾绍舆

85

曾昭抡

247、347

曾昭燏

329

谢文青

171

谢国桢(刚主)

163

谢秉钧

282

谢循邵

85

谢缉熙(泽生)

25

十三画

靳尚谦

315、318、325、329、333、334、335、340、343、345、351、359、363、391、414、431

蓝嗣荣(孟华)

25

楚图南

201

裘子元

89

雷奋
13
雷洁琼
287
雷海宗
242
路毓祜(受之)
24
詹蕃勋(省耕)
98
鲍汘
115
滨田(日本)
89
褚辅成
247、250、265

十四画

蔡元培(孑民)
29、41、59、65、70、99、105、106、111、131、133、150、207、217、232、273、286
蔡希陶(侃如)
194
裴文中
115、300、308、329、352
裴晋卿
148

谭其骧
160、399
谭熙鸿(仲逵)
76、77、81、95、216
翟少屏
170
翟绍武
107
熊十力
114
熊世昌(焰文)
25
熊庆来(迪之)
193、223、262、401
熊佛西
191
熊希龄
90
缪金源
134

十五画

樊际昌
98、152
樊粹庭
344
樊耀南(早襄)
106

暴春霆
　285、286、287

黎晨
　334、406

黎东方
　242

黎锦熙(劭西)
　117、120、121、123、124、125、
　127、136、190、273、387

滕固(若渠)
　150、152、156、157

颜間
　404、405、421

翦伯赞
　300、308

潘大逵
　247

潘光旦
　247、248

十六画

薛文波
　161、163

薛树屏(子云)
　25

穆济渡
　174

十七画

戴夏
　85、86

戴季陶
　150

戴修骏(毅夫)
　25

戴修鹭
　25

魏明经
　250

魏建功
　113、119、120、132、193、200、
　202、207、217、218、231、254、
　273、310、340、350、380、400

十八画

瞿世英
　62

徐旭生著述目录补遗①

著作

徐炳昶等编:《南北响堂寺及其附近石刻目录》,1936年9月国立北平研究院史学研究会考古组出版发行。

徐旭生著,罗宏才注释:《徐旭生陕西考古日记(1933年2月11日—1935年6月14日)》,陕西师范大学出版总社,2017年。

译作

徐炳昶译:《定律的演变》(班加来:《最后的思想》第一篇),《哲学》(北京)第1、2期,1921年5月、8月。

徐炳昶译:《搜集证据(历史上的)的方法》(摘自朗格拉、塞尼布:《史学导言》),《哲学》第4期,1921年11月。

徐炳昶译:《对于"死""时""主""书"诸字内韵母之研究》(珂罗倔伦著),《国学季刊》(北京大学)第一卷第三号,1923年7月。

论文及杂文

徐炳昶:《敬告中学校以上之教员及管理员》,《心声》杂志(开封)第6期,

---

① 本目录所收为《徐旭生文集》(中华书局2021年版)未收录文。

1919年6月28日。

旭生:《飞遁庐拉杂谈》,《心声》杂志第6期,1919年6月28日。

徐旭生:《现今大战由来序》,《心声》杂志第6期,1919年6月28日。

旭生:《印度洋感怀》,《心声》杂志第6期,1919年6月28日。

徐炳昶:《余个人对于筹办各种图书馆之意见》,《心声》杂志第7期,1919年7月12日。

徐炳昶:《余个人对于筹办各种图书馆之意见》(续第7期),《心声》杂志第8、9、10期合刊,1919年8月23日。

徐炳昶:《月》(诗),《心声》杂志第8、9、10期合刊,1919年8月23日。

旭生:《随感录一、二、三》,《心声》杂志第8、9、10期合刊,1919年8月23日。

徐炳昶:《论制新名》,《心声》杂志第2卷第1期,1920年1月20日。

旭生辑:《哲学漫话》,《哲学》第1期,1921年5月。

虚生:《诗中丑字句的讨论》,《晨报副刊》1922年7月12日。

虚生:《读书漫录三则》,《读书杂志》(北京,《努力周报》增刊)第2期,1922年10月1日。

徐旭生:《天问释疑》,《读书杂志》第4期,1922年12月3日。

徐炳昶:《对于国会议场用三殿的抗议》,《晨报副刊》1923年5月28日。

徐旭生、严季冲、李玄伯:《给电车公司一封公开的信》,《晨报副刊》1923年11月12日。

徐炳昶:《我的朋友吴新吾先生》,《晨报副刊》1924年4月6日。

徐炳昶、李宗侗:《调查大宫报告》,《北京大学日刊》第1513号,1924年8月2日。

徐炳昶:《解释对于科学的误会》,《国立北京大学社会科学季刊》第3卷第1号,1924年10月12日。

徐旭生:《胡语乱道》(一)(二)(三)(四)(五),《语丝》第4期,1924年12月8日。

虚生:《进化呢？退化呢》,《语丝》第10期,1925年1月19日。

虚生:《胡说(语)乱道》(六)(七)(八),《语丝》第13期,1925年2月9日。

徐旭生:《青年必读书》(四三),《京报副刊》第77号,1925年3月3日。

《哭孙中山先生》,《猛进》第2期,1925年3月13日。

徐炳昶:《学术应有的对象》(文伟记),《京报副刊》第299号,1925年10月16日。

徐旭生:《十一月五日的感想》,《京报副刊》纪念驱逐溥仪出宫周年专号,1925年11月5日。

徐炳昶:《西汉经师传授系统表》,《北京大学研究所国学门周刊》第2卷第14期,1926年1月13日。

四河人:《三字经》,《国民新报副刊》第37号,1926年1月14日。

徐炳昶:《怎样才能整理国故》,《新生》周刊(北京)第1卷第4期,1927年1月7日。

徐旭生:《新疆之博克达山》,《中法教育界》(北平)第25期,1929年4月1日。

徐旭生:《这一次科学的探险》,《国立劳动大学周刊》第2卷第6期,1929年4月6日。

徐旭生:《西北调查遇险记》(李雪松记录),《燕京大学校刊》(北平)第22期,1929年3月1日。

王聪之整理:《徐炳昶教授口中所述之新疆》,《西北》(北平)第1期,1929年3月西北文化促进会出版委员会印行。

徐炳昶:《蒙古新疆之农林状况》,《河北建设公报》第5期,1929年5月。

徐炳昶:《本刊的缘起》,《女师大旬刊》第1期,1931年1月1日。

徐炳昶:《现时中国教育制度问题》(焦步青、苏叔升笔记),《新社会》(上海)第1卷第8期,1931年10月16日。

徐炳昶:《关于"探险生涯"》,《中学生》(上海)第29号,1932年11月。

徐炳昶:《川边游记序》,《鞭策周刊》(北平)第2卷第18期,1933年2月。

徐炳昶:《西安通信》,《独立评论》(北平)第46号,1933年4月16日。

旭生:《和与战》(西安通信之一),《独立评论》第52、53号合册,1933年6月4日。

旭生:《教育与其他》(西安通信之二),《独立评论》第54号,1933年6月11日。

《徐旭生先生讲演词》,《乡村改造》旬刊(河南辉县百泉乡村师范)第2卷第17期,1933年9月11日。

徐旭生:《中国史学的演变》,《西京日报》(西安)1933年11月19—26日。

徐旭生:《中国革命与欧洲革命》,《独立评论》第87号,1934年1月28日。

徐炳昶:《宁失平津不失热河——并为张学良将军进一言》,《国难专报》第8期,1933年2月1日。

《徐炳昶氏对考古意义之解释》,《燕京学报》第50期,1934年6月。

旭生:《向计画黄河治本办法者进一言》,《独立评论》第169号,1935年9月22日。

徐炳昶:《北平研究院与北平图书馆合组拓片展览会之经过》,《国立北平研究院院务汇报》第7卷第6期,1936年11月。

徐炳昶、顾颉刚等:《教授界对时局意见书》,《学生与国家》(北平清华园)第2期,1936年10月25日。

徐炳昶、陶希圣、冯友兰等:《请愿书》,《海声》(北平)第1卷第1期,1936年11月15日。

徐炳昶:《一个作人的要而不备的条件》,《民众周报》(北平)第2卷第1期,1937年1月1日。

徐炳昶:《我们要求和平与统一》,《民众周报》第2卷第2期,1937年1月8日。

徐炳昶:《两种帝国主义:吸血的,吃肉的》,《民众周报》第2卷第3期,1937年1月15日。

徐旭生:《改新的三个阶段》,《申报·星期评论》1937年1月15日。

徐炳昶:《由论运命谈到占课》(一),《民众周报》第2卷第4期,1937年1月21日。

徐炳昶:《由论运命谈到占课》(二),《民众周报》第2卷第5期,1937年1月28日。

徐炳昶:《由论运命谈到占课》(三),《民众周报》第2卷第6期,1937年2月6日。

徐炳昶:《迷信、常识、科学》,《民众周报》第2卷第7期,1937年2月12日。

徐炳昶:《再论运命答客问》(一),《民众周报》第2卷第8期,1937年2月19日。

徐炳昶:《再论运命答客问》(三),《民众周报》第2卷第10期,1937年3月5日。

徐炳昶:《论准备论》,《民众周报》第2卷第12期,1937年3月19日。

徐炳昶:《东北是我们的生命》,《民众周报》第3卷第1期,1937年4月2日。

徐旭生:《科学化与科学精神》,《新闻杂志·星期论文选》(杭州)第1卷第24期,1937年4月;原载《申报·星期评论》1937年4月18日。

《徐炳昶先生在本院三月十五日纪念周讲演》,《农讯》(北平)第52期,1937年6月1日。

徐旭生:《论科学的精神》,《申报·星期评论》1937年7月18日。

徐旭生:《我们民众应该督责政府大明赏罚》,《烽火》旬刊(西安)第2期,1937年10月25日。

徐旭生:《军民合作》(剧本),《抗战文艺》(汉口)第2卷第2期,1938年7月。

徐炳昶:《导言》,《西北史地》季刊(西安)第1卷第1期,1938年2月15日。

徐旭生:《征兵》(剧本),《抗到底》半月刊(武昌)第9期,1938年5月

1日。

虚生:《我们对于旧瓶装新酒的看法》,《抗到底》第13、14期合刊,1938年7月1日。

徐旭生:《军民合作》(独幕剧),《公余》复字第2期,1938年10月15日。

虚生:《通俗文艺的三个必要条件》,《抗到底》半月刊(重庆)第17期,1938年11月10日。

虚生:《再论通俗文艺与"地方性"》,《中苏文化》(重庆)第4卷第3期,1939年1月。

徐旭生:《文艺的平民性》,《文化岗位》(昆明)第2卷第1期,1939年4月。

徐旭生:《最近考古学上应注意的两件事》,《学术评论月报》(洛阳)第1期创刊号,1940年10月。

徐旭生:《中西文化的相遇及其分期》,《中国青年》(重庆)第7卷第1期,1942年7月。

徐炳昶、苏秉琦:《答席世锽君"中华民族起源问题"》,《读书通讯》(重庆)第49—72期合订本,1942年9月。

徐炳昶:《请以极刑平物价》,《中央周刊》(重庆)第5卷第18期,1942年12月10日。

徐旭生:《俭与奢:在战争中,谁能吃苦,谁就可以胜利》,《重庆舆论周报》第1卷第2期,1943年8月。

徐炳昶:《垂涕以道》,《书报精华》月刊(西安)第13期,1946年1月20日。

徐炳昶:《我所认识的钱玄同先生》,《国文月刊》(重庆)第41期,1946年3月20日。

徐旭生:《蛮遁庐杂记》,《新思潮》(北平)第1卷第3期,1946年10月1日。

徐炳昶:《古代文献的整理方法》,《文化建设》(徐州)创刊号,1946年10月16日。

《徐旭生先生覆函姚校长》，《国立河南大学校刊》复刊第 15 期，1947 年 5 月 1 日。

徐炳昶:《对于反对内战的学生进一言》，《申报》1947 年 5 月 26 日；又见《教育通讯》(汉口)复刊第 3 卷第 8 期，1947 年 6 月 15 日。

徐炳昶:《试为政府借箸以筹》，《知识与生活》(北平)第 6 期，1947 年 7 月 1 日。

徐炳昶:《论教员的进修问题》，《教育通讯》复刊第 3 卷第 11 期，1947 年 8 月 1 日。

徐炳昶:《关于〈中国古史的传说时代〉书评答赵光贤、王钟翰两先生》，《大公报·图书周刊》第 24、25、26 期，1947 年 8 月 1 日、8 月 15 日、8 月 29 日。

徐炳昶、何贻焜:《论船山思想》(通讯)，《学原》(南京)第 1 卷第 7 期，1947 年 11 月。

徐炳昶、苏秉琦:《试论传说材料的整理与传说时代的研究》，《史学集刊》第 5 期，1947 年 12 月。

旭生:《师万物》《质测》《国王神化之演变》，《史学集刊》第 5 期卷首，1947 年 12 月。

徐炳昶:《我在北京解放后到底从共产党学到点什么》，李文彬编:《我怎样认识了共产党》，文化出版社，1951 年。

徐旭生:《谈谈郑州市的考古问题》，《河南日报》1956 年 11 月 30 日。

徐旭生:《应该怎样正确地处理传说时代的史料》，《人民日报》1956 年 12 月 19 日。

主要参考资料

一、著作类

《徐旭生文集》第1—12册,中华书局,2021年。

陈启天:《最近三十年中国教育史》,上海太平洋书店,1930年。

《乔大壮集》,浙江人民美术出版社,2019年。

《河南大学校史》编写组:《河南大学校史》,河南大学出版社,2002年。

鲁迅手稿全集编辑委员会编:《鲁迅手稿全集·日记》,文物出版社,1980年。

《钱玄同文集》,中国人民大学出版社,1999年。

《顾颉刚全集》,中华书局,2010年。

王忱:《高尚者的墓志铭》,中国文联出版社,2005年。

罗桂环:《中国西北科学考查团综论》,中国科学技术出版社,2009年。

史全生:《中华民国文化史》,吉林文史出版社,1990年。

[瑞典]斯文·赫定著,徐十周等译:《亚洲腹地探险八年》,新疆人民出版社,1992年。

罗宏才:《陕西考古会史》,陕西师范大学出版总社,2017年。

萧超然等:《北京大学校史(1989—1949年)》,上海教育出版社,1981年。

朱惠荣:《昆明古城与滇池》,云南人民出版社,2017年。

张希鲁:《西楼文选》,云南美术出版社,2006年。

《苏秉琦考古学论述选集》,文物出版社,1984年。
《老舍散文精选集》,山西人民出版社,2020年。
刘半农:《老实说了吧》,陕西人民出版社,2013年。
朱洪:《陈独秀的最后岁月》,东方出版中心,2011年。
刘晓:《国立北平研究院简史》,中国科学技术出版社,2014年。
《尚爱松文集》,山东美术出版社,2011年。
《荆三林文集》,中州古籍出版社,2019年。

二、志书、资料集类

河南省地方史志编纂委员会编纂:《河南省志》,河南人民出版社,1997年。
刘永之、耿瑞玲:《河南地方志提要》,河南大学出版社,1990年。
唐河县地方史志编纂委员会编:《唐河县志》,中州古籍出版社,1993年。
高廷璋修,蒋潘纂,杨琳、刘慧霞校点:《民国河阴县志》(1917年),中州古籍出版社,2006年。
毛德富:《百年记忆:河南文史资料大系》,中州古籍出版社,2014年。
中共河南省委党史资料征集编纂委员会编:《抗战时期的竹沟》,河南人民出版社,1985年。
沈云龙主编:《近代中国史料丛刊续辑》,台湾文海出版社。
王学珍、郭建荣主编:《北京大学史料》第二卷,北京大学出版社,2000年。
新疆文献辑要丛书编委会:《中瑞西北科学考察档案史料》,新疆美术摄影出版社,2014年。
刘大成:《"七·七"事变前后北京地区抗日活动》,北京燕山出版社,1987年。
刘兴育主编:《旧闻新编:民国时期云南高校记忆》,云南大学出版社,2017年。
孟广涵主编:《国民参政会纪实》(下卷),重庆出版社,1985年。
王钱国忠编:《李约瑟文献50年(1942—1992)》,贵州人民出版社,1999年。
薛绥之主编:《鲁迅生平史料汇编》第三辑,天津人民出版社,1983年。

北京市档案馆编:《解放战争时期北平学生运动》,光明日报出版社,1991年。

樊洪业主编:《中国科学院编年史:1949~1999》,上海科技教育出版社,1999年。

中央文史研究馆编:《史迹文踪》,上海书店出版社,1994年。

河南省文史研究馆编:《中州轶闻》,上海书店,1992年。

三、期刊报纸类

《旅欧杂志》(巴黎)

《心声》杂志(开封)

《北京大学日刊》(北京)

《国学季刊》(北京)

《猛进》杂志(北京)

《国立北平研究院院务汇报》(北京)

《师大月刊》(北京)

《女师大旬刊》(北京)

《独立评论》(北京)

《民众周报》(北京)

《史学集刊》(北京)

《禹贡》杂志(北京)

《抗战文艺》(汉口)

《文物参考资料》(北京)

《考古通讯》(北京)

《考古》(北京)

《新建设》(北京)

《历史教学》(天津)

《历史研究》(北京)

《申报》(上海)

《新中州报》(开封)

《民国日报》(上海)

《晨报》(北京)

《中国时报》(开封)

《大公报》(天津、重庆)

《人民日报》(北京)

《光明日报》(北京)

《河南日报》(郑州)

四、人物研究资料类

《李宗侗自传》,中华书局,2010年。

《梁漱溟自述:我是怎样一个人》,当代中国出版社,2012年。

《李书华自述》,湖南教育出版社,2009年。

朱洪:《刘半农传》,东方出版社,2007年。

马嘶:《一代宗师魏建功》,文化艺术出版社,2007年。

麦汝奇:《钱临照传略》,载《电子显微学新进展——钱临照教授九十华诞纪念文集》,中国科学技术大学出版社,1996年。

王世民:《夏鼐传稿》,社会科学文献出版社,2020年。

周秋光、黄仁国:《刘大年传》,岳麓书社,2009年。

顾潮:《顾颉刚年谱》(增订本),中华书局,2011年。

徐瑞岳:《刘半农年谱》,中国矿业大学出版社,1989年。

闻黎明、侯菊坤编:《闻一多年谱长编》,湖北人民出版社,1994年。

葛能全:《钱三强年谱》,山东友谊出版社,2002年。

子仪:《陈梦家先生编年事辑》,中华书局,2021年。

耿云志主编:《胡适遗稿及秘藏书信》,黄山书社,1994年。

杜春和、韩荣芳、耿来金编:《胡适论学往来书信选》,河北人民出版社,1998年。

梁培宽:《梁漱溟往来书信集》,上海人民出版社,2017年。

王汎森、潘光哲、吴政上主编:《傅斯年遗札》,台湾"中央研究院"历史语言研究所,2011年。

杨逢彬整理:《积微居友朋书札》,湖南教育出版社,1986年。

黄烈整理:《黄文弼蒙新考察日记(1927—1930)》,文物出版社,1990年。

《顾颉刚日记》,台湾联经出版事业公司,2007年。

曹伯言整理:《胡适日记全集》,台湾联经出版事业公司,2004年。

马思猛整理:《马衡日记:1948—1955》,生活·读书·新知三联书店,2018年。

《夏鼐日记》,华东师范大学出版社,2011年。

《刘节日记(1939—1977)》,大象出版社,2009年。

贺逸文等:《北平学人访问记》,商务印书馆,2020年。

钟叔河编订:《林屋山民送米图卷子》,岳麓书社,2002年。

五、其他

国立北京大学卅一周年纪念会宣传股编印:《北京大学卅一周年纪念刊》,1929年12月17日。

《国立北平师范大学卅五周年纪念专刊》(陕西),1937年12月17日。

湖南省哲学社会科学联合会印:《纪念王船山逝世二百七十周年学术讨论会发言文件汇集》(内部资料),1962年12月。

后 记

2019年10月19日,二里头遗址科学发掘60周年国际学术研讨会在河南洛阳偃师召开。与此同时,二里头夏都遗址博物馆正式开馆。在热烈的学术讨论和隆重的庆典活动及一众媒体的报道中,"徐旭生"是一个出现频次颇高的人名。60年前,徐旭生在二里头一带开启了以考古发掘探寻"夏墟"的先河。二里头考古越来越多的文物、遗址的发现,逐渐揭开了曾经的大都会的面纱,人们对先行者的尊重、敬佩之意油然而生。

基于专业研究与教学(中国近现代史、河南地方史)的实践,笔者对徐旭生先生关注已久。2018年,发表《徐旭生的河阴岁月》一文,对先生与郑州(河阴今属郑州荥阳市)的关系进行了简单梳理。2019年6月,在《团结报》发表《徐旭生与夏文化探索》一文,对先生的一生经历进行了科普性的概括和介绍。但是,迄今为止,学界有关徐旭生先生经历、学术成就、社会贡献等方面的研究成果非常之少,综述其一生的传记甚至勾勒脉络的年谱之类也难以搜见,这不能不说是一种令人遗憾的缺失。

2020年10月,笔者接受大象出版社孟建华编辑的建议,与赵海涛、谭玉先商定,在整理徐旭生先生生平资料的基础上,进行传记(附录年谱)的撰写。规划的基本步骤:一是相关地域的实地考察及相关人物的采访;二是文献资料的收集和整理;三是样稿的撰写与讨论;四是分工完成全书的写作。2021年3月,与孟建华、谭玉先同赴北京,拜访徐旭生先生家属。与先生哲嗣桂伦、嫡孙十周会面座谈，受赠资料若干，获益匪浅。5月，草拟年谱大纲并反复往来推敲修改，谭玉先就西北考察阶段撰写样稿并进行讨论。资料方面，承蒙二里头夏都遗址博物馆帮助，得以查阅徐旭生先生部分日记（当时尚未公开出版）和信件；河南省图书馆、郑州大学图书馆及历史学院资料室等也都充分提供了资料查阅的便利。

资料收集的进展，拓展并加深了对徐旭生先生的了解和认识。先生一生求学—任教—科学研究的经历既丰富多彩又错综复杂，既有同时代学人的共性特点，又有独具一格的个性色彩；既有浓郁宏大的家国情怀，祈望家乡、祖国强盛富裕，又踏实做事，不事张扬；既有中国传统文化坚实的基础，又融汇了西方文化，在哲学、历史学、文学、教育学、新闻学、语言学、考古学等方面都有所建树，而尤其以《中国古史的传说时代》一书，在学术界有着长久的影响。特别需要指出的是，徐旭生先生真诚、宽厚、直言，不溢美、不隐恶，劝善规过，助人为乐，在广泛的人际交往中为各色人等所叹服。徐旭生晚年加入了中国共产党，考察其思想轨迹的演变，必将是一项兼有学术价值和现实意义且有相当难度的工作。

"计划赶不上变化。"2021年7月之后，郑州先是遭遇暴雨袭扰，紧接着是新冠疫情日益严重，小区数次封控，除互联网大部分时间尚属正常外，所有出行活动均受限制。虽然传记写作的计划无法正常实施，好在年谱随着资料的丰富而日趋完善，并最终形成了初稿。尽管困居斗室付出了不少查阅史料的艰辛，也有偶有所得欣然忘食的快乐。身边的夫人由所有新史料、新收获的第一倾听者，逐渐成为自觉不自觉的参与者。

《徐旭生年谱》的出版问世，是笔者团队徐旭生先生生平研究的第一个成果，也期待成为徐旭生先生生平、学术思想、社会贡献等方面研究的参考。结稿之际，特别感谢徐旭生先生、黄文弼先生的后人给予的支持和鼓励，特别感谢大象出版社的孟建华、李光杰副总编辑的指导和帮助，特别感谢所有支持徐旭生研究的师友、同人。

徐有礼
2023年2月于郑州大学盛和苑祥园